Matthias Matussek – Palais Abgrund

Matthias Matussek, geb. 1954, studierte Germanistik und Amerikanistik an der FU Berlin. Arbeitete als Redakteur beim »Berliner Abend«, »TIP«, »Stern« und seit 1988 beim »Spiegel«. Buchveröffentlichungen als Herausgeber: »Außenseiter« (1979), »Der Traum vom Sieg – Essays zur Sportphotographie« (1986).

Wir danken dem Nachrichten-Magazin »Der Spiegel« und der Illustrierten »Stern« für die freundliche Genehmigung des Abdrucks.

Edition
TIAMAT
Deutsche Erstveröffentlichung
Herausgeber:
Klaus Bittermann
1. Auflage: Berlin, Frühjahr 1990

Grimmstr. 26 – 1000 Berlin 61
Satz: MK Druck Berlin
Druck: Schwarzdruck Berlin
Umschlagentwurf unter Verwendung eines Bildes von Umberto Boccioni, »Schlägerei in der Galleria«, 1910/1911

ISBN: 3-923118-17-1

Matthias Matussek

Palais Abgrund

Porträts und Reportagen aus den achtziger Jahren

Critica Diabolis
26

Edition
TIAMAT

Natürlich für Frauke . . .

INHALT

Das beschwingte Narkose-Jahrzehnt
Vorwort 7

Zeitgeisterbahn

Die Literatur des Verrats
Über Michael Chabon 11
Ein Guerillero wird zum Klassiker
Über Neville Brody 23

Hotel Abgrund

Der Held als Amokläufer
Über Andrew Vachss 33
Das Genie in Manhattan
Über Harold Brodkey 45
Literatur auf der Klippe
Über Hubert Selby 59
Der Autor als Revolverheld
Über William S. Burroughs 69
Ein Verlierer gewinnt
Über Charles Bukowski 77
Abschied von Hollywood
Über Francis Ford Coppola 87
Der Mann im Müll
Über den Landstreicher Horst W. 97
Theater als Attentat
Über Edith Clever und Hans-Jürgen Syberberg 105
Der Rebell als Poseur
Über Herbert Achternbusch 115

Der alte Aufklärer
Über Friedrich Dürrenmatt 121
Der Schauspieler als Büßer
Über den DDR-Theaterfunktionär
Hans-Peter Minetti 127
Schwarze Magie und Randale
Über Michael Grübers »Faust«-Inszenierung 137

Reportagen

Kant im Sündenbabel
Missionare, Politiker
und Leinwandgötter in Madras 145
Schrei aus Japan
Buto – ein Tanz gegen die Welt der Computer 155
Sektkorken im Sekundentakt
Das 16. Internationale Filmfestival in Moskau 163
Die Nacht der Oscars
Hollywoods wichtigste Nacht 171
Hollywood-Ruinen
Die Archäologie einer Traumstadt 179
»Wow, was für ein Trip«
Das Erdbeben in der New-Age-Stadt Santa Cruz 189

Das beschwingte Narkose-Jahrzehnt
Vorwort

Wir saßen im Salon eines Berliner Hotels und suchten nach einem Titel für die vorliegende Sammlung. Der Verleger trank Martini und lächelte chinesisch, während ein älterer Pianospieler, der sich aus den dreißiger Jahren hierher verirrt hatte, versuchte, eine Handvoll Vertreter am Eindösen zu hindern. Es war einer dieser molligen Dezember-Narkose-Nachmittage, und der Portier hörte die Nachrichten, die in Fetzen zu uns herüberdrangen. Außerhalb des gesamtdeutschen Wiedervereinigungstaumels gab es tatsächlich noch eine andere Welt, andere Meldungen: In Rumänien schossen die Securitate-Terroristen auf Kinder; vor der marokkanischen Küste war ein Öltanker havariert; 1500 Tote kostete die Militäraktion, mit der die US-Army versuchte, den panamaischen Kokainbaron Noriega zu fassen; der schiefe Turm von Pisa droht umzukippen; das Urlaubswetter: kein Schnee in Davos. Ich murmelte »Grandhotel Abgrund« und meinte den grauenvoll gemütlichen Salon. »Gibt's schon«, sagte der Verleger, und meinte den Titel.

Tatsächlich bezeichnet Grandhotel Abgrund eine historische Polemik. Ins »Grandhotel Abgrund« hatte der zum Stalinismus konvertierte Georg Lukacs die »deutsche Intelligenz« einquartiert: »Der tägliche Anblick des Abgrunds, zwischen behaglich genossenen Mahlzeiten oder Kunstproduktionen, kann die Freude an diesem raffinierten Komfort nur erhöhen.« Das ist gehässig, aber als Lagebeschreibung natürlich treffend. Die Polemik beschreibt die Falle, in der alle Künstler, alle Intellektuellen, alle Journalisten sitzen, die sich nicht im schützenden Schulterschluß mit Parteien, Klassen oder Programmen wissen – sie können nichts tun, als so genau wie möglich hinzuschauen, wie die Erde havariert. »Der Abgrund«, heißt es in Christoph Heins *Drachenblut*, »ist die einzige Konstante.«

Die Parteilichkeit, die Lukacs noch einklagte, ist der Königsweg in die intellektuelle Selbstverleugnung, und in den achtziger Jahren, soviel ist klar, ist die sozialistische Utopie als Widerstandsformel endgültig verbraucht. Draußen auf dem Berliner Kudamm trugen an diesem Dezembernachmittag Ost-Berliner Familienväter mit ihren vollgepackten »Karstadt«-Tüten die Reste jener erledigten Theorie zu Grabe, in deren Namen Georg Lukacs noch den deutschen Intellektuellen (und sich selbst) den Schauprozeß gemacht hatte.

Seit Lukacs' Polemik hat sich der Abgrund weiter vertieft. Es wird weitergetötet und weiter gefoltert, weiter gehungert und weiter ausgebeutet. Und die Künstler, die Intellektuellen? Sie residieren nicht mehr im Grand Hotel, wie noch zu Lukacs Zeiten. Grandhotels sind ebenso verschwunden wie das Großbürgertum, deren genius loci es war. Während der Abgrund sich weiter vertieft, hat sich in den achtziger Jahren, so scheint es, in der Literatur, der Kunst, der Architektur eine neue Strategie entwickelt: man baut über ihn hinweg, gläsern, luftig, postmodern, mit einem Illusionistentrick, der die Angst vor dem Absturz gleichzeitig verschärft und betäubt.

In diesem Palais der achtziger Jahre, dieser mondänen, kühlen Ausstellungshalle, haben oft nicht mehr die Künstler, sondern die Agenten das Wort. Die Verwertungsstrategien selbst sind zum Inhalt der Kunst geworden, Maler, Schriftsteller und Musiker sind zur money culture übergelaufen. Die achtziger Jahre sind das wolkig-beschwingte Narkose-Jahrzehnt. »Tavor nimmt Angst weg«: – Barschel als der Politiker der Dekade, gleichzeitig Täter und Opfer in einem Komplott, von dem bis heute bezeichnenderweise offen ist, ob es von ihm oder seinem Mörder inszeniert wurde.

In diesem »Palais Abgrund« der achtziger Jahre, dieser endlos verspiegelten Luftschloß-Architektur, gibt es keine Wahrheit mehr, sondern nur noch Wahrheiten. Keinen Klassenkampf, sondern vereinzelte Widerstandsgesten, Einsprüche, gesplitterte Spiegel. Wenn es auch keine historische Parteilichkeit in der Kunst mehr gibt, so gibt es doch Parteinahmen: Für einzelne, authentische Stimmen im Gedröhne der Kulturindustrie, für die (oft ganz und gar unspektakulären) Kraftakte, Erfahrungen mitzuteilen, die meistens Erfahrungen des Scheiterns sind.

Um die geht es in diesem Band. Um Außenseiter, Ruhestörer, um solche, die den Abgrund sehen, auch den eigenen, und die diesen Blick aushalten. Und von den anderen erzählt es, den Tagessiegern, den trostlosen Gewinnern, die sich, gleichzeitig Täter und Opfer von Komplotten, eine Saison lang ausstellen und begaffen lassen in diesem lauten Jahrmarkt, der sich »Kultur« nennt: dem glitzernden »Palais Abgrund« der achtziger Jahre.

Zeitgeisterbahn

Photo: Douglas Kirkland

Die Literatur des Verrats
Über Michael Chabon

Eine der bemerkenswertesten Leistungen der achtziger Jahre ist die Abschaffung der Jugend. Und ihr Ersatz durch eine zahnlos vergreiste, allgegenwärtige Jugendlichkeit. Neunjährige steigen am Computer ins Karriere-Rennen ein, und Fünfzigjährige joggen mit »Reebok«-Turnschuhen und Walkman durch den Park, die Kinokultur infantilisiert, und die Oberschüler im Maßanzug zocken sich an der Börse ins Geschäft. Die kulturellen Demarkationslinien verschwinden. Alle sind »jung«, also ist es keiner mehr. Und alle trällern den Reklamesong einer bekannten Schnittkäse-Firma: »Wir lieben den Käse unserer Zeit, wir wollen die neue Leichtigkeit.« Der neue Jugendstil – ein schwereloser Narkosezustand, mit dem eine sterbensmüde Gesellschaft die Probleme überspielt, die sie nicht mehr lösen kann.

Die fade Simulation von Jugend sperrt natürlich alles aus, was von je mit diesem speziellen und speziell problematischen Alter assoziiert wird: naive, monströse Fragen nach Gerechtigkeit, Verweigerung von Kompromissen, träumerische oder tollkühne Utopien, die Suche nach Wahrheit in der Welt des Bluffs, Gegenkultur. Sicher können die Kampagnenoffiziere der Benneton-Internationale nicht all diese Verstörungen entsorgen. Den Rest besorgen dann die traditionellen Ordnungsdienste wie Polizei oder Arbeitsämter. So wie das Leben nur noch als Lifestyle zu haben sein soll, soll »Jugend« zum karrieregerichteten Fitnessprogramm, zum konsumankurbelnden Rollenspiel kastriert werden.

Die Literatur hat dieser synthetischen Jugendoffensive bisher vor allem aus zwei Gründen widerstanden. Sie eignet sich, wegen ihrer langsameren Umschlagsgeschwindigkeit, weniger gut als Träger für die kurzfristigen Symbolschübe und Kaufanreize der Unterhaltungsindustrie als etwa Mode oder Musik. Zum zweiten war Literatur bisher als traditioneller Ort von Widerstand verdächtig. Jugendliche Helden der Literatur, von Büchners Lenz bis Kerouacs Neal Cassady, waren unangepaßte, verquere Sonderlinge, die an der Gesellschaft zerbrachen und darin über sie hinauswiesen. Goethes Werther widern die Stützen der Gesellschaft und ihr »glänzendes Elend« ebenso an wie Salingers lädierten Träumer Holden Caulfield die »phony people«, die Heuchler.

Nun endlich hat »Jugend« als Marketingkonzept auch die Bastion der Literatur geschleift. Das heißt: Das Zeug, das da auf amerikanischen, europäischen, japanischen Bestsellerlisten in die Höhe schießt, *sieht aus* wie Literatur. So wie die Heroinjunkies der siebziger Jahre ihre Hungergefühle mit einer bestimmten Joghurtmarke besänftigten – ein cremiges, kunstsüßes Nuckelzeug, das ihnen die Arbeit des Kauens abnahm –, so kleistern sich »jugendliche« Konsumjunkies der achtziger Jahre ihre emotionellen, intellektuellen und ethischen Defizite mit dieser Art von Literaturersatz zu, dem alle Nährwerte wie Phantasie, Irritation, Vision, Wahrheit abgefiltert wurden.

Es ist eine von jungen Autoren verfaßte eunuchoide Anpassungsliteratur an die Industrie der Oberflächenreize, eine Literatur der Gerissenheit, der gelenkigen Gesinnung, der Klugscheißerei, also dem Wesen nach eine Literatur des Verrats. Sekundiert wird ihr nicht nur von den diversen Lifestyle-Magazinen, den Eingewöhnungsmatadoren in den fortschrittlichen Vergnügungskapitalismus, sondern auch von großen Verlagen, die lernen, »Jugendlichkeit« als Produkt zu erkennen. An diese »Jugendkult«-Maschine läßt sich seit einiger Zeit alles anschließen, was unter 30 und schrill ist und die Tinte nicht halten kann. In einem komplizierteren Übersetzungsvorgang selbst Kraftmeier im RAF-Wams wie Rainald Goetz, oder intellektuelle Discjockeys wie Diedrich Diederichsen. Meist jedoch gibt sich dieser Literaturersatz so schlicht, wie er ist.

In Japan etwa waren die »Crystal-Kids« ein Millionen-Seller, der die lustlose Affäre zwischen einer Designerin und einem Rockmusiker zum Anlaß nahm für ein komplettes Shopping-Verzeichnis Tokioter Szene-Läden. In den USA sind es die »Brat-Pack«-Autoren, die die eher abgebrühten Varianten liefern. Einen Prototyp konstruierte der damals knapp 30jährige Jay McInerney mit »Bright Lights, Big City«. In immer neuen, abenteuerlich schlecht geschriebenen Anläufen kreist er um die existentielle Krise morgens um sechs, wenn das einzige Mädchen in der Disco eine tätowierte Glatze hat und die Kokainvorräte verbraucht sind – keine Frage in diesem ganzen Erguß, die einen anderen als seinen Hausdealer interessieren könnte, kein Problem, das nicht durch Alka Seltzer zu lösen wäre. Das »poetische« Programm, das McInerney für sich, die »Brat-Pack«-Literatur und ihre ausgebrannte Gefolgschaft formulierte, fällt entsprechend schlicht aus: »Du wolltest immer schon Schriftsteller sein. Der Job bei dem Magazin war für dich nur der erste Schritt auf dem Weg zu literarischem Ruhm .... Du wolltest Dylan Thomas ohne den dicken Wanst sein, F. Scott Fitzgerald ohne den Niedergang.«

Eine präzise Rollenbeschreibung – Literatur nicht als innere Notwendigkeit, sondern als Karriereentscheidung. In ihren »Großstadtsklaven« beschreibt Tama Janowitz, Darling der New Yorker Nightclub-Szene, nichts als das: möglichst schnell so erfolgreich zu sein, daß man sich einen eigenen Sklaven halten kann. Sie verkörpert den Sieg der Popindustrie über den Literaturmarkt. Nicht das Buch, sondern das Autoren-Image entscheidet. Und das ist jung, frivol, sexy. Sie produzierte folgerichtig die ersten Videoclips zu ihren Büchern.

Bret Easton Ellis war 21 Jahre alt, als ihm literarische Agenten die dumpfe Chronik gelangweilter Upper-class-Kinder aus der Schreibmaschine rissen. In »Unter Null« beschrieb Ellis sich und seine Freunde bei dem Versuch, das Leben zu genießen wie ein Fernsehprogramm, ein Leben zwischen Sonnenbaden und Kokainpartys, auf denen selbst die Vergewaltigung einer Zwölfjährigen nicht mehr den gewünschten Kick bringt. Ellis' dröhnend leere Prosa bilanziert, statt zu begreifen. Ein Kunstgriff? Lächerlich spätestens seit Gertrude Steins »eine Rose ist eine Rose ist eine Rose« und auch der Folgeband, »The Rules of Attraction«, begnügt sich mit dem literarischen Niveau von Daddys Kontoauszug: »Der polynesische Barkeeper warf mir einen dreckigen Blick zu. Ich zückte meine goldene American Express Karte. Er machte den Drink.« Solche Sentenzen fließen nicht etwa satirisch oder polemisch vorbei, sondern ungebrochen, ohne Tiefenschärfe, als Blaupause des laufenden Schwachsinns. Junkie-Joghurt.

Alle diese Autoren sind mittlerweile verfilmt worden, alle haben weitere Bücher vorgelegt, und alle spielen sie die gleiche Rolle, die heißeste, die die Unterhaltungsbranche derzeit zu bieten hat: die des jungen Genies mit dem Buch unterm Arm. In Los Angeles ist jetzt die Discothek »Read« (Lies) eröffnet worden. An ihren Wänden, durchaus stimmig, Buchattrappen aus Plastik. Es sind nicht die Texte, die zählen, sondern die Erfolgsstorys dahinter. Wer in den Büchern der Brat Packs blättert, blättert in Geld.

Wenn auch der Ruhm dieser literarischen »Blitzkrieg-Celebrities« ebenso schnell erlischt, wie er aufstrahlte – die Rolle als »Entdeckung der Saison« bleibt nie lange vakant. Systematisch durchkämmen die Talentscouts der amerikanischen Großverlage Colleges und »creative-writing«-Workshops, wo Youngster schreiben bimsen wie Ute Lemper tanzen: präzise, virtuos, leer. Sie haben nicht viel zu sagen, aber das tun sie mit großer Emsigkeit.

Auch der neueste »Stern am Literaturhimmel«, die jüngste »Entdeckung des Jahres«, wurde in einer dieser kalifornischen Bestsellerschmieden abgegriffen: Michael Chabon, 24 Jahre alt, hatte dem Seminarleiter als Abschlußarbeit ein Manuskript abgeliefert, das er »Die Geheimnisse von Pittsburgh« nannte, eine Collegeschnulze aus Sommer, Safer Sex und Lollie-Reflexionen über Religion, die französische Sprache und persische Mädchen.

Die »Geheimnisse« gelangten in die Hände einer Agentin, die eine untrügliche Witterung für die viel größeren des Marktes hatte. Hier, an der New Yorker Literaturbörse, erreichte der Erstling die hysterische Umlaufgeschwindigkeit, mit der noch jede junge Aktie der letzten Zeit in Rekordhöhen rotierte. Die Großverlage überboten sich. Schließlich zog William Morrow die Rechte für 155000 Dollar an sich.

Für Deutschland griff Kiepenheuer & Witsch zu. Über 100000 Mark war den Einkäufern das Buch wert. Verlagslektor Helge Malchow: »Außerliterarische Kriterien spielen eine immer größere Rolle. Sicher ist der Buchmarkt dabei, das Tempo der Popindustrie zu erreichen.« Viele Verlage sollen »blind« mitgeboten haben. Das heißt – eben nicht blind. Sie kannten das Romansujet, das Alter des Autors. Und sie kannten vor allem sein Photo. Weicher Mund, schmelzender Blick, dunkle Locken. Ein Typ, wie ihn sich zwei Buchhändlerinnen am Telephon ausgedacht haben könnten – die zarteste Versuchung seit der Fusion von Pubertät und Pepsi-Cola. »Wenn er nicht so verdammt gut aussähe«, meinte sein Seminarleiter, »wäre sein Buch nicht halb so gut verkauft worden.« Die literarische Kritik entlud sich, etwa im *Tempo*-Magazin, mit dem Stoßseufzer: »Gütiger Gott, ein geiler Typ !«

Michael Chabon, der Autor, war kaum zur Kenntnis genommen, als Michael Chabon, das »Produkt«, schon Millionen einspielte. Womit eine neue rosige Zukunft für die Buchbranche heraufzieht: Möglich wäre, da Inhalte nicht mehr zur Kenntnis genommen werden, eine Art literarisches Playback-Verfahren. Computer erfinden den Quark, für den dann, als »Autor«, als Interpret für den Markt, das entsprechende Gesicht gesucht wird: morgen vielleicht Sommersprossen, Aerobic-Dress, Perestroika-Sticker und Hornbrille. Die Brille wäre wichtig, weil wir es ja schließlich mit Literatur zu tun haben.

Doch schon jetzt trainiert die Literatur-Kritik den neuen Zungenschlag als Promotion-Abteilung der Popindustrie, noch ein bißchen ungelenk, aber wohlwollend, wie der dicke Onkel, der die 15jährige Nichte in die Disco begleitet. »Flott geschrieben, süffig, nicht ohne Tiefgang«, annonciert der ARD-Kulturweltspiegel das Buch. Es handle von einem Jugendlichen, der »versucht, erwachsen zu werden mit allem, was dazugehört: Sex und viele, viele Konflikte«. Ach ja, die Konflikte - man müßte noch mal 17 sein.

Dabei ist diese »Trotzkopf«-Rhetorik durchaus angemessen – über Chabons Prosa der achtziger Jahre liegt der Pfarrbüchereien-Staub der Fünfziger. Wie alle adoleszente Literatur ist auch Michael Chabons Roman eine Ich-Erzählung, die vermeintlich einfachste und gleichzeitig komplizierteste Perspektive auf der Welt. Denn wer »Ich« sagt, muß erst recht eines haben.

Chabons schattenlose Ich-Attrappe heißt Art Bechstein. Der trifft nach Abschluß des letzten Collegesemesters das Mädchen Phlox und Arthur, den kultivierten, schwulen Dandy. Vorher hat er keine Freunde gehabt, keine Kämpfe, ist nie Auto gefahren, hat nie einen Rausch gehabt, war nie in Pittsburgh und nie irgendwo sonst – zumindest erfahren wir nichts davon.

Ein Buch voller Effekte und ohne jede Wirkung. Mit einem starken ersten Satz, wie überhaupt diese Literatur eine der starken ersten Sätze ist. »Am Anfang des Sommers traf ich mich zum Mittagessen mit meinem Vater, dem Gangster, den seine undurchsichtigen Geschäfte übers Wochenende in die Stadt geführt hatten.«

Was für ein Start! Da ist der Vater, ein mächtiger Mafioso, und da ist der Sohn, ein tränennaher Schmock. Doch schnell wird klar, daß die dunkle Familiengeschichte nur ein kompositorischer Trick, ein Setting ist, um Art Bechsteins merkwürdige Schicksals- und Geschichtslosigkeit zu grundieren: kein Konflikt, der die Geschichte aus sich heraus antreibt, sondern ein Kinoeffekt, ein Klischee.

Ernst nimmt diese »Jugend«-Literatur ohnehin nur die Fragen des »Geschmacks«. Geschmack bestimmt Bechsteins Verhältnis zu sich und zur Welt. Hier schlägt Chabons Prosa tatsächlich Feuer. Es ist die stilistische Schwärmerei eines Herrenausstatters. Sein Vater, stellt er wohlwollend fest, »hatte einen wunderschönen beigefarbenen Sommeranzug mit einer lachsroten Krawatte an«. Auch Papa läßt sich nicht lumpen. Als ihm Art seine Freundin Phlox vorstellt, bewundert er ihr Kleid, »das blauweißgeblümte, das sie an unserem ersten Abend getragen hatte«.

Doch Art Bechstein hat einfach eine Schwäche für Lachsrosa. Lange hat er den Verführungskünsten von Phlox widerstanden – bis sie ihm ihr Schlafzimmer zeigt: »Ihr Zimmer war aufregend und paßte zu ihr: lachsrosa, aufgeräumt, mit weißen Spitzenvorhängen...« Sein juveniler sexueller Appetit wird durch diese Grandma-Moses-Welt mächtig angestachelt, die Prosa schäumt, und siehe, es ist Seifenschaum. Er notiert ihr »frisch gewaschenes kupferbraunes Gesicht, das Haar mit einer weißen Schleife zurückgebunden«. Neben Lachsrosa sind auch andere Zwischentöne erlaubt: »Sie trug nichts außer einem pfirsichfarbenen Teddy.« Was nicht ganz stimmt. Denn die lachsrosa-kupferbraun-pfirsichfarbene Verführung trägt noch etwas. Der Climax dieser Liebesszene ist knisterndes Zelluloid, eine Plapperei aus der blitzsauberen Welt der Werbung. »"Du trägst Opium", sagte ich. "Ganz schön clever. Kennst dich sogar mit Parfüms aus", sagte sie und biß mich. "Ran an den Speck!" Ich zog sie auf die Chenilledecke...«

In dieser panisch aufgeräumten Jugend-Literatur, die vom Neo- zum Deo-Expressionismus übergelaufen ist, wird natürlich auch die Sprache mit dem Fleckenentferner behandelt: »Sie runzelte die Stirn. Mir war klar, daß ich mich zu flippig ausdrückte.« Als ob es nicht gerade Art Bechsteins Problem wäre, daß er keine eigene Sprache hat, daß er sich nie und nirgends flippig ausdrückt, sondern immer tadellos gebügelt, lachsrosa...

Und wenn irgend möglich französisch. Ein Idiom, das die »Kultur«-ehrgeizigen Karrierekinder der Reagan-Jahre büffeln wie eine neue Programmiersprache und einsetzen wie ein Desinfektionsmittel – in seinem neuen Roman hat Bret Easton Ellis ein ganzes Kapitel französisch abgefaßt.

Art Bechstein, der, erschöpft von seinen »alltäglichen ästhetischen Kraftakten«, Blattspinat kaut, ist reichlich verwirrt. Er hat die Liebe kennengelernt. Durch das Schaufenster des Bücherladens, in dem er – wo sonst – arbeitet, hat er sie gesehen: »... das Licht fiel auf Phlox' Halskette, Arthurs Haar und den Schimmer einer silbernen Armbanduhr an seiner Manschette. Wieder überkam mich einer dieser Anfälle von Liebe, der Wunsch, zu ihnen zu laufen und sie beide zu umarmen, in ihrer Begleitung gesehen zu werden, mein Leben mit Männern und Frauen zu verbringen, die sich so in Schale warfen und dann wie Filmstars den Bürgersteig entlanggingen.«

Kunstvoll spielt Michael Chabon mit diesem klassischen Topos der Sturm-und-Drang-Literatur: Sein Herz schlägt für beide. Wen wird er erwählen: Apfeltorte oder Halskette, Armbanduhr oder Schlagsahne?

Das Schicksal selbst greift ein. Allmählich nämlich schält sich heraus, daß Phlox doch eher von einem »zweifelhaften Geschmack« ist. Während Arthur, der elegante, verführerische Arthur ... aber lassen wir Chabon, das »neue literarische Wunderkind« selbst erklären: »Er sah an diesem Abend blendend aus, hatte gerade ein Sonnenbad im Freien hinter sich und trug einen türkisfarbenen (sic!) Baumwollpullover, der auffallend mit seinen blauen Augen kontrastierte.«

Arthur also sieht aus, als sei er gerade aus dem Quelle-Katalog gestiegen. Und Bechstein? »Fast weinte ich, so sehnlich wünschte ich mir, jetzt Turnschuhe zu tragen. Ich hatte lederne Herrenschuhe an, die unmöglich waren.«

Doch Arthur verzeiht. Zumal Art kurz zuvor bewiesen hatte, daß er sich durchaus anzuziehen verstand. »"Wundervoll. Komm rein, rein mit dir ... Hübsches Hemd. Hübsche Hose. Hübsche Schuhe." Wir hatten beide die üblichen Hosen aus Baumwollstoff, weiße Hemden und braune Slipper an. Ich war rasiert, er nicht.« Chabons gepriesenes Erzähltalent erweist sich gerade in hingetupften Details wie dem Hinweis auf die Rasur – wer könnte die beiden Eierköpfe in den braunen Slippern sonst auch auseinanderhalten?

Nicht nur die Kleiderstangen Arthur und Phlox bemühen sich um Bechstein. Auch Cleveland, ein rauher Motorradtyp. Er will einen Job von Arts Vater. Er trinkt Bier und soll dafür sorgen, daß Chabons verschmockte Pennäler-Prosa nicht an ihrem eigenen Opium erstickt. Clevelands Stigma: Das Leben hat ihn gezeichnet. Er ist häßlich. »Auf diesem Photo siehst du echt umwerfend aus«, sagt Art über ein Jugendbild von Cleveland. Der druckst: »Ja ... ich war glücklich.« Nun ist er unglücklich und häßlich und, ergo, kriminell, und er bringt Art auf einer seiner Eintreibertouren sogar mit häßlichen Menschen zusammen, in ein finsteres Viertel mit windschiefen Häusern, von denen die Farbe abblättert und deren Fensterhöhlen mit Zeitungspapier bespannt sind. »Cleveland, warum schleifst du mich hierher? Muß ich das sehen?« »Was erwartest du denn?« »Traurige Leute.« Und weit und breit kein Swimmingpool, kein Kaschmir-Pullover, kein Blattspinat.

Wohl das einzig Reale an Chabons Roman ist die Angst vor der Realität. Also vor allem, was nicht bunt und sauber und antiseptisch ist und so flächig wie ein Billboard. Ein Buch voller stilistischer Tricks, aber ohne Sprache. Ganz unpassend versteigt sich Michael Chabon am Ende seines Buches in einen Sechziger-Jahre-Topos. Art Bechstein nimmt Reißaus, bricht auf. Der Sommer, die Jugend, die Unschuld liegen hinter ihm. Chabon schafft es, selbst diesen soliden dramaturgischen Selbstgänger adoleszenter Literatur zu verkitschen.

Was nimmt einer mit, der über ein paar falscher Schuhe Tränen vergießt? Nur das Nötigste: Kleider, Paß, Schweizer Armeemesser, 3000 Dollar, »die ich in glänzende, ätherisch blaue Travellerschecks umtauschte«, und, da wir nicht in die Welt hinausgehen, sondern in einen Cinemascope-Sonnenuntergang hineindüsen, wo die Zwischenfarben stimmen müssen, ein »Goldlamésöckchen« von Phlox.

Bevor er sich ausseufzt, schändet er noch einmal einen großen Namen und tunkt ihn in seine Joghurt-Prosa: »So wie Coleridge sein nutzloses Traumgedicht blieb, bleibt mir ein glitzerndes Söckchen.« Und während das Kino beinahe aus ist und die Betriebstanten über ihren Konfektschachteln flennen, klimpert Chabon den silbrigen Nachspann: »Zweifellos entspringt dies alles nicht wahren Erinnerungen, sondern ist das verderbliche Werk der Nostalgie, die die Vergangenheit verwischt, und zweifellos habe ich wie gewöhnlich alles übertrieben.«

So was schreibt einer mit 24. Michael Chabon ist die Courths-Mahler der achtziger Jahre, sein Kitsch nur eine Verdrängungsvariante zum luxuriösen Zynismus der »Brat-Pack«-Literatur.

*

Da »Die Geheimnisse von Pittsburgh« in den Verlagsanzeigen mit Salingers Klassiker »Fänger im Roggen« verglichen werden, hier ein Stück Verbraucherberatung: Kaufen Sie Salinger nicht! Salinger schreibt längst nicht so gut, und sein Held Holden Caulfield weiß wahrscheinlich noch nicht einmal, wie man lachsrosa buchstabiert.

Nicht besonders elegant, wie der seinen Bericht antrommelt: »Falls Sie wirklich meine Geschichte hören wollen...« preßt er zwischen zusammengebissenen Zähnen hervor. Holden Caulfield, der vom College fliegt und zwei Tage und Nächte durch New York streunt, der es sich mit allem vermasselt, so daß ihm keiner mehr zuhört, selbst die Nutte nicht, die er dafür bezahlt, dieser Holden Caulfield, das merkt man sofort, kann »Opium« von Pferdepisse nicht unterscheiden. Aber er weiß, wann ein Jazzpianist anfängt anzugeben mit seiner Virtuosität. So was verachtet er.

Er hat eine ziemlich lange Liste von Dingen, die er verachtet. Heuchelei in allen Spielarten, Priester, Schauspieler, Hollywood, blasierte Mitschüler, Hemingways »A Farewell to Arms«, Leute, die den Rest ihrer Liebesfähigkeit in Autos stecken: »Ich hätte lieber ein verdammtes Pferd. Ein Pferd ist doch wenigstens menschlich.«

Chabons Art Bechstein würde mit Caulfield nichts anfangen können, wenn er ihn träfe – die falschen Schuhe, kein Französisch, entsetzlich traurig. Und Caulfield würde, nachdem sein Brechreiz sich gelegt hätte, erst recht in die Wälder gehen wollen, um dort als taubstummer Eremit zu leben. Die einzige, die wirklich kapiert, was er meint, was ihn treibt, ist seine zehnjährige Schwester, »die gute alte Phoebe«. Ihr erzählt er seinen Traum, seinen pubertären, monströsen Heldentraum: »Jedenfalls stelle ich mir immer kleine Kinder vor, die in einem Roggenfeld ein Spiel machen. Tausende von kleinen Kindern, und keiner wäre in der Nähe – kein Erwachsener, meine ich – außer mir. Und ich würde am Rande einer verrückten Klippe stehen. Ich müßte alle festhalten, die über die Klippe hinauslaufen wollen .... Ich wäre einfach der Fänger im Roggen.«

Art Bechstein wüßte genau, wie unvernünftig und riskant es ist, so dicht an der Klippe herumzurennen, da, wo das Leben verdichtet und die Literatur erst beginnt. Da, wo der jugendliche Traum von Unschuld in einen wütenden terroristischen Alptraum abkippen kann, und die Weigerung, sich korrumpieren zu lassen, zum Fanatismus überschnappen: John Lennons Attentäter, der dem Popstar Verrat an seinen Idealen vorwarf, tapezierte seinen Irrsinn mit Salingers Buch. Er las den »Fänger im Roggen«, als er sich festnehmen ließ.

Bechsteins Klippen sind anderer Art: Blattspinat oder Lachsrosa, Goldsöckchen oder Coleridge. Und da ist noch ein weiterer Unterschied. Chabons Prosa ist nicht nur virtuoser, er schreibt auch schneller. Ein paar Monate hat er für seinen Roman gebraucht, während Salinger zehn Jahre lang an dem seinen herumwürgte – und der ist nicht halb so dick.

Am wichtigsten aber: Chabon weiß, was sich gehört. Er liebt sein Land, seinen Volvo und seine Frau, die ihn »hingebungsvoll unterstützt«. Er schwört, daß er nicht homosexuell ist und daß sein neuer Roman »wieder mitten im Leben spielen wird – das lesen die Leute am liebsten«.

Salinger dagegen, knapp über 30, zog sich kauzig zurück in ein Blockhaus in den Wäldern von New Hampshire. Er schrieb viel, veröffentlichte wenig, erlaubte keine Verfilmungen, lehnte alle Interviews ab und kümmerte sich um seine Familie. Als zehn Jahre nach dem Millionenerfolg des »Fänger im Roggen« zwei kleine Kurzgeschichtenbände erschienen und, ohne alle Publicity, im Nu ausverkauft waren, schrieb die *New York Times* von einem »Widerspruch, einem absoluten Witz für amerikanische Verhältnisse«.

Im Juni 1979 gelang Michael Clarkson, einem jungen Polizeireporter der *Niagara Falls (Ont.) Review*, was Tausende vor ihm vergebens versucht hatten: Er stellte den »großen Schweiger«, sein Jugendidol. In einem Kramladen, in dem Salinger seine Zeitungen zu kaufen pflegte, hinterließ er eine obskure Botschaft. »Ein Mann in Cornish. Ein Amateur, vielleicht, aber tief verbunden. Am traurigsten – eine tragische Figur ohne Herkunft. Braucht eine Zukunft so sehr wie Ihre Vergangenheit. Geben Sie mir eine Chance.«

Clarkson parkte auf dem verregneten Waldweg, der zu Salingers Anwesen führte. Zwei europäische Kombis tauchten auf, die scharf neben ihm bremsten. Aus dem ersten sprang ein Junge und ging in Karate-Stellung. An seiner Seite drei scharfe

Hunde. Dann winkte er: »Dad!« Ein großer, dürrer, grauer Mann kletterte hinter seinem Lenkrad hervor und ging hinüber zu Clarkson.

»Sind Sie J.D. Salinger?« »Ja. Was kann ich für Sie tun?« »Ich weiß nicht. Ich hoffte, Sie könnten es mir sagen.« »Oh, nein, fangen Sie nicht mit der Masche an.« »Nein wirklich. Alles was ich weiß, ist, daß ich meine Familie verlassen und meinen Job geschmissen habe und eine lange Reise hinter mir habe, um Sie zu sehen.« »Sie haben nicht wirklich gekündigt, oder?« Ich schüttelte meinen Kopf. »Werden Sie psychiatrisch betreut?« »Nein, ich glaube nicht, daß das mein Problem ist. Ich will veröffentlichen.«

Aus diesem bizarren Zweikampf zwischen dem journalistischen Wegelagerer, der, wie Brechts Zöllner, dem »Weisen seine Weisheit entreißen« will, und dem verschlossenen Einsiedler, der der Welt den Rücken gekehrt hat, entspinnt sich eines der spannendsten Zwiegespräche des neueren Reportagejournalismus, mißtrauisch, klug, melancholisch, naiv, ein Gespräch der Töne viel mehr als der Worte.

Und immer wieder kreist das Gespräch um ein bestimmtes Thema: der Autor und der Markt. Wenn er den Rummel geahnt hätte, sagt Salinger verbittert, hätte er nie irgend etwas veröffentlicht, nie diesen verrücktesten aller Berufe gewählt. Schreiben: ein Mittel gegen die Einsamkeit und gleichzeitig der Grund dafür. Man kann niemandem beibringen zu schreiben, ein Blinder kann keinen Blinden führen. Er sei kein Lehrer, sagt Salinger. Vielleicht stelle er die Fragen ein wenig anders. Aber er tue nicht so, als wüßte er die Antworten. Und vor allem eins: »Nichts, was einer sagt, kann einem anderen helfen. Jeder muß seinen eigenen Weg finden.«

Wie anders klingt das, was da, ein paar tausend Kilometer entfernt, dieser Tage von der kalifornischen Sonnenküste kommt. Da sitzt Michael Chabon, das neueste, das heißeste Produkt des literarischen »Jugend«-Stils, vor den Fernsehkameras, lächelt sein Lächeln und sagt: »Ich möchte ein Vorbild für die Jugend sein. Für die Jugend meiner Nation und die Jugend der Welt.«

Photo: J. Arthur

Ein Guerillero wird zum Klassiker
Über den englischen Graphiker Neville Brody

Eines Tages, wenn zukünftige Generationen sich ein Bild von den achtziger Jahren machen, vermutete die *Sunday Times*, werden sie sich vor allem auf die Arbeiten dieses Mannes stützen. Ihre Archäologen und Ethnologen werden seltsame Rauten, Balken und Kreise finden, merkwürdige Alphabete, die sie als bindende Stilbibel für den ganzen westlichen Kulturkreis entziffern werden. Arbeiten, die schon jetzt im ehrwürdigen Londoner »Victoria und Albert Museum« für Besucherrekorde sorgten. Sie stammen von dem jüngsten Künstler, der dort je mit einer Einzelausstellung gewürdigt wurde: von Neville Brody. Neville wer?

Als art director des Magazins *The Face* hat Brody das Gesicht einer Dekade geprägt, tiefer greifend, als ein Rockstar, ein Schauspieler, ein Romancier es je könnte. Denn er hat ihre Sprache, ihre Archetypen erfunden. Besser: Mit jeder Ausgabe des Magazins hat er ein neues Spiel, einen neuen Code, eine neue Simulation in den Kreislauf eines Phänomens gejagt, das unter dem Namen »Zeitgeist« Gestalt annahm. Stil – das war jeweils das, was Brody für *The Face* erfand. Und das hatte bald, über England hinaus, Gültigkeit für den Rest der Welt. Neville Brody, gerade 31 Jahre alt, ist der einflußreichste und meistkopierte Graphiker der Gegenwart.

Weiches Unschuldsgesicht, kurze Haare, unauffällige Windjacke, Jeans. Auf den ersten Blick harmlos, doch dann sind da diese Augen. Graue Augen, die kühl bleiben, wenn er lächelt. Augen, die sich angewöhnt haben, jeden Schwindel zu durchschauen. Brody, das ist der Graphiker als Tüftler, als Stratege, als Sprengmeister.

Seine Kommandozentrale: ein schmales Studio mit verschmierten Fenstern, in dem drei Mitarbeiter über Zeichenbrettern sitzen. An der Wand ein paar Kunstbände über russische Konstruktivisten und Dada. Daneben dicke Auftragsordner. Brody könnte zehnmal soviel Leute beschäftigen. Doch das hier genügt ihm. Eine kleine mobile Einsatzgruppe, Manufaktur statt Fließband.

Er ist jung, er ist erfolgreich. Er müßte zufrieden sein. Trotzdem wirkt er, als säße er in einer Falle, von der er noch nicht weiß, wie er da herauskommen soll. »Maggie Thatcher muß von Ihnen geträumt haben, als sie ihr britisches Wirtschaftswunder modellierte«, sage ich und beschreibe damit die Falle. »Okay«, stöhnt Brody, »geben Sie mir einen Strick, ich hänge mich auf.« Er wirkt für einen Moment wie ein Anarchist, der erfahren hat, daß er jahrelang für die Junta gebombt hat. Das kleine Selbstbedienungsrestaurant, in das wir uns zurückziehen, wirkt wie ein solider Unterstand gegen die cremigmarmornen Cuisine-Tempel und die noch cremigeren Schaufensterauslagen der nahen Oxford Street.

Hier stehen robuste Kieferntische, Baststühle, Plastikblumen. Huhn mit Kartoffeln für vier Mark. Hier ißt Brody jeden Mittag. »Da drüben«, sagt er, »werden jetzt alle zwei Wochen die Schaufenster umdekoriert.« Er winkt vage in Richtung Oxford Street. »Style!« So wie er es sagt, klingt es wie »Pack!« Das Zeug, das da mit seinen Ideen verhökert wird, hätte er sich früher nie leisten können.

Er wuchs in Southgate auf. Kleine-Leute-Gegend, Taxifahrer, Fußball und abends die Glotze. Fernsehen ist noch heute sein Hobby. Das betreibt er mit buddhistischer Ausdauer. Und Malen.

So weit er zurückdenken kann, malte er, Malen war gut gegen die Langeweile und gegen die Wut. Er besuchte eine Kunstschule, die in den sechziger Jahren mal für Aufruhr gesorgt hatte. Doch nun, Mitte der Siebziger, saßen dort nur verbiesterte Akademiker herum und diskutierten über Kunst. »Elitär und galerienversaut.« Kein Mensch kapierte, was da aushing. Und sie redeten endlos darüber.

Brody, das Arbeiterkind, entschied sich fürs Praktische. Er schrieb sich im »London College of Printing« ein. Das LCP galt als härteste Graphikerschmiede Europas. Eine Elite-Anstalt mit dem Ehrgeiz, Rekruten auszubilden, die derart perfekte Schriften machen konnten, daß sie aussahen wie gedruckt.

Wenn Brody morgens, an den Graffiti der U-Bahn-Stationen vorbei, aufs College zusteuerte, hatte er das Gefühl, zum Militärdienst zu erscheinen – hier wurden wackere Soldaten für den Einsatz an der Wirtschaftsfront gedrillt, zum Ruhme von Company und Königreich. »Unkommerziell« war ein Schimpfwort. Ein genauso böses wie »unpatriotisch«. In den Augen der Lehrer war Brody beides. Als er für ein Briefmarkendesign den Kopf der Königin querlegte, stand er kurz vor dem Rausschmiß.

»Doch es gab einen phantastischen Maschinenpark«, erinnert er sich und lächelt schmal, »wir hatten eine alte Setzmaschine vom *Daily Mirror*, Monotype. Außerdem Screen-Printing, Computersatz. Eine farbige Xerox-Kopie kostete 20 Pennies.« Wer behauptet, daß immer nur Regierungstreue den Umgang mit Waffen lernen?

Draußen, im Jahre 1977, war Krieg ausgebrochen. Die Sex Pistols brüllten »Anarchy in the UK« und die Clash »White Riot«, und in den U-Bahn-Schächten tauchten Dschungelkämpfer auf, neue Primitive mit Masken und Tarnungen und Kriegsbemalungen: Punk! Punk war die ästhetische, politische, biologische Nullstellung. Eine mimetische Schlacht gegen die Wegwerfgesellschaft – mit Müll als Rüstung und No future als Hymne.

Punk traf Brody wie ein Stromschlag. »Nicht der Lärm war das Entscheidende«, sagt er und nippt an seinem Espresso, »sondern die Ideen, die dahinter steckten.« Er war nicht der Typ, der sich mit der Rasierklinge die Haut aufschlitzte. Aber absolut einer, der genau hinsah, wenn es passierte, kühl und interessiert. Die Kids schmissen Fenster ein, und er entwarf seine Poster.

Die Pink Flag gaben ihm eine Art artistischer Guerillataktik vor: Verfolge eine Idee, realisiere sie, zieh dich zurück und mach etwas völlig Neues. Punk war bösartig, und er war die pure Energie. Eine Zerstörungsorgie, aber immerhin: eine Orgie. Er war vital. Für Brody war Punk die Fortsetzung der Avantgarde-Bewegungen mit anderen Mitteln. Kunst und Leben waren eins.

»Wir haben mit Scheren gemalt, mit Klebstoffen und neuen Materialien. Es blieb ein Abenteuer, selbst einen Stein zu finden, ein Uhrwerk zu entdecken. Indem man so die Kunst dem täglichen Leben anpaßt, wird Kunst selbst den gleichen Risiken unterworfen.« Das sagt nicht Brody, sondern der Dadaist Marcel Janco, dessen Kampfgefährte Hugo Ball die Zeichensprache »eine Sprache des Paradieses« genannt hatte – Brody zitiert sie in einer Monographie, die gerade über ihn erschienen ist.

»Die Dadaisten«, sagt Brody, »erfanden jeden Tag eine neue Strategie, eine neue Front. Der Punk dagegen ist auf der Null stehengeblieben und konnte deshalb ziemlich schnell imitiert und totgeküßt werden. Die Designer haben einfach Löcher in ihre Jeans geschnitten. Und das war's dann.«

Neben den Dadaisten waren es vor allem russische Konstruktivisten wie Rodtschenko und Malewitsch mit ihren typographischen Experimenten, ihren entfesselten Schriften, die Brody faszinierten. Plakatkunst, Proletkult, Kunst mit Kampfaufgaben, das interessierte ihn. Schließlich war auch Punk, als Aufstand der Low-budget-Kultur, eine Art Klassenkampf.

Nach seiner Collegeausbildung arbeitete Brody für Londoner Underground-Magazine und illustrierte Bücher für Kleinverleger. Tagsüber wusch er Teller ab in einer Pizzeria am Leicester Square. Nachts entwarf er Plattenhüllen für unabhängige Firmen wie »Rocking Russian« und »Fetish Records«, Unternehmen, die so unkommerziell wie unpatriotisch waren und vor allem kaum in der Lage, Brody Honorare zu bezahlen, die den Namen verdient hätten. Aber sie gaben ihm freie Hand. Einzige Vorgabe: Sie wollten keine Photos der Gruppen auf den Plattencovers. Photos waren Big-Company-Stil, der Images statt Ideen verkaufte. Und natürlich führte das Bildertabu, ähnlich wie im Islam, zu einer enormen Aufwertung der Schrift.

Zu Beginn der achtziger Jahre war Punk, der eine lustvoll-düstere Resteverwertung betrieben hatte, selbst zum Zitat geworden, ein gängiger, kulturell adaptierter Stil neben anderen. Er hatte die Bühne freigefegt für den schicken Postmodernismus, der die folgende Dekade beherrschen sollte. Die Unterhaltungsindustrie hatte Punk sehr schnell als Lockerungstraining begriffen, als Durchstich zu neuen Märkten. Im übrigen kamen die »No future«-Teenager allmählich ins zahlungsfähige Alter. Die unabhängige Plattenfirmen hatten aufgegeben oder waren geschluckt worden. Der Karneval war langweilig geworden. Interessant war Pop nur noch in der Zweitauswertung: in den Magazinen.

Mit einem Startkapital von ganzen 7000 Pfund lancierte *New Musical Express*-Herausgeber Nick Logan 1980 das Monatsmagazin *The Face* an den Kiosken. Eine Marktanalyse gab es nicht. Es gab nur eine Devise von Oscar Wilde. Das Magazin richtete sich an Leute mit ganz einfachem Geschmack: immer nur das Beste.

The Face wurde zum Quantensprung der Rockmusik, zur soziokulturellen Schleuse, die Kids, welche bis dahin in ihren Sandkästen Krieg gespielt hatten, in die Welt der Kreditkarten einführte. *The Face* nannte sich »das bestangezogene Magazin der Welt«. Es lief Reklame für sich selbst. Es spielte Designerkapitalismus und karikierte ihn gleichzeitig – anders als die Imitationen, die bald auf den Markt kamen.

Bis dahin gab es Designer-Möbel, Designer-Mode. Nun gab es den Designer-Journalismus, der mit Überraschungen statt mit Überzeugungen arbeitete, der statt Standpunkten Posen anbot, die nur bis zur nächsten »In«- und »Out«-Liste haltbar waren – intelligent, frivol und ausgesprochen witzig. Es war mehr als Modejournalismus. Es war der Journalismus als Mode, dessen Zeitgeist-Parolen genau für einen Monat Gültigkeit hatten. Denn dann hing die nächste Ausgabe an den Kiosken.

Brodys Designs wurden, neben den Texten, zu einer zweiten, oft wichtigeren Kommunikationsebene. Jedes Heft sah anders aus, lieferte einen neuen optischen Code, ein bis zur letzten Rubrik vollständig durchkalkuliertes Produkt. Pfeile und Stopschilder organisierten die Texte wie Verkehrswege. Diamanten, Rauten und Balken durchschossen die Seiten wie Totemzeichen, wie Sippensymbole einer neuen Jugend-Internationale. Das Inhaltslogo »Contents« abstrahierte er von Ausgabe zu Ausgabe so weit, bis sich eine sinnvolle Reihe von Buchstaben zu einer Reihung von Punkten und Kreuzen verknappt hatte – lesbar nur noch für Stammesangehörige, für Initiierte.

»Von Anfang an«, sagt Brody, »wollten wir einen Leser, der sein eigener Redakteur ist. Wenn er eine halbe Stunde braucht, um ein Layout zu kapieren – okay. Wer sagt, daß man dem Leser Arbeit abnehmen muß?« Für eine Titelgeschichte über die Popgruppe »New Order« beschnitt Brody ihr Photo so weit, daß nur noch Auge und Scheitelansatz des Schlagzeugers übrigblieben. Ein Verweis darauf, daß die Gruppe unbekannt war. Aber auch darauf, daß Maggie Thatchers »Neue Ordnung« nur noch halbe Menschen produziert. Aus den Initialien der Gruppe montierte Brody ein Emblem, das aussah wie das einer internationalen Bank, denn die »neue Ordnung« heißt in erster Linie: Geld. Das Titelblatt bekam, als bestes des Jahres 1983, den »Magazin Publishing Award«.

Brodys *Face* war Zeitschriften-Design als permanente Revolution. Es gab keine Regel, die nicht verletzt wurde, keine Schrift, die nicht darauf untersucht wurde, ob sie die optimale Architektur für ein Thema abgab. Eine Story über die deutsche Gruppe »Kraftwerk« etwa wurde im Zwanziger-Jahre-Stil abgesetzt, ein Maschinen-Layout mit konstruktivistischen Balken und Winkeln unter dem Titel: »The Werk Ethik« – Journalismus als Gesamtkunstwerk für ein Publikum, das mit dem Fernsehen großgeworden ist und gelernt hat, Bilder zu lesen, in Bildern zu denken.

Brody arbeitete unter Tageszeitungsbedingungen: Ein vierseitiges Feature mußte in anderthalb Stunden fertig sein. Das verlangte einfach wirksame Lösungen. Für eine Geschichte über die Rock-Queen Madonna übergab Brody der Kundschaft ein fettbeiniges »M«. Ein winziges Paßbild des schon damals totphotographierten Medienstars floß am oberen Seitenrand aus. Für die nächste Ausgabe stand eine Story über Andy Warhol an. Brody griff in den Papierkorb, holte das Madonna-M heraus und stellte es auf den Kopf. So zierte es, samt Paßbild-Rest und abgeschnittener Titelzeile, den Auftakt der Warhol-Geschichte – kann es einen intelligenteren Aufmacher für ein Ready-made-Artisten geben?

Brodys Designs waren verschlüsselte Botschaften, intelligente Verweise auf die Manipulateure in Medien und Werbung, Flaschenpost an den aufgeklärten Leser. So ließ er etwa das »T« der Disco-Geschichte »The Perfect Beat« in eine Anzeigenseite auslaufen – Big-Business kontrolliert die Jugendkultur. »Punk war eine wirksame Art, sich auszudrücken in einer Kultur, die man sich nicht leisten konnte. Bei *The Face* habe ich versucht, das auf andere Art fortzusetzen.«

Brody wechselte Schrifttypen nicht nur von Ausgabe zu Ausgabe, sondern oft innerhalb einer Zeile. Seine typographischen Ballett-Tänze erinnerten an Rodtschenko und Art Déco, an Primitive und an Computerdigitale, ein kalkulierter Stil-Cocktail, der ganz unabhängig von den redaktionellen Texten immer wieder eines verkündete: Wir wissen schon heute, was morgen der Trend ist, weil wir ihn bestimmen.

Brody legte ein atemberaubendes Tempo vor. Nicht ohne Grund. Ganze Armeen waren damit beschäftigt, seine Codes zu knacken und zu kopieren. Jeder zweite Anrufer bei *The Face* wollte wissen, wo man die Brody-Schriften bestellen konnte. Nirgends. Es gab sie nicht. Er hatte sie erfunden und meistens per Hand gemalt. Der Drill der College-Jahre zahlte sich aus. Brody blieb seinen Kopisten immer um eine Nasenlänge voraus.

Er verlor das Rennen jedoch auf andere Art: gegen sich selbst. »Die Leute erwarteten schon, daß jede Ausgabe anders aussieht. Spätestens da hätte *Face* eingestellt werden müssen.« Seine Designs waren immer ganz persönliche Antworten gewesen auf das, was um ihn herum geschah. »Doch die Leser haben nur die Effekte, die Oberfläche genommen. Und nichts kapiert. Der Erfolg hat *Face*, hat meine Intentionen kaputtgemacht.«

The Face war zum Trüffelschwein des Markts geworden, zum Schaufenster in die »Jugendkultur«. Der »Zeitgeist« hatte ein Alphabet bekommen. »Und die High Street«, sagt Brody, »hat dieses Alphabet einfach übernommen, ohne es zu verstehen.« Aus seinen Designs wurde ein Stil. Der Unterschied zwischen Design und Stil ist der zwischen Substanz und Oberfläche: Mittlerweile gab es zahllose Zeitgeist-Magazine, die, mit Brodys Trick, eine neue Kundschaft einfingen. Einkaufstüten, Schaufensterauslagen, Werbetexte – Brody-Imitationen waren überall. »Heute«, sagt er, »ist Design für mich ein schmutziges Wort. Es ist zynisch und formalisiert. Geldkultur. Einfach zum Kotzen.«

Vor drei Jahren zog er die Konsequenz. Er verließ *The Face*. Er arbeitete für *Tatler* und möbelte das Stadtmagazin *City Limits* auf. Er verpaßte dem in Ehren ergrauten *New Socialist* ein neues Gesicht, entwarf das Logo für »Artists Against Apartheid« und eines für die Abrüstungsbewegung. Letzteres wurde nicht akzeptiert. Es sei, schrieb ein konservativer Kritiker, »als habe man Andy Warhol beauftragt, die Sowjetfahne neu zu gestalten«.

Brodys Designs haben die Presselandschaft verändert. Seine Typen, seine Erfindungen gehören mittlerweile zur Jugend-Internationale wie Michael Jackson und Pepsi-Cola. Kaum eine Chefetage eines Pressekonzerns, in der nicht über facelifting nachgedacht wird. Ich lege ihm einen Stapel Zeitschriften auf den Tisch. Und bitte ihn um Stilkritiken.

Brody greift sich den *Wiener* und stutzt. »Wie einfallslos«, sagt er, »diese Rubrik hier 'lifestyle' zu nennen in einem deutschen Magazin. Eine gedankenlos abgekupferte Formel.« Er durchblättert das *Tempo*-Magazin und murmelt sarkastisch: »Wir-sind-jung-wir-sind-toll-Journalismus. Sehr gekünstelt. Was für Leute, die im richtigen Café angesehen werden wollen. Ein *Face*-Nachklapp.«

Er nimmt sich das *Zeit*-Magazin vor, das seit einigen Ausgaben ein neues Gesicht hat – wochenlang studierten die Macher der Beilage vergleichbare Objekte in den USA. »Ein bißchen langweilig«, sagt Brody. »Bildstrecke, Text, Bildstrecke, Text, das hat einfach einen sehr ruhigen Rhythmus.« »Der Chefetage war es zu avantgardistisch. Die hat die Verantwortlichen geköpft.« Brody schüttelt ungläubig den Kopf.

Nach einem kurzen Blick auf das *Stern*-Titelbild sagt er: »Hier sind genau drei Informationen. Erstens ist es für Leute, die Frauen mit langen Beinen mögen. Zweitens signalisiert der Preis, daß sich das Heft wohl jeder leisten kann. Und drittens sagen sie mir, durch den Aufdruck 'mit tv-magazin': Wahrscheinlich interessiert dich nichts von dem was drinsteht, aber dann hast du immer noch ein Fernsehprogramm.« Dann blättert er im Heft. »Von Leuten für Leute, die 1972 jung waren.«

Schließlich knöpft er sich den *Spiegel* vor. Er blättert. Und blättert. Er irrt über die Seiten, wie einer, der ausrutscht und nach einem Halt sucht. Endlich bleibt er bei einer knallbunten Anzeige hängen. Er ruht sichtlich aus. »Man muß ne Menge lesen, hm?« Sein Blick ist wie ein Beileidstelegramm. »Das ist wie ein seltsames, über Jahrzehnte gewachsenes Tier. Haben sich die Leute dran gewöhnt?« Ich nicke. »Und wie!«

Als ob er mich nicht weiter in Verlegenheit bringen will, steht er auf und besorgt eine Runde Espresso. Nachdem er sich wieder hingesetzt hat, sagt er: »Hoffentlich bricht dieser ganze Lifestylekram bald in sich zusammen. Hype ist vorbei. Jetzt muß es wieder um Inhalte gehen. Streng und klassisch. Anonyme Layouts.« Inhalte! Er sagt es wie eine konspirative Losung.

Neben uns entsteht plötzlich Bewegung. Ein junger Asiate, der schon eine ganze Zeitlang immer wieder nervös zu uns herübergeschaut hat, steht neben unserem Tisch. Weißes Hemd von »Commes des garçons«, 501-Jeans, Cowboyboots mit Silberbeschlägen. Er hält Brodys Monographie in der Hand. Er hat sie im Museum gekauft. Stundenlang hat er sich angestellt, um Brodys Titelblätter, seine Illustrationen und Coverentwürfe, diesen Zeichen-Dschungel der achtziger Jahre zu durchstreifen.

Er stellt sich als Graphikstudent aus Hongkong vor. Er hat da ein Problem und möchte sich mit Brody darüber unterhalten. »Gerne«, sagt Brody, und gibt ihm seine Telephonnummer. »Es geht um ein Poster«, sagt der Student eifrig. Aha. Hm. Und wofür? »Für einen malaiischen Tanzabend.« Brody lacht. Schließlich gibt es noch eine ganz andere Falle. Es ist die, bereits mit 31 Jahren ein Klassiker zu sein.

Die zukünftigen Archäologen aber werden sich den Kopf darüber zerbrechen müssen, warum diese merkwürdige Symbolsprache aus Balken, Rauten und Kreisen, die offenbar in London Anfang der achtziger Jahre entstanden ist, bald auch die Folkloretraditionen der östlichen Welthälfte überwucherte.

Hotel Abgrund

Photo: Andreas Sterzing

Der Held als Amokläufer
Über Andrew Vachss

Das Ende der Aufklärung kommt leise – als Invasion der Bilder. Die Mythen haben sich den Alltag zurückerobert, und Helden und Monster kämpfen wieder den alten Kampf zwischen Gut und Böse.

Travis, ein kleiner, schüchterner Junge aus Brooklyn, hat mit seiner Hand ein Brett durchgeschlagen. Er hatte ein Monster draufgemalt, das er in einer TV-Serie gesehen hat, und er hat es durchgeschlagen, um sich wieder stark zu fühlen. Er spielt mit rund 20 anderen Kindern in einer sonnendurchfluteten Turnhalle im Greenwich Village. Sie alle lernen spielend, wie man überlebt – in einer Therapieeinrichtung für mißhandelte Kinder.

Sie sind Opfer oder Zeugen eines Verbrechens, das, nicht nur in den USA, schrecklichen Alltag darstellt und dessen Tatort meistens die Familie ist: Verbrechen an Kindern, den Schwächsten der Schwachen. Travis und die anderen Kinder, die Monster erschlagen, nehmen Zuflucht zu magischen Praktiken, da Vernunft und Gesetze sie offenbar nicht schützen können. Sie üben rituelle Gegenwehr.

Flora Colao, die Therapeutin, eine energische, rundliche Mittdreißigerin, die viel Wärme ausstrahlt, klatscht in die Hände. »Heute werde ich euch zeigen, wie man sich aus einem Würgegriff befreit, auch wenn man viel kleiner und schwächer ist.« Alle spielen begeistert mit. Auch Tracy, die mit Lisa Steinberg befreundet war. Lisa Steinberg war von ihrem Adoptivvater gequält und erschlagen worden. Der Prozeß gegen ihn wurde live übertragen – ein Medienmonster mit hohen Einschaltquoten.

In Flora Colaos Büro hängen Kinderzeichnungen. Oft können die Opfer nicht reden über das, was ihnen angetan wurde. Aber malen. Die Bilder tragen Titel wie: »Mein Vater verwandelt sich in ein Monster, und selbst die Sonne weint.« Eines zeigt bunte Striche, die durch quer geklebte Streichhölzer getrennt sind. Es heißt: »Der zerbrochene Regenbogen.«

Wer diese Bilder sieht, den überfällt hilflose Traurigkeit. Und womöglich der Wunsch nach einem Helden, einem Rächer, der all diese Monster in der Wirklichkeit besiegt. Aber: Was ist ein Held? Welchen Preis bezahlt er dafür, ein Held zu sein? Und welchen die Gesellschaft?

*

Einige Kinder sind von einem finsteren Mann ins Village gebracht worden. Für sie ist er ein Held. Sie bewundern ihn und haben Angst vor ihm. Er trägt eine schwarze Augenklappe und ist ein Spezialist für Rache. Das irritierende: Er scheint auf den ersten Blick völlig leblos.

Er ist Anwalt, 46 Jahre alt, kinderlos und heißt Andrew Vachss. Er vertritt Kinder und Jugendliche vor Gericht. Es gibt viele Anwälte, die das tun. Doch erst Vachss hat aus einer moralischen Entscheidung, die schon das Stammhirn trifft – die Schwachen zu schützen –, eine düster schillernde Show gemacht. Er hat seinen Job für die durchs Fernsehen kretinisierte Couch-Potatoe-Gesellschaft, die immer nur bis zum nächsten Werbespot empörungsbereit ist, auf den archaischen Instinktkern reduziert.

Er tingelt durchs Land als »letzter zorniger Mann Amerikas«, und er sieht mit seiner Augenklappe aus, als sei John Carpenters apokalyptischer Kämpfer »Klapperschlange« direkt von der Leinwand in die Wirklichkeit geklont worden. Nahezu jeder US-Talkmaster hat ihn, den Rächer, mittlerweile zu Gast gehabt und lauscht mit ernster Faszination den Sex-and-Crime-Geschichten von Kinderschändern, die er wie ein regloser Roboter von sich gibt.

Er führt einen Kreuzzug gegen liberale Richter und spricht ausdauernd vom »Bösen«, was im Lande der Fernsehprediger besonders gut ankommt. Für Medien und Publikum ist er der Western-Mythos der neunziger Jahre, der Electric Cowboy.

Eingeladen zu diesen Shows wird Vachss nicht als Anwalt, sondern als Autor. Nachts nämlich schreibt der Mann mit der Augenklappe Krimis, um »endlich einmal Geld zu verdienen«. Das Besondere an ihnen: Vachss benutzt tatsächliche Fälle. Er bietet den »wirklichen« Stoff. Und arbeitet, fatalerweise, an der Entwirklichung der verstörenden Realität, weil er aus Fakten Fiktion macht. Das scheint er selbst zu ahnen. Er will nicht Bewußtsein wecken, sagt er, sondern »Wut erzeugen«. Und das schaffen seine Bücher, die sich lesen wie Gebetbücher für Amokläufer: In ihnen macht ein Exsträfling mit Killerhund, Napalm und Handgranaten Jagd auf Pornohändler und Kinderschänder. Auch Flora Colaos Kinderladen im Greenwich Village taucht in ihnen auf, als verkitschte strahlende Insel inmitten des gigantischen Schlangennests – und der Kitsch wirkt wie ein bequemer, klebriger Ersatz für wirkliche Anteilnahme.

Im vernunftmüden Milieu des neuen Fin de siècle kommen

Vachss' Abenteuergeschichten an. Sein Erstling »Flood« wurde mehr als 200000mal verkauft, und schon für den Folgeroman »Strega« kassierte er einen Vorschuß von 175000 Dollar. Mittlerweile hat er zwei weitere Romane vorgelegt. Zu seinen Bewunderern gehört nicht nur »Rambo«-Autor David Morrell, sondern auch Robert Gottlieb, Chefredakteur des linksliberalen *New Yorker*. Rezensenten von *The Washington Post* bis *People*, von *Playboy* bis *Männer Vogue* inhalieren ungefiltert den harten »wirklichen« Stoff des Mannes mit der Augenklappe und lassen begeistert Dampf ab: »Wenn Dostojewski Mike Hammer wäre, würde er schreiben wie Vachss.«

Im angesehenen New Yorker Literaturverlag Knopf, wo Vachss neben Autoren wie John Updike erscheint, redet die Pressedame nicht gern über Bücher. »Wir verkaufen den Mann«, sagt sie strahlend, »ist er nicht wunderbar. Er kämpft für eine gerechte Sache. Er trägt diese Augenklappe, den Verband, den Dreitagebart ...« Knopf verkauft keine Literatur, sondern den »Rächer«, eine Kunstfigur. Das Verrückte: Andrew Vachss *spielt* keine Rolle. Er *lebt* sie. In einem Horrorfilm, den New York für ihn inszeniert hat.

Sein Büro liegt am Ende eines langen Korridors, in einem Hochhaus am Broadway, einen Steinwurf vom Familiengericht entfernt. Die Tür mit der Messingplakette steht ständig offen. Wenn er an seinem Schreibtisch sitzt, eine tiefschwarze Silhouette im Gegenlicht vor dem Fenster, ist er im Vorteil. Er sieht jeden, der hier im 21. Stockwerk den Fahrstuhl verläßt, ohne selbst erkannt zu werden.

Im Ernstfall bleiben ihm gute 20 Sekunden, um durch einen »Geheimgang zu verschwinden« und sich aufzulösen »wie Rauch im Nebel«. Pornohändler und Kinderschänder, murmelt er dunkel, hätten ihn auf der Abschußliste. Selbst Mitarbeiter kennen seine Privatwohnung nicht; Verlagslimousinen müssen ihn an penibel vereinbarten Treffpunkten in Queens abholen.

Seine Hände sind oft bandagiert. Diesmal ist es die Linke. An anderen Tagen ist es die Rechte. »Das ist auf dem Weg zum Büro passiert. Eine Schlägerei.« Wie geschah es? Wo? Er weiß es nicht mehr. Es ging alles so schnell.

Sein linkes Auge starrt dabei ins Nichts. Seine Lippen sind hart und schmal. In die Mundwinkel hat sich tiefer Ekel eingegraben. Er trägt Jeans und schwarze Lederjacke. Er sieht haargenau so aus wie der Typ, den sich Comic-Freaks zum Freund wünschen. Hart. Mit ihm zu reden ist wie der Schluß von »Roger Rabbit« – man weiß nicht, ob man es mit einem Menschen zu tun hat oder mit einem Cartoon.

Wenn er das Telephon überhaupt abnimmt, sagt er nur

»nein« oder »ja« oder »okay«. Er hat keine Freunde, sagt er, sondern »Kampfgefährten«. Oder »Feinde«. Über die Kindheit des eher schmächtigen Anwalts liefert die Pressemappe Versionen, als seien Schnipsel aus alten James-Cagney-Filmen aneinandergesetzt. In harten Schnitten, ohne Zwischentöne. Sie besteht aus Zweikämpfen, Mutproben, Heldenträumen.

Er wuchs unter den Streetkids der Lower West Side auf. Sein Vater, ein ehemaliger Footballprofi, ein Riese, war selten zu Hause. Andrew wurde von der Mutter erzogen, die eine »Heldin« war. Sie konnte wunderbar kochen und nähen und verteidigte einst »ein Nachbarskind« mit dem Messer in der Hand vor dessen großem, zornigen Vater. Über die Schlägerei, in der er sein Auge verlor, gibt er nur vage Auskunft – sie bleibt, wie die Vorgeschichte vieler Helden, in mythischem Dunkel.

Mit 17 bewarb er sich bei den Marines, die ihn jedoch wegen seines Augenleidens ausmusterten. Er verachtete die »Hippiewichser und ihr Getue um Vietnam« und meldete sich, nach einem Job für die Gesundheitsbehörde, für einen Sondereinsatz in Biafra, um nach dem Verbleib von Spendengeldern zu suchen, und er ging, sagt er, »um ein Held zu sein.«

Im Anschluß daran übernahm Vachss die Leitung von Andros II, eines Hochsicherheitsgefängnisses für jugendliche Straftäter. Heute ist er Spezialist für den Bau von Jugendgefängnissen. In einem Artikel, den Knopf der Pressemappe beilegte, schildert Vachss den heldenhaften Kampf mit dem tobsüchtigen Häftling Allen, einem Geschöpf »wie aus einer Stephen-King-Horror-Story«. Der Junge brach ihm zwei Rippen, bevor er k.o. ging. Doch als Allen die Augen aufschlug und erfuhr, daß er Vachss Rippen gebrochen hatte, weinte er.

»Da wußte ich, er ist ein menschliches Wesen ... Gott stattete mich nicht mit einem tödlichen Schlag aus! Gott gab mir keine Millionen oder politische Macht. Aber wenn ich über die Runden komme und am Ende immer noch stehe, dann habe ich mehr geschafft als alle jene, die anfingen und wieder ausgestiegen sind, alle, die mit Talenten gesegnet sind. Dann habe ich wirklich einen Unterschied gemacht.«

Fazit dieser schwarzweißen Hollywoodschnulze: Man kann die Welt erretten, man muß nur einstecken und zuschlagen können. Noch heute schickt ihm Allen Briefe aus den Gefängnissen des Landes. Einen davon hat Vachss über seinem Schreibtisch hängen. »Damit ich nicht vergesse, wofür ich arbeite.«

Im Anschluß an seinen Job als Gefängnisdirektor studierte er Recht. Schließlich hatte er es geschafft. Er hatte sich von der Lower West Side zum Anwalt hochgeboxt. Und nun trat er an, das Gesetzbuch im Halfter, um das »Böse« zu bekämpfen, unter dem er als Kind zu leiden hatte. Er zeigt auf die Rechtsdiplome, die an den getäfelten Wänden seines Büros hängen, als zeige er auf Sheriffsterne.

Darüber, auf einem Bücherbord, zwischen zerlesenen Taschenkrimis und Gesetzestexten, sitzt eine Stoffpuppenfamilie. Es gibt nichts Unschuldigeres als Puppen. Diese hier sind monströs. Sie haben plumpe Gesichter, vage Proportionen, aber exakt nachgebildete Geschlechtsteile. Er braucht die Puppen, sagt er, um von den Kindern zu erfahren, was passiert ist. Sie können oft nicht sprechen. Aber sie können es vormachen an seinen Puppen.

Die Puppen mit ihren Geschlechtsteilen aus Stoff, eingeklemmt zwischen den Fiktionen von Thrillern und den nüchternen Fakten des Rechts, symbolisieren Vachss' Obsessionen seit 20 Jahren. Eine Besessenheit, die weit über die seiner Anwaltskollegen hinausgeht.

Damals in Ohio, als er für die Gesundheitsbehörde in Rotlichtbezirken fahndete, stieß er zum erstenmal auf das »Böse«. Er entdeckte »neun Monate alte Babys, die mit rektaler Syphilis infiziert waren«. Seitdem, sagt er, hat er nur ein Thema. Dieses: Er redet von Kindern, die als bandagierte Bündel zu ihm in die Praxis getragen wurden, von Babys, die von ihren Vätern mißbraucht wurden, bis ihr Rektum prolabierte, er redet pausenlos und seine Stimme liegt wie eine dunkle Bleiplatte über seinen Gefühlen. Ein Mensch, der möglicherweise vor langer Zeit irre geworden ist an dem Elend, in dem er arbeitet. Nun hat er die Ruhe einer tickenden Bombe.

Seine Stimme wird erst weich, als er über seine Hunde spricht, den Rottweiler, den Mastiff, den Schäferhund. Auf die Tiere ist Verlaß. »Es ist *wundervoll*, diese Hunde zu haben. Du hörst jemanden nachts an deinem Haus, und du kannst schon mal die Ambulanz rufen. Keine Macht der Welt könnte diese Hunde stoppen.«

Dann ist er wieder bei seinem Thema. Auf Sex abgerichtete Babys, Inzestopfer. Seine Fixierung hat er offenbar in eine erfolgreiche Waffe verwandelt. Einmal vertrat er ein Baby, dessen Becken gebrochen war. Die Angeklagten behaupteten, das Kind sei ihnen aus den Händen gefallen, und auch der Sachverständige war sich nicht sicher, ob die Verletzung von einem Schlag herrührte, wie Vachss vermutete. Ein anderer Anwalt als Vachss hätte vielleicht ein Gegengutachten beantragt. Doch Vachss holte im Gerichtssaal aus und schlug mit der Hand gegen eine verkleidete Betonwand. Um zu demonstrieren, sagt er ohne mit der Wimper zu zucken, »wie man mit einem Schlag sehr wohl das Becken eines Babys zertrümmern kann«! Er brach sich die Hand und gewann den Prozeß.

Trotz seines engagierten Kampfes entgehen manche Täter

ihrer gerechten Bestrafung. Nachts aber rollt er all diese Fälle, die er in seinem Computer gespeichert hat, erneut auf. Nachts schreibt er an seinen Romanen – ein Tastendruck genügt, und er wechselt von den Fakten zur Fiktion. Der Gesetzeshüter darf zum Outlaw werden, der Held zum Monster.

Als Anwalt war er an das Recht, den Mythos der Aufklärung gebunden. Als Outlaw darf er zurücksinken in die Natur, in den Dschungel dunkler Triebe, wo Menschen Sexmaschinen sind und zerstümmelt und zerschnitten werden wie in den Visionen von Hieronymus Bosch. Nachts, wenn Porno-Freaks und religiöse Irre und Rächer durch die Straßen ziehen und eine Armee von fürchterlichen Gerechten die Stadt übernimmt, dann schlägt die Stunde seines Krimihelden Burke.

*

»Der Tag ist nahe«, bellt der schwarze Straßenprediger Isaac, und es ist der Gott des Alten Testaments, der Gott der Rache, der da durch ihn spricht, nachts, im Nieselregen am Times Square, wo der glatzköpfige Prophet umringt wird von finsteren Lanzenträgern mit nassen Gesichtern, die im Neongeflacker der Pornoshops rot glänzen und immer wieder verschwinden unter den Dampfschwaden, die aus einem Kanalgitter steigen. »Der Tag ist nah«, brüllt Isaac, »daß dieses Schweinevolk von Perversen und korrupten Politikern vom Erdboden getilgt wird.« Und es ist klar, daß er damit alle Weißen und alle Reichen meint, hier, mitten in Manhattan, das doch eine Wagenburg gegen das Elend ist.

Unter den Zuhörern, unter denen Scorseses amoklaufender Taxidriver Travis Bickle stehen könnte, jungen durchtrainierten Parkatypen, Drogen-Irren mit ihren stumpfen Blicken und abgerissenen Obdachlosen, kommt das heisere Echo »Yeah«. Isaacs Stimme überschlägt sich: »Wir werden das Feuer sein, das vernichtet«, und die Menge in dieser Operette, in diesem Gospel der Wut brüllt »Yeah«. Und vielleicht träumen sie wie Vachss davon, daß am Ende unseres Jahrhunderts die Stunde der Survivors schlagen wird, der durch die Stadtsteppen ziehenden Horden, und dann wird die Kampfform nicht die Revolution sein, sondern der Amoklauf.

Vachss, der Rächer, sitzt in einem alten Ford und raucht Kette. Er glüht. Vor Jagdeifer. Ganz anders als die Polizeioffiziere des Precinct Midtown South, die am Abend zuvor die gleiche Runde machten, ein bißchen mit Rotlicht durch die Stadt fuhren, einen Ladendieb festnahmen und über Baseball redeten, gemütliche Familienväter, für die Verbrechen Routine ist und die zur Polizei gingen wegen der »sicheren Arbeitsplätze«.

Vachss dagegen raunt aufgeregt: »Da standen mindestens 100 Jahre Gefängnis rum. Waffen, Drogen, Kinderschändung.« Aussteigen möchte er nicht. Man könnte ihn erkennen. Er zeigt sein Revier. Das Revier seines Zwillingsbruders, seines Krimihelden Burke. Die 42. Straße mit ihren Pornoshops, die er in der Lyrik Burkes besingt: »Dort kannst du alles kriegen, was ein menschliches Hirn nur auswürgen kann – Sex mit Tieren, Sex als Folter, Sex mit Kindern.«

Einen Block weiter der Port-Authority-Busbahnhof, wo Teenager aus allen Landesteilen ankommen und Zuhälter warten »wie Haie auf rohes Fleisch«. Manchmal kommt ihnen Burke zuvor und schafft die jugendlichen Ausreißer ins Village zu Flora Colao, die in seinen Abenteuern Lily heißt.

Als Anwalt muß Vachss identifizierbar bleiben. Als Burke darf er seine bürgerliche Identität aufgeben. Seine Tarnungen sind perfekt. Seitenlang werden komplizierte Telephonketten und konspirative Wohnungen beschrieben, Adressen als Postfächer, von denen Briefe weitergeleitet werden in verlassene Lagerhäuser, wo schweigsame mongolische Krieger und Blutsbrüder sie irgendwann entgegennehmen. Mit Max dem Stillen, taubstumm und »stark wie zehn Männer«, verständigt sich Burke in Zeichensprache, in kindlichen Scharaden, die über Seiten hinweg beschrieben werden.

Klopfzeichen beherrschen seine Welt. Burke ist maulfaul wie ein unartiges Kind. Oft zuckt er einfach mit den Schultern. Doch es gibt eine gute Mama. In ihrem Restaurant in Chinatown, wo ein Tisch nur für ihn reserviert ist, füttert ihn Mama Wong mit Suppe. Jeden Tag Sauerscharf-Suppe, und die Suppe wird immer wieder beschrieben. Mama Wong sagt: »Damit du stark wirst.«

Burkes regressive Wunschwelt wird bevölkert von Riesen, Kobolden und Feen: Da ist der erwähnte Hüne Max, da ist der kleine Gnom Prof auf seinem kleinen Wägelchen, und da ist Michelle, der Transsexuelle mit dem Herzen aus Gold. Schließlich Mole, der Albino und Tüftler, der sich in einen Schrottpanzer vergraben hat. Vachss' Bücher sind unschuldig wie Walt Disneys Dschungelbuch, und tatsächlich ist der »Dschungel« eine überstrapazierte Metapher: »Wenn man im Dschungel lebt, muß man die Tiere kennen.«

Doch da ist auch das Böse im Dschungel, das Vachss' pubertären Survivor-Phantasien den Ruf eingetragen hat, »knallhart und realistisch« zu sein, eine »Mischung aus Beton und Stacheldraht«. Mit voyeuristischer Kälte schildert er sexuelle Verbrechen an Kindern und Frauen, um sich sodann, mit

Napalm und Killerhund, in barbarische Sühneschlachten zu stürzen – halluzinogene Metzeleien, die von Buch zu Buch wahnhafter werden.

Burkes Haß ist wie ein Reaktor, der schließlich außer Kontrolle gerät. Auf dem Siedepunkt kippt er um – aus dem Kinderfreund wird der faszinierte Beobachter einer Kinder-Massenvernichtung: In seinem letzten Roman »Hard Candy«, jagt ein Killer eine Schule mit 200 Kindern in die Luft. Der Killer ist Burkes Freund und Idol. Er inszeniert seinen Amok für die TV-Kameras und für Burke, den er vorher, geheimnisvoll lächelnd, gebeten hat, die Nachrichtensendung zu verfolgen. Wesley, der Killer, macht Burke ein »Geschenk«. Den »wirklichen Stoff« als Live-Reportage.

»Der Reporter las die Liste der berühmten Leute herunter, deren Kinder drinnen waren, die Richter, Politiker, Mobster von morgen. Die Samen, die Wesley aus dem Boden brennen wollte...«

Burke verfolgt den Amoklauf seines Freundes zusammen mit seiner Dschungelbuch-Familie aus Mamas guter Stube. Und stellt eine kindlich-verzagte Frage. »'Glaubst du, daß Wesley in die Hölle kommt?' fragte ich den Prof. Er glaubt an das Zeug. 'Wenn ja, dann sollte sich der Teufel auf einiges gefaßt machen.' 'Amen'.«

In Vachss' zwanghaft verengtem Tunnelblick auf die Welt gibt es nur pornographische Exzesse und Gewaltausbrüche. Dann werden die Bösen zertreten, werden Arme herausgerissen oder, immer wieder, Hände verstümmelt. Trotz aller Gewaltausbrüche aber sind die Figuren leblos. Untote, die unerlöst über einen Friedhof laufen, den Burke New York nennt.

Wo Burke ist, »in einer schwärenden Wunde voller Maden«, können Frauen nur Monster sein. Alle Bücher Vachss', »Flood«, »Strega«, »Blue Belle« und »Hard Candy«, tragen die Namen von Frauen, die den Weg des Helden kreuzen. Sie sind todbringende Kampfmaschinen, frigide Vampire, die seine Manneskraft aussaugen, Superhexen mit monströser Oberweite (eine alltägliche amerikanische Männerphantasie) oder Huren. Sie sind in ihrer Kindheit verstümmelt und mißbraucht worden, stammen aus Inszest (und müssen dann im Kugelhagel der Polizei für Burke sterben). Oder sie haben Burke in seiner Männlichkeit gekränkt. Sie müssen sich dann ein Hundehalsband umlegen, ihm die Leine in die Hand drücken und um Bestrafung betteln. Burke, Hundebesitzer wie Vachss, nimmt sie von hinten.

Es gibt aber auch Engel, geschlechtslose Wesen. »Oben, wo das Licht für Menschen wie mich nicht leuchtet.« Frauen wie Staatsanwältin Wolfe, die schön und grausam ist, in deren

»glänzendem Haar silberne Kämme schimmerten« und die ebenfalls »keine Gefangenen macht«.

Im wirklichen Leben heißt Wolfe Alice Vachss, ist Staatsanwältin für »besondere Aufgaben« und Ehefrau des Autors. Die beiden sehen sich selten. Kinder will er nicht, kann er nicht bekommen, seit er sich die Samenleiter hat durchtrennen lassen. Sein Krimiheld Burke kann keine Kinder bekommen, seit ihm in der Jugend die Hoden zertrümmert wurden.

Vachss' Bücher sind eine beklemmende Krankengeschichte. Seine Texte zerfallen zunehmend und werden von Fieberbildern überflutet. Sie steuern den Amok an, ein Finale im Blutnebel, ein Nichts. Nur fünf Bücher wolle er schreiben, hat er einem Freund anvertraut. Sein viertes hat er jetzt fertiggestellt. Das endlose sadomasochistische Martyrium seines Helden Burke ist ein Opfertod. Burke, der letzte Gerechte, stirbt stellvertretend für die Nation und ihre Sünden: »Vampire wollen mein Blut, und Geier warten auf mein Fleisch.« Nehmet hin und esset alle davon...

Vachss, der Erlöser, berichtet stockend von der erschreckenden Rückkehr eines amerikanischen Mythos. Er erzählt vom Sheriff, der, zwölf Uhr mittags, ganz allein loszieht, um das vielköpfige Böse zu besiegen, welches das kleine Städtchen – die ganze Welt – bedroht. In seinen Romanen allerdings ist es immer zwölf Uhr nachts. Und Gary Cooper hat sich in den amerikanischen Werwolf verwandelt.

Während wir in dem alten Ford durch Manhattan kurven, kurven wir durch Dreck. Überall Dreck. Zumindest ist es das, was Vachss sieht. Er wirkt wie sein eigener Gefangener. »Schauen Sie sich den Typen da an, vor der Flipperhalle.« Ein Mann mit Baseballmütze. »Warum hat er wohl diese kindische Mütze auf?« »Aber hier trägt doch fast jeder...« »Nein, nein, er will sich an die Kleinen ranmachen, die dort flippern.«

Plötzlich sieht er müde aus. Wie ein Schauspieler, der dazu verdammt ist, ewig auf der Bühne zu bleiben. Die Maske bröckelt, die letzten Zuschauer sind gegangen, und der kleine Burke steht mit einer zerrupften Stoffpuppe in der Hand an der Rampe und muß weiterspielen. Immer weiterspielen. Seine Kunstfigur kostet Kraft. Die Welt zu retten kostet Kraft. Phantasie und Wirklichkeit auseinanderzuhalten kostet Kraft. Wie lange wird sie noch reichen? Irgendwann setzen wir ihn im mitternächtlichen Manhattan ab, in der Nähe seines Büros. Klein und grau geht der Mann über die Straße. Dann verschwindet der »Rächer« um eine Hausecke.

*

Im Besucherraum von Sing-Sing, der New Yorker Gefängnisfestung auf den Felsen von Ossining, sitzt Häftling Nr. 8/A-6172, ein Mann aus Vachss´ Vergangenheit – Allen Settles, den Vachss vor Jahren, als Gefängnisdirektor von Andross II, wie »ein Raubtier« zähmte. Allen hat seitdem nur ein paar Wochen auf freiem Fuß verbracht. Zur Zeit sitzt er wegen schwerer Körperverletzung. Er zieht an einer selbstgedrehten Zigarette. Er verschwendet keinen Blick auf den Fetzen blauen Himmel vor den Fenstern, auf die Möven, die schlapp über den Stacheldrahtrollen hängen.

Er fixiert die Tür, durch die fortwährend Häftlinge in den Besucherraum strömen. »Wenn der Nigerianer, dieser Motherfukker, hier auftaucht, bringe ich ihn um.« Und die Wärter, die an der gelben Linie aufgereiht sind und gelangweilt mit den Stöcken spielen? »So schnell sind die nicht. Vorher hat der Scheißkerl einen Stuhl im Schädel. Scheiß auf die Entlassung.«

Der Motherfucker hat ihm das halbe Ohr abgebissen. Es hängt am gesunden Rest wie ein schlampig vernähter schwarzer Knopf. »Das Ding wird morgen abfallen.« Er hat die Schnauze voll. Von seinen 32 Jahren hat er 18 in Heimen und Knästen zugebracht,

An Andrew Vachss kann er sich gut erinnern, aus der Zeit, als er Andross II übernahm. Andrew hat erst mal für neue Möbel gesorgt. »Aber ein Kampf mit mir? Nee, Mann, gekämpft haben wir nicht, Das hätte ich ihm auch nicht geraten.« Andrew, sagt Allen, war immer fair zu ihm. Vor acht Jahren, als er für kurze Zeit draußen war, hat er den Anwalt mal in dessen Büro besucht. »Allen«, sagt der, »du siehst ja aus wie ein Monster.« Das hat ihn gefreut.

Vachss´ Bücher kennt er nicht. Er liest keine Bücher, sondern *True Detective*. Ein Blatt, das echte Vergewaltigungen, echte Morde covert. »Das ist der wirkliche Stoff«, sagt er und grinst. Und er ist entschlossen, seine Rolle in diesem »wirklichen Stoff« weiterzuspielen. Er ist das Monster, Vachss der Held. Was er machen wird, wenn er wieder rauskommt? Settles zieht an seiner Zigarette und sagt langsam: »Ich werde mich rächen. Was sonst?«

Monster und Helden sind schwer zu unterscheiden.

Photo: Andreas Sterzing

Das Genie in Manhattan
Über Harold Brodkey

Schichtwechsel in Manhattan. Die Broker haben ihre entscheidenden Schlachten geschlagen, und die Crack-Dealer mustern ihre Vorräte für das Abendgeschäft. Die schwarzgekleideten Tempeldiener vor »Morgans«, dem düsteren Kult-Hotel an der Madison Avenue, bekommen kalte Füße, und Milliardärsgattinnen telephonieren mit Romeo vom »Le Cirque« – den *richtigen* Tisch, Romeo, den rechts vom Eingang, alles andere wäre *Sibirien*, wäre der Tod.

Im »Pumping Iron Gym« am Broadway legt sich Harold Brodkey rücklings auf eine schwarze Lederbank und holt tief Luft. »Okay«, murmelt er ergeben. Sam, der sein Fitneßstudio führt wie ein freundlicher Folterknecht, wuchtet das Gewicht aus der chromblitzenden Gabel und läßt die tätowierten Tigerköpfe auf seinen angeschwollenen Bizeps grinsen.

Vorsichtig legt er die Stange in Brodkeys Handteller. Der stöhnt auf. Sein Brustkorb über dem breiten Lederstützgürtel wölbt sich. An den Schläfen seines kantigen, grauhaarigen Schädels schwellen die Adern und seine Augen starren verschleiert in die Deckenbeleuchtung, ins Nirgendwo.

Dann pumpt er. Er stemmt und wuchtet mit maschinenhafter Gleichmäßigkeit, und er wartet auf diesen schwarzen Punkt, der erst stecknadelgroß erscheint, dann größer, bis er den ganzen Kopf ausfüllt und den Schädel sprengen will. Und alles ertrinkt in dieser tintigen Wolke aus Schmerz: Die mörderischen Depressionen am Schreibcomputer, das Gefühl, stigmatisiert zu sein, ein Jude, ein Genie vielleicht oder ein Versager, und vor allem die Qualen eines zweijährigen Kindes, das für 350 Dollar an seine Adoptiveltern verkauft und Harold Brodkey genannt wurde.

An seine Gewichte gekettet, findet Harold Brodkey, Schriftsteller, 58 Jahre alt, Erlösung. Für eine Stunde schrumpft der gottverlassene Kosmos auf blutdurchpulste Kapillaren und keuchenden Atem, auf um Befreiung wimmernde Muskeln und Schweiß und die stampfenden Kolben der Kraftmaschinen, auf einen narzißtischen Kampf, der sinnlos und nicht zu gewinnen ist. Harold Brodkey, ein amerikanischer Sisyphus in der blauen Stunde Manhattans. Man müsse sich Sisyphus, sagte Camus, als einen glücklichen Menschen vorstellen.

Seit einigen Wochen zieht Sam sein Trainingsprogramm mit

Brodkey deutlich härter durch. Genauer gesagt: Seit Brodkey an allen Kiosken Manhattans auftauchte und vom Cover des Magazins *New York* herabschaute – hochmütig, schmallippig, bärtig und finster, und neben seinem Konterfei stand in großen Lettern DAS GENIE.

»Also, 'n Genie sind Sie, was?« zischte Sam, und in seiner Stimme lag gleichzeitig Bewunderung und Verachtung. Ein Kopftyp, hm? Hier unten heißt das Motto: »No pain, no gain«, und das gilt für alle, für Supermann Christopher Reeve, für Billy Idol und Sean Penn, und auch für diese Dichter, und Sam erhöhte die Gewichte. Wer aber, zum Teufel, ist dieser Harold Brodkey, der seit Jahren hierher kommt – und warum ist er so berühmt?

Harold Brodkey – das ist zunächst die typisch amerikanische Geschichte vom Sieg des chancenlosen Außenseiters. Er wurde 1930 als Aaron Weintraub in Illinois geboren. Seine Mutter, eine fromme Jüdin, starb, als er zwei Jahre alt war. Sein Vater, ein Schläger und Säufer, gab ihn seiner Cousine zur Pflege, und Doris Brodkey mußte sich übergeben, als sie ihn zum ersten Male sah: »Du warst übersät mit Wunden und Striemen.« Er lernte, sich die Liebe zu erkämpfen, die ihm nicht geschenkt wurde. Im Alter von sechs wurde ihm der Intelligenz-Quotient eines Genies bescheinigt, als Achtjähriger wußte er, daß er Schriftsteller werden würde.

Er überlebte den Krebstod seiner Adoptivmutter und den Tod seines Adoptivvaters im gleichen Jahr – über beide sollte er ein Leben lang schreiben, denn nur »schreibend wurde mir klar, was das alles zu bedeuten hatte« – und er überstand die Gehässigkeiten seiner Mitschüler, die seine Brillanz beneideten.

Er ging nach Harvard, lernte seine erste Frau kennen, arbeitete fürs Fernsehen, schrieb Drehbücher für die NBC und Kurzgeschichten für den *New Yorker*. Harold Brodkey – ein gutaussehender, athletischer Kämpfer und ein begnadeter Stilist. Ein Typ, auf den Frauen und Verleger gleichermaßen flogen.

Als 1958 eine Sammlung seiner Kurzgeschichten unter dem Titel »Erste Liebe und andere Sorgen« erschien, genaue, melancholische Beschreibungen amerikanischer Jugendlicher, reagierte die internationale Kritik enthusiastisch. »Unwiderstehlich«, schrieb der *New Statesman*, »einer der vollendetsten Erzähler« die *New York Times*, und die Londoner *Times*: »Eine seltene Kombination aus Zartheit, Humor und glasklarem Verstand.« Sein Debüt brachte ihm ein Jahr später den begehrten Prix de Rome. Harold Brodkey, 29 Jahre alt, auf dem Sprung zu den Sternen.

Und dann wurde es still, sehr still. 30 Jahre lang sollte kein Buch mehr erscheinen. Einer der größten Erzähler der amerikanischen Literatur war plötzlich, wie J.D. Salinger, von der Bildfläche verschwunden.

Selbst wenn Sam neben dem TV-Guide noch etwas anderes lesen würde, hätte er allen Grund, mißtrauisch zu sein. Denn Harold Brodkey, das Genie, ist berühmt für ein Buch, das er *nicht* veröffentlicht hat. Das Buch der Bücher, der Roman Amerikas, die Geschichte des 20. Jahrhunderts am Vorabend der Apokalypse, wo ein Mann namens Wiley Silenowicz wie ein Ethnologe das Land erforscht, in dem er aufwuchs und Kinder zeugte. Ein Panorama aus High-School-Sport und Kriegsbegeisterung und Liebe in den Vorstädten, aus Hollywood, Marilyn Monroe und dem großen Schauspiel des American Way of Life: Erfolg und Niederlage. Brodkey: »Ein Film wie 'Vom Winde verweht' – aber gedreht von Godard.« Titel des monumentalen Projekts: »Party of Animals«.

Schon 1964 hatte Brodkey eine erste Skizze an »Random House« verkauft. Sechs Jahre später, das Opus hatte inzwischen deutlich Gestalt angenommen, übernahm »Farrar, Straus & Giroux«. Als die *New York Times* 1976 zum ersten Mal die Veröffentlichung des Romans ankündigte, war er bereits auf über 2000 Seiten angeschwollen. Ein ganzes Team wurde für Überarbeitungen und Korrekturen angestellt. Als Verlagschef Roger Straus kapitulierte – »Je mehr es wuchs, desto größer wurden unsere Probleme« –, sprang Verleger Alfred Knopf ein. Er kaufte das Buch für eine »großzügige« Summe und überwies 75000 Dollar Abfindung an Straus.

Doch längst ist der epische Strom auch hier über die Dämme getreten, haben sich Stunden und Tage in neues Papier verwandelt, in einen Roman, der seinen Autor verschlingt. Den genauen Überblick über das Mammutwerk, mittlerweile rund 6000 Seiten, hat seine Frau, die Schriftstellerin Ellen Schwamm, mit der er seit acht Jahren verheiratet ist. Sie hat die eigene Karriere unterbrochen, um seine Manuskripte zu sortieren und zu redigieren. »Sein Werk ist wichtiger«, sagt sie. Brodkey: »Da hat sie verdammt recht.«

Die Wohnung – ein Nest im 14. Stock eines alten Apartment-Hauses auf der Upper West Side. Mit den Bauerntruhen, den geschnitzten Holzvögeln, den uralten geknüpften Wandteppichen wirkt es, als wolle es die Zeit anhalten. An den Flurwänden plump lackierte, brüchige Schachbretter, die nach verlausten Dschungelbars aussehen und nach vielen verlorenen Partien. Nichts Italienisches, Stilisiertes. Alles strömt Farbe und Kraft und Unschuld aus, wie von genialen Dilettanten oder Kindern. »Perfektion«, spuckt Brodkey verächtlich, »es gibt nichts Langweiligeres als Perfektion.« Und er fährt mit den Fingerspitzen über einen besonders schönen Glasurfehler auf einem Tonkrug.

Zwei Räume dulden keine Ablenkung, keine Farbe. Schwarz ist sein Schlafzimmer, nachtschwarz, tintenschwarz wie die Wörter, die durch mancher seiner Alpträume geistern »und wie Finger an einem Bild formen, das dem meiner Mutter ähnelt«. Sein Arbeitszimmer ist weiß: weiße Wände, weiße Schränke, weiße Papierberge. Über seinem Computer eine photographierte Manuskriptseite von Prousts »A la recherche du temps perdu«. In diesem Labor arbeitet Brodkey, den Freunde als Heiligen beschreiben und als Teufel, als eitel, großzügig, hochfahrend, paranoid. Seine Stimme rollt dunkel und kann zu dramatischem Flüstern abstürzen: »Was ist draußen los? Lacht man über mich?«

Er hatte den ganzen Morgen gearbeitet. Während sein Computer ausdruckt, starrt er niedergeschlagen vor sich hin und murmelt: »Was wollen Sie eigentlich von mir. Ich *war* mal ein guter Schreiber. Das ist lange her.«

Er hätte beim Fernsehen bleiben sollen, wo sich wenigstens Geld verdienen läßt. Für wen soll er heute schreiben? Die letzten Leser sterben aus. Kürzlich war er auf einer Party – »viel Trendsetter-Pack«, Debbie Harry, ein paar Graffiti-Künstler und ein Performer, der von seiner christlichen Bekehrung sprach. Dutzende von Fernsehgeräten waren zu einer riesigen Mauer getürmt, und auf einem Bildschirm las Brodkey seine Geschichte »Ceil«. Und Ceil kämpfte gegen »Bambi« und »Miami Vice«, und ein paar Leute schauten tatsächlich hin. »Richtig lesen«, sagt Brodkey, »das ist genauso lebensgefährlich wie schreiben. Und das riskiert in diesem Land keiner mehr.«

In dieser Stimmung hängt er sich normalerweise für Stunden ans Telephon. Oder er hört Mahler oder Schönbergs »Verklärte Nacht«. Doch an diesem Nachmittag half nur ein starkes Gegengift: Schmerz. Der Folterkeller und Sam mit den tätowierten Tigerköpfen.

Nach einer durchstöhnten, durchkeuchten, durchquälten, durchschwitzten endlosen Stunde hat er es geschafft. Er hat heute mehr gestemmt als gestern. Er klopft Sam auf die Schulter und grinst, und es ist dieses satte Machismo-Grinsen unter grauem Stoppelbart, das die amerikanische Literatur seit Hemingway kennt. Seine Augen glänzen. Den dunklen Schweißfleck auf dem Trainingsanzug trägt er wie einen Orden. Er dampft Selbstzufriedenheit.

Jetzt neigt er der Ansicht des Yale-Professors Harol Bloom zu, der ihn einen »amerikanischen Proust« nennt, oder der des einflußreichen Kritikers Denis Donoghue, der seine »einzigartige Kraft« rühmt, oder der Susan Sontags, die in ihm einen der wenigen sieht, »der wirkliche Einsätze wagt«. Sein Schriftstellerkollege Don DeLillo schrieb: »Seit einigen Jahren schon ist Brodkey unterwegs auf einer der großen, kühnen Forschungsreisen der amerikanischen Literatur.«

Der Beifall stützt sich auf mehr als nur Hörensagen. Denn in großen Abständen schickt Brodkey Postkarten von seiner Reise – Kurzgeschichten, die im *New Yorker* oder im *Esquire* oder in der *American Review* erscheinen. Bruchstücke seines Romans, die in sich vollendet sind und doch seit Jahrzehnten gelesen werden als Teile einer gewaltigen Architektur, die sich nur erahnen läßt: Hier ein Türbalken, dort ein Fries, ein Fensteransatz, ein Kuppelbogen, ein Stück Dachfirst, so hoch wie der Turm, von dem Ibsens Baumeister Solneß in den Tod gestürzt ist.

Harold Brodkey, der Ruinenbaumeister, der Luftschloßarchitekt, ist gleichzeitig Gewinner und Gefangener dieses Spiels mit den Erwartungen. Denn seine Texte werden gelesen und gleichzeitig nicht wahrgenommen. Wie bei Texten der jüdischen Offenbarung starren Brodkey-Gläubige durch sie hindurch in ein Dunkel, in dem sie versuchen, die Wahrheit, das vollendete Bild, den ROMAN auszumachen. »Worüber wollen Sie mit mir reden?« hatte er mich gefragt. »Über Ihren Roman.« Er hatte gestöhnt. »Ist Ihnen das, was Sie kennen, nicht gut genug?«

Wie gut es wirklich ist, läßt sich jetzt in den »Stories in an Almost Classical Mode« nachlesen – Brodkeys erste Buchveröffentlichung seit seinem Debüt von 1958. Die Sammlung mit Kurzgeschichten aus dem letzten Vierteljahrhundert wurde von der *New York Times Book Review* prompt in die Liste der Jahresbesten aufgenommen. Im Poker um die deutschen Rechte schlug der Bertelsmann-Verlag, der sein Image literarisch aufpäppeln will, Konkurrenten wie Rowohlt und Diogenes mit einer sechsstelligen Summe aus dem Rennen.

Wie Blitzschläge durchzucken die »Stories« geisterhafte Landschaften, die Kindheit heißen, Jugend oder Welt der Erwachsenen, und trotz aller philosophischen Streifzüge sind es vor allem Körper, die diese Momentaufnahmen festfrieren, gequälte und gestreichelte, über ein Lenkrad gebückt oder zwischen die Schenkel einer Frau, Kinderkörper und Athleten, als wären diese Körper monströse, magische Zeichen eines abwesenden Gottes, gruppiert zu einer »Party of Animals«, einem Fest der Tiere.

In »Pain Continuum« etwa wird der vierjährige Wiley von seiner älteren Schwester in ein fast unschuldiges sadistisches Spiel im Garten getrieben, dort, wo sie die Mutter (und Gott) nicht sehen kann. Wileys Opfergang, sein stummes Entsetzen, seine unendliche Tortur, fließt ein in Sätze, die selber nicht enden können und auch die Lektüre zu einer hypnotischen Qual werden lassen. Die letzten Worte dieser knapp 20 Seiten langen Initiation eines Kindes in die Welt des Schmerzes, des Bösen: »Ich mache mich auf und suche, was es noch an Trost für mich gibt.«

Auch »Innocence« erzählt die Geschichte einer Initiation, auch hier wartet der Leser auf einen Schrei, auch hier ist es der Körper, der die Erlösung bringen wird, doch es ist der Schrei der Lust und der Körper einer Frau. Der junge Student Wiley versucht, seine Freundin Orra zum Orgasmus zu bringen, Orra, die Schöne, die Selbstbewußte, die Unschuldige. »Sie im Sonnenlicht zu sehen, war den Marxismus sterben zu sehen.«

In einer Sprache, die selbst Fleisch und Blut wird, die Kontraktionen und Dehnungen gehorcht, die sich aufbäumt und in langen, ruhigen, nachdenklichen Sequenzen verebbt, bevor sie kurzatmig auf einen neuen Höhepunkt zuhastet, beschreibt Brodkey den Liebesakt der beiden. Und er beschreibt ihn als eine Reise voller Risiken und Abenteuer, als unglaublich komplexes Geschehen aus Ängsten und Mißverständnissen, aus Versprechungen, Herausforderungen, Abwehrhaltungen – zwei Körper, in denen sich Geschichte und Macht und Liebe bündeln wie in einem Brennglas.

»Sex«, heißt es in einer anderen Geschichte, »ist für den Romancier von heute das, was Sozialkritik für Dickens war. Sex ist, was wir studieren, ist unser Kompetenzbereich.« Die Körper haben ihre Unschuld verloren, sind nicht mehr die von Walt Whitman besungene und verklärte Natur, sondern sind zur Ware geworden im kapitalistischen Tauschverkehr. »Nur drei Dinge interessieren die Leute: Geld, Macht über andere und Sex.« Und doch scheinen Körper eine eigene Wahrheit zu bergen in einer Welt ohne Gott.

Wie ein Voodoo-Priester beschwört Harold Brodkey in seinen Geschichten Körper, als umschlössen Muskeln und Fasern und Gewebe ihre eigenen Erinnerungen, die sie unter seinen Zaubersprüchen preisgeben sollen. So entstehen merkwürdige lyrische Momentaufnahmen, Geschichten, die nichts als Reflexion über eine einzige Körperhaltung sind, Geschichten, deren Titel wie Gedichte klingen. Etwa: »Sein Sohn, in seinen Armen, im Licht, ganz hoch oben.«

Hier erschließt er, über den Größenunterschied zwischen Vater und Kind, einen ganzen Kosmos.

»Mein Vater verfolgt mich. Mein Gott, ich fühle es die Wirbelsäule rauf und runter, wie er über den Rasen stapft, wie sich seine Hände nähern ... Ich kann ihm nicht entfliehen ... Ich werde in die Luft gehoben –, und während ich keuche und benommen glotze, erscheint eine Landkarte, eine Karte der dunklen Erde, auf der ich eben noch lief: ich hänge schlaff, und trotzdem erhebe ich mich auf dem stämmigen Balken, der der Arm meines Vaters ist ... Ich richte mich auf. Das sind die erleuchteten Fenster unseres Hauses, ziemlich weit weg. Das Gesicht meines Vaters ist nah und mit Geräusch erfüllt: Undeutlich ragt es auf, sein verborgenes Gesicht. Bist du das, alter Geldverdiener? Mein Hintern kerbt sich auf dem Trapez seines Arms. Mein Vater ist so groß wie ein Auto.«

So sammelt Brodkey Stimmungen und Erinnerungen, tatsächlich auf der Suche nach einer verlorenen Zeit, doch anders als Proust, der noch einmal ein geschlossenes Epochengewölbe beschwören konnte, kann Brodkey nur Trümmerfelder mustern, Bruchstücke einer amerikanischen Kindheit und Jugend bergen, in einer Prosa, die geborsten ist unter den Keulenschlägen der modernen Welterfahrung – Joyce viel näher als Proust.

Wiley Silenowicz heißt das Findelkind, das ausgesetzt ist auf den Fluten der Erinnerung und Imaginationen auf der Suche nach Amerika, in einer Sprache, deren Tragfähigkeit er immer wieder anzweifelt, die er mißtrauisch nach verborgenen Lecks untersucht und mit beschwörenden Wort-Wiederholungen abdichtet, bis er das Steuer fahren läßt, Sätze in Punkten zerflattern läßt ... und dahintreibt in musikalischen, rhythmisierten Sentenzen, um beim nächsten Fund zu verweilen.

Brodkey – das ist Faulkner, der den Sprachskeptiker Wittgenstein gelesen hat. Er arbeitet gerade an der Einleitung zu seinem Roman, die selbst inzwischen auf über 200 Seiten angeschwollen ist, und er sitzt an einem mit giftgrünen Korrekturen versehenen Blatt, an dessen Rand er den Stoßseufzer notiert hat: »Notizen, die im Kopf schon wieder umgearbeitet sind. Aber ich muß ihnen eine Chance geben, sie sich setzen lassen ...« Und die Einleitung beginnt mit den Worten: »Das ist das fleischliche Echo des großen Flusses...«

Natürlich kann Brodkey diesen Kampf nicht gewinnen, und mittlerweile hat er sich an die Last, die er seit 20 Jahren stemmt, gewöhnt wie Sisyphus an seinen Stein, und er weiß – die Arbeit vollenden heißt Sisyphus töten. Und seinen Ruhm.

*

Harold Brodkey, der die gestochenste und gleichzeitig sinnlichste Prosa der amerikanischen Literatur schreiben kann, ist kein Scharlatan. Doch er wird geliebt und bewundert, weil er einer sein *könnte* – wie Truman Capote, der die Partygespräche

20 Jahre lang belebte mit einem Roman, der nie erschien. Hochstapler gehören zur amerikanischen Mythologie wie Westernhelden, und nirgends wird Größenwahn angehimmelt wie in New York, der größenwahnsinnigsten aller Städte – Größenwahn ist das Ticket zum Ruhm, und Ruhm ist der schärfste Stoff, der hier, im Fegefeuer der Eitelkeiten, zu haben ist. »Ruhm ist sinnlich«, schrieb der Kolumnist George Christy, »so wie die Dinge liegen, wird Ruhm in den neunziger Jahren den Sex ersetzen.«

Harold Brodkey genießt es, berühmt zu sein. »Dieses Land hat keine Aristokratie«, sagt er, »nur Mittelklassenmansch und Celebrities.« Seinen VIP-Status, schätzt er sarkastisch, wird er noch ein paar Wochen halten. Auf dem Broadway, vor dem Bücherladen »Shakespeare & Co.« trifft er einen bekannten Kollegen. »Glückwunsch«, sagt der und zeigt mit aggressiver Unterwürfigkeit seine Zähne – eine Coverstory hat er noch nicht gehabt. »Danke«, grinst Brodkey jovial, »aber du weißt doch, daß du viel besser bist.« Nachdem die beiden sich verabschiedet haben, König und Knecht in der labilen New Yorker Machtpyramide, tuschelt Brodkey fröhlich: »Ein unglaubliches Arschloch.«

Stolz weist er auf seine »Stories«, die im hell erleuchteten Schaufenster auf einer Säule stehen, eine braun eingeschlagene Bibel mit Gold- und Silberlettern – das Buch Brodkey. Von seiner Säule blickt es herab auf das neue von Gore Vidal, und auf den Boden, auf die dicken Paperback-Stapel von Tom Wolfes brillantem »Fegefeuer der Eitelkeiten«, die sich an ihrem Fuß brechen wie eine bunte Flut. »Massenware.« Er behauptet, er habe das Buch nicht gelesen.

In seinem Stammcafé stehen Becher mit bunter Ölkreide auf weißen Papiertischtüchern. Er nimmt einen orangefarbenen Stift und zeichnet das komplizierte Molekularmodell der New Yorker Literaturszene auf. Stunden verbringt er am Telephon, um seine Streitkräfte zu mobilisieren, neue Frontverläufe in Erfahrung zu bringen, um auszuhorchen, zu manipulieren, zu intrigieren. Er liebt den Klatsch, er ist ein Meister der Intrige.

In seinem komplizierten Netz aus Vektoren haben alle ihren Platz: Philip Roth und Norman Mailer, Susan Sontag, der *New Yorker* und die Kritiker der *New York Times*. John Updike gehört nicht dazu. Er ist ein fetter blauer Kringel am Rande des weißen Planquadrats. Und darüber schreibt »Bully«. Updike, dieser Idiot, der ihn porträtiert hat als geilen, alternden Teufel in den »Hexen von Eastwick«: »Vor allem die sexuellen Passagen beziehen sich eindeutig auf mich.«

Auch wenn Updike das längst bestritten hat – Brodkey weiß

Bescheid. Ob er auf Updikes Erfolg eifersüchtig ist? »Überhaupt nicht. Ich wundere mich nur, daß man mit so was Geld machen kann.« Dabei weiß Updike, der Wasp, längst, daß er gegen ihn, den Juden Brodkey, verloren hat. Er soll einmal gesagt haben: »Wenn Brodkey wirklich gut ist, taugt mein ganzes Zeug nichts.« Brodkey raunt es mir verschwörerisch über den Tisch zu, voller Genugtuung – offenbar ist ihm entgangen, wie zweischneidig dieser Ausspruch ist.

Seine Feinde, die Brodkey mit alttestamentarischen Flüchen belegt, kennt er genau. Äußere Kennzeichen: Sie sind häßlich. Sie wirken verklemmt. Sie sind nicht sexy. Sie sind das genaue Gegenteil von ihm. Zum Beispiel James Walcott, der in »Vanity Fair« geschrieben hatte: »Brodkey ist noch nicht mal der schlechteste Schreiber der Welt, obwohl er sich alle Mühe gibt, es zu sein.« Brodkey hat Walcott, die Laus, nie gesehen. Doch er schwört, daß er klein und fett ist, schiefe Zähne hat und nicht mehr lange leben wird.

Auf einem kaum erwähnenswerten Verriß einer Kurzgeschichte antwortete Brodkey einst mit einem Pamphlet vom 40 eng beschriebenen Seiten, deren kompletten Abdruck er verlangte. Man einigte sich schließlich auf Auszüge, die wesentlich länger waren als die ursprüngliche Kritik. Am Ende dieser Abrechnung gab Brodkey seine Adresse an, für Leser, die an der Langfassung Interesse haben könnten.

Schon lange führt Harold Brodkey auf diese Weise Krieg. Wer nicht für ihn ist, der ist gegen ihn. Und dann klappt er das Visier herunter, legt die Lanze an und stürmt auf Windmühlen los.

Doch dieser Tage schimmert seine Rüstung golden, er ist der Held auf der Titelseite, das *Genie*, und natürlich steht er ganz oben auf der Liste der Ehrengäste, wenn am Abend das »Armitage Ballet« sein neues Programm vorstellt – sehr Underground, sehr trendy, in Kostümen und Dekorationen, die David Salle und Jeff Koons entworfen haben, die derzeit gefragtesten Aufsteiger der New Yorker Kunstszene.

An diesem Abend ist die Welt bereits untergegangen – »The World« heißt der düstere Klub an der Lower East Side, der aussieht wie ein Kultbunker postapokalyptischer Horden aus den »Mad Max«-Filmen – Brot und Spiele und Liturgien für Manhattans dekadenten Dollar-Adel. Am blaugepinselten Bühnenhimmel kleben silberne Ballonherzen wie Schwärme von Schmeißfliegen. Die Ziegel, die ihren Putz nicht halten können, sind goldgepinselt. Der Balkon schwimmt in zerschlissenem blutrotem Samt. Und aus Hunderten gebrochenen Spiegeln feuert eine langsam kreisende Disco-Kugel bonbonfarbene Salven auf das Junk-Paradies.

An den Tischen in der ersten Reihe haben die Fürsten der Unterwelt Platz genommen, Jasper Johns, Kurswert: 1,4 Millionen Mark, finster und massiv wie ein römischer Imperator. Er flüstert mit David Salle, Kurswert: 170000, bleich und schwarzhaarig, ein leukämischer Prinz, und beide dulden, als intellektuellen Hofnarren, den Autor George W.S. Trow, dessen graue Mähne über dem Tweedkragen rollt wie eine Welle aus Asche. In einem Essayband hat Trow über das Thema »Berühmtheiten« notiert: »Berühmtheiten führen ein persönliches Leben und eines im Raster von zweihundert Millionen. Für sie gibt es keinen Unterschied zwischen den beiden Rastern des amerikanischen Daseins. Von allen Amerikanern sind sie die einzigen, die komplett sind.«

An diesem Abend fühlt sich Harold Brodkey komplett, unverwundbar im Scheinwerferlicht, in den Augen Fernsehkameras. An seiner Seite André Balas, jung, kultiviert, reich, mit der untrüglichen Witterung für den »richtigen« Umgang. Einst war André ein vielversprechender junger Autor. Er lernte Brodkey als Literaturstudent kennen. »Brodkey kam in den Seminarraum, ging schweigend zur Tafel, schrieb S+M, drehte sich um und sagte: Seduction and Malice – Verführung und Bosheit, darum dreht sich alles.« Kurz darauf hat sich André für den Mammon entschieden, für Babylon, und hat sein »M.K.« aufgezogen, den heißesten Klub Manhattans, und hat sich jahrelang nicht gemeldet bei Brodkey – bis der wieder in den Klatschspalten auftauchte. Heute behauptet André, er habe eine leidenschaftliche Liebesaffäre mit Brodkey gehabt, was der bestreitet. »Es war nicht leidenschaftlich.«

Gemeinsam sitzen der Meister und sein Schüler nun die schlechteste Show des Jahres ab, ein Potpourri aus Go-go-Girls, Jimi Hendrix' elektronischen Gewittern und Papptorten. »Jenseits von schrecklich«, murmelt André verzückt. Harold Brodkey räuspert sich sehr britisch: »Mich langweilen Aufführungen, in denen die Mitwirkenden unbedeutender sind als meine Freunde.«

Nach der Show eskortiert er André ins »M.K.«, vorbei an Türstehern mit Gesichtern wie Todesengeln, in den granitgrauen ehemaligen Bankraum mit den gefälschten Pollocks an den Wänden, den Goldfischaquarien und den kleinen Vitrinen-Altären, die Aktphotos der Jahrhundertwende präsentieren wie pornographische Reliquien. Schwere Tresortüren markieren die Tanzfläche. Der Tanz ums Goldene Kalb, die Party of Animals, läuft bereits auf Hochtouren. Gerade wird ein Photobuch mit nackten Gymnasiastinnen präsentiert, über die sich mit animierter Kokskälte Werbeleute, Models und Dollar-Machos beugen.

Mittendrin Jay McInerney, der Häuptling der Brat-Pack-Literaten, der Popstar unter den Autorenbabys der achtziger Jahre, seit langem mit Brodkey »befreundet«, so, wie sich die Extreme eines Spektrums wieder berühren, denn McInerney, ein sympathischer Junge mit viel schwarzer Wolle auf den Kopf, schreibt viel und nicht besonders brillant und sehr erfolgreich. Sein Lieblingsthema ist Jay McInerney, weshalb ihn die Frage nach Brodkey irritiert. »Brodkey?« murmelt er und umklammert sein Corolla-Bier. »Als ich 'Bright Lights, Big City' herausgebracht habe, vor fünf Jahren, da habe ich die Szene umgekrempelt. Die anderen haben nachgezogen. Ich war der erste, der von Drogen geschrieben hat, vom Gefühl, als junger...« Noch einmal Brodkey. Wird er seinen Roman jemals veröffentlichen? McInerney, der gerade sein viertes Buch abgeliefert hat, stiert ratlos auf den gefälschten Pollock und zuckt mit den Achseln. »Vielleicht kurz bevor er stirbt«, sagt er und leert sein Bier.

*

Das jüdische »Yivo«-Institut ist in einem klassizistischen, dreistöckigen Gebäude an der Fifth Avenue untergebracht. In der dunkelgetäfelten Bibliothek wird Harold Brodkey von Joseph Greenberger, einem ernsten, schwarzbärtigen Professor, und Samuel Norich, dem Präsidenten des Instituts, erwartet. Immer wieder hat Brodkey diesen Termin vor sich hergeschoben. Das »Yivo«-Institut kümmert sich um das Erbe des osteuropäischen Judentums. Es ist auf Spenden und Sponsoren und vor allem auf prominente Fürsprecher angewiesen, die Öffentlichkeit herstellen sollen. Brodkey soll helfen. Damals, in Wilna, kämpfte das Institut gegen die Nazis ums Überleben. Heute, in New York, kämpft es gegen das Vergessen.

Auf einem langen, polierten Nußbaumtisch sind Exponate der »Yivo«-Sammlung ausgelegt – Dokumente einer vitalen Kultur und eines unendlichen Leidens.

Die Jalousien sind an diesem Mittag halb heruntergezogen und sperren Manhattans nervösen Lärm aus. Fahles Dämmerlicht liegt über den Schriftstücken und eine fast gespenstische Stille, die nur durch das halblaute Murmeln Norichs unterbrochen wird. Brodkey betrachtet fasziniert eine Handschrift des »Dibbuk«, Bilder von den osteuropäischen Ghettos des vorigen Jahrhunderts, Listen von Juden, die 1877 aus Rußland nach Österreich flohen. Er beugt sich interessiert über Manuskripte von Scholem Alejchem und Isaac Bashevi Singer. Halten die Yivo-Direktoren Brodkeys Literatur für jüdisch? »Ja«, sagt Norich, »nein«, sagt Greenberger, beide gleichzeitig.

Norich erhebt die Stimme eine Spur, wie wenn er sie stützen müßte, als er auf die vierziger Jahre zu sprechen kommt. Da ist das »Diensttagebuch eines Blockführers«, der kalte, pedantische Bericht über die »Säuberung« des Ghettos, und die Verfügung, daß jeder Jude mit Mittelnamen »Israel« und jede Jüdin »Sarah« zu heißen habe. »Was für ein Sinn für Humor«, sagt Brodkey leise. Er nimmt einen gelben Stern aus Stoff zwischen die Finger, befühlt ihn fast geistesabwesend und sagt: »Wie könnt ihr mit diesem Zeug nur leben«, und er läßt das »ihr« wie ein Gitter fallen zwischen sich und die Geschichte, die da ausgebreitet vor ihm liegt.

Als Norich auf ein Schulheft deutet, in das ein Mädchen im Ghetto-Unterricht mit blauer Tinte und kindlicher Schönschrift den Satz des Pythagoras geschrieben hat, gibt Brodkey auf. Er wendet sich ab. Er tritt ans Fenster und weint. Und plötzlich spricht er von seiner Mutter, der strenggläubigen Jüdin, die starb und ihn damit verließ, als er gerade sprechen und laufen lernte. »Als sie starb, bin auch ich gestorben.« In seiner Geschichte »Ceil«, die wie ein geflüstertes Gebet und eine Liebeserklärung an die Mutter ist, steht der Aufschrei: »Ich erinnere mich an meine Mutter. Ich hasse alle Juden.«

Noch heute, murmelt Brodkey in der dämmrigen Bibliothek, muß er mit Übelkeit kämpfen, wenn er Jiddisch hört. Und er schaut dabei auf das blaue Schulheft, als seien die Leiden des jüdischen Volkes und der Schmerz über den Verlust seiner Mutter zu einer einzigen großen Wunde verschmolzen.

Draußen, auf der Straße, ist Brodkey ratlos, bleich. Er schaut auf den Verkehr, ohne ihn wahrzunehmen. »Glauben Sie an Gott?« fragt er. »Glauben Sie?« »Nur dumme Menschen haben keinen Gott«, sagt er. Es ist drei Uhr nachmittags, und der Moloch Manhattan bereitet sich auf den Schichtwechsel vor. Brodkey winkt sich ein Taxi herbei und verschwindet in der blauen Stunde, zurück in ein anderes Leben, in eine andere Geschichte, in der ein Junge namens Wiley Silenowicz die Hauptrolle spielt.

In »Angel«, der letzten und vielleicht schönsten der »Stories«, wird Wiley Silenowicz Zeuge einer Offenbarung. »Heute erschien Der Engel der Stille und der Eingebung (von Wahrheit) vor einer Reihe von uns auf dem Gehweg vor der Harvard Hall – es war kurz nach drei Uhr...« Wie in allen großen mystischen Texten wird die Erscheinung mit großer gedanklicher Klarheit und Selbstverständlichkeit beschrieben. Wiley sieht Gott und überlebt, und er ist erstaunt darüber. Er erwartete, daß die Letzte Wahrheit, die Letzte Gerechtigkeit alle hinwegraffen würde an diesem Nachmittag in Harvard. Doch: »... Der Engel beendete mein Leben nicht –«

Die Erscheinung, die in allen Details beschrieben wird (»Zuerst fiel ein Schatten...«), dauert ungefähr eine Stunde. Wiley Silenowicz ist benommen von ihrer Schönheit und Wahrheit. Sie läßt ihn zurück mit Kopfschmerzen, Übelkeit und einer gewaltigen Erektion.

Photo: Michael Sterzing

Literatur auf der Klippe
Über Hubert Selby

Die Yankees hauen die Indians in Grund und Boden, und Mr. Teetee fährt zu Höchstform auf. Während der Fernseher in »Lento's Bar« den Homerun wiederholt, ordert Teetee sein fünftes Bier und brüllt die über ihre Drinks gebeugten Männer am Tresen an: »So wahr ich Teetee bin, ihr Wichser, wir werden die Indians heute fertigmachen.« Keiner nimmt Notiz von ihm. Die Nachmittagshitze liegt wie ein dampfender Lappen über Brooklyns Redhook-Viertel. Hier drinnen jedoch stimmt die Temperatur. Die Drinks sind kühl, und die Yankees killen die Indians. Im Baseball.

Bis auf das Pappschild, das Jugendliche vor Crack warnt, hat sich »Lento's« nicht augenfällig verändert in den letzten dreißig Jahren. An den dunkel getäfelten Wänden vergilbende Photos von Sandy Koufax und Duke Snider und dem kompletten Dodgers Infield von 1955, dazwischen Aufnahmen von Tauf- und Hochzeitsfeiern aus der gleichen Zeit. Teetee knallt einem schmalen kleinen Mann, der sich an seiner Diät-Coke festhält, die Pranke ins Kreuz und dröhnt ihm ins Ohr: »Biss nich von hier, was? Wo kommstn her? Willsse Mr. Teetee nich ein ausgeben?« »Ich hab' hier früher mal gewohnt«, sagt der dünne Mann lächelnd. »Wie heißte denn?« »Hubert Selby.« Teetee runzelt die weißen Brauen und kratzt sich den behaarten Nacken. »Selby? Nie gehört.«

Hubert Selby: Wenn es eine Gerechtigkeit gäbe, müßte diesem Mann mit dem nackten Schädel, in dem riesig blaue Kinderaugen schwimmen, ein eigenes Denkmal gehören. Oder wenigstens ein Ehrenplatz in »Lento's Bar«. Denn Selby hat Brooklyn unsterblich gemacht und Männer wie das Großmaul Teetee für die Ewigkeit porträtiert. Damals, vor 25 Jahren, in sechs kurzen Prosastücken, die er »Last Exit to Brooklyn« nannte.

»Scheiß auf die Gerechtigkeit«, sagt Selby und zeigt grinsend zwei Reihen schadhafter Kronen. »Ich lebe, und das ist schon verdammt viel.« Brooklyn hätte ihn fast zermalmt. Hier, bei »Lento's«, hat sich sein Vater zu Tode gesoffen. Seine eigenen Jagdgründe lagen ein paar Blocks südlicher, am Pier, neben den Kasernen, beim »Griechen«. Jetzt ist er zurückgekommen. Weil *sein* Brooklyn wiederaufleben soll. Für 60 Drehtage. Deutsche Filmleute sind in der Stadt. Die Vergangenheit kommt zurück, und mit ihr kommen die Erinnerungen.

Selby wurde im Jahr vor dem Wall-Street-Krach geboren, als die Überlebenschancen, die in Brooklyn ohnehin nie besonders rosig waren, mindestens so tief sackten wie die Aktienkurse. Doch irgendwie brachte seine Mutter die Familie über die Runden, und mit 15 schmiß Selby die Schule, arbeitete an den Docks und verdiente seine eigenen Dollars. Kurz darauf heuerte er auf einem Europa-Frachter an. Er war 1,80 groß und wog 80 Kilo, und da er sein Geburtsdatum gefälscht hatte, kam keiner auf die Idee, daß Matrose Selby, den alle »Cubby« nannten, noch ein Kind war. In Triest wurde er, als er gerade aus einem Bordell kam, fast von Partisanen-Kugeln erwischt. Er entkam auf sein Schiff. Doch er trug den Tod in sich, der sich längst schon in seiner Brust eingenistet, sie zerwühlt und zerfressen hatte: Die Bordärzte diagnostizierten Tuberkulose.

Vier Jahre lang lag er in verschiedenen Brooklyn-Kliniken. Ärzte schnitten ihm zehn Rippen aus der Brust und zersäbelten die Lungenflügel. Ärzte schauten kopfschüttelnd auf den eingefallenen Restmenschen in den weißen Laken hinab, stellten hohe Rechnungen aus und gaben ihn auf. Immer wieder entfloh Selby dem Klinik-Horror, mal wurde er halb erfroren im Schnee aufgegriffen, mal aus den Kneipen am Hafen geholt.

Im Krankenhaus hatte er zu lesen begonnen. Da gab es einen Buchclub, der drei Klassiker für einen Dollar anbot. Cubby, das Kind aus Brooklyn, das die Schule nur bis zur 5. Klasse besucht hatte, las die Dialoge von Platon und Marc Aurels Meditationen. Bücher, von denen eine merkwürdige Faszination ausging, ohne daß er sie verstand, und er las Mickey Spillane, der sich klarer ausdrückte. Er hing weiter mit Freunden wie Vinnie, dem Ex-Sträfling, beim »Griechen« herum, aber auch mit Brooklyn-Poeten wie Gilbert Sorrentoni, der über Hemingway diskutierte, über William Carlos Williams und Ezra Pound. Selby fühlte sich als Grenzgänger zwischen zwei Welten, vereinsamt, räudig. Er jobbte bei einer Versicherungsgesellschaft, bewohnte mit Frau und Baby eine Barackenwohnung und träumte von dem ganz anderen Leben. Zu ertragen war das alles nur im Suff.

Eines Nachts, erinnert er sich, schreckte er aus einem fürchterlichen Angsttraum auf. Er hatte seinen eigenen Tod geträumt. Und in der Sekunde, bevor er starb, bereute er alles, sein ganzes Leben, und er hatte den verzweifelten Wunsch, alles noch einmal ganz anders zu machen. »Es war ein spirituelles Erlebnis«, sagt er heute, »ein Wendepunkt.« Er kaufte sich eine Schreibmaschine und legte los, mit zwei Fingern. Er wußte eigentlich gar nicht genau, was er da tat.

Er schrieb über seine Gegend und die Leute aus der Nachbarschaft. Er schrieb über Georgette, die mit ihren falschen Glitzerwimpern durch die Hafengegend stöckelte. Georgette, die Tunte, die herumgestoßen wurde und ausgelacht wie er selbst. Georgette, die Vinnie hörig war und die von Renoir-Bildern und Poe-Gedichten schwärmte.

Er schrieb ein paar Dutzend Seiten und schickte sie William Carlos Williams, den er bewunderte. »Er war schon blind zu der Zeit. Seine Frau hat es ihm vorgelesen.« Williams muß in Selby einen Artverwandten gespürt haben. Da war das gleiche musikalische Gespür für Slang und Dialog, die gleiche Genauigkeit, in der sich eine grenzenlose Menschenliebe ausdrückte, der gleiche furchtlose, unsentimentale Blick in die schmutzigen und vergessenen Winkel der Gesellschaft. Der Alte aus New Jersey lobte Selbys »moralische Kompromißlosigkeit« und beschwor ihn, weiterzuschreiben.

Und das tat Selby. Er schrieb über das Großmaul Harry und seinen Passionsweg, Harry, der als Streikführer seinen großen Triumph feiern konnte und den sie schließlich mit gebrochenen Armen an ein Billboard hängten, weil er sich an einem kleinen Jungen vergangen hatte – eine Kreuzigung in Brooklyn.

Für die Beschreibung des Mietskasernenhorrors in Brooklyn Redhook sprengte er Typographie und Syntax: Er zerriß den Text mit Schreien in Großbuchstaben, mit eingeschossenen amtlichen Bekanntmachungen, ineinander verkeilten Dialogfetzen und Reflexionen – Literatur wie unter Hochspannung, die tödliche Schläge austeilte und alle Fluchtwege versperrte: Wer das las, sollte getroffen werden.

Er schrieb über Spook und seinen Traum von einem eigenen Motorrad, über Donna, die ihr Kind vier Stunden nach der Trauung taufen ließ, und über Big Joe, der die verrückteste Tauf- und Sauffeier ausrichtete, die der »Grieche« je erlebt hatte. Und er schrieb über Tralala, die ihren Körper für ein paar Dollar verschacherte und stolz auf ihre großen Brüste war und schließlich von 50 Soldaten auf einem Autofriedhof vergewaltigt wurde und danach erschlagen wie eine Katze.

An dieser knapp 16 Seiten langen Geschichte arbeitete Selby zweieinhalb Jahre. Ein düsteres, nervenzerrendes Stück Prosa, das schrillt und keucht und vibriert wie ein Saxophonsolo von John Coltrane, mit Sätzen, die zunächst kurz und kraftvoll sind wie angespannte Muskeln und dann immer länger werden, ausufern, chaotisch ineinanderstürzen und irgendwann versickern wie Tralalas Blut neben diesem herausgerissenen Autositz in der brandigen Wiese beim »Griechen«. Wie alle Kapitel des Buches trägt auch dieses ein biblisches Motto. Das Hohelied Salomons 3,2-3: »Ich will aufstehen und in der Stadt umhergehen auf den Gassen und Straßen und suchen, den meine Seele liebet; ich suchte, aber ich fand ihn nicht.« Bibelworte wie Keulenschläge – Selby ein zürnender Moralist, ein verkappter Prediger?

»Ich wollte nie nur irgendwelche Geschichten erzählen«, sagt er. »Ich wollte meine Leser den Schmerz spüren lassen, wollte sie emotionale Erfahrungen machen lassen, wollte sie verstören und aufrütteln.« Denn nur dann, sagt er nach einer Pause, kann man auch etwas verändern.

Damals, in den sechziger Jahren, erwartete man von der Literatur mehr als nur angenehme Unterhaltung, und Selby schlug einen neuen Ton an, stieß Türen auf mit seiner Schockprosa. Sein englischer Verleger wurde wegen Verbreitung obszöner Schriften angeklagt. Wie schwer sich die Öffentlichkeit mit dem Buch tat, wie umständlich selbst seine Verteidiger dieses Meisterwerk in Schutz nahmen, zeigt das Protokoll des Prozesses, der vom 13. bis 22. November 1967 in London stattfand. Mitspieler sind, neben dem Richter, der Verteidiger Patrick Neill und Frank Kermode, Professor für englische Literatur und Gutachter in diesem Prozeß:

Neill: Auf der ersten Seite, etwa Zeile 17, steht das Wort »Scheiß-Ladenhüter« (shitkicker) und in der nächsten Zeile »Mann! das ist vielleichtn Vollidiot« (man! what a fuckin square), und, ich glaube auf der nächsten Seite, das Wort – der Ausdruck »beschissene Sau« (motherfucka). Das ganze Buch strotzt von Ausdrücken dieser Art. Würden Sie uns bitte sagen, ob diese Ausdrucksweise den dargestellten Personen entspricht oder nicht?

Kermode: Sie entspricht ihnen durchaus. Es handelt sich hier um den vulgären Slang einer Unterweltgruppe und ist ein Beispiel für die Herabwürdigung von Worten aus der Sexualsphäre zu Beleidigungen oder bloßen Füllwörtern, ist jedoch, im ganzen gesehen, charakteristisch für den Slang vieler solcher Gruppen.

Neill: Einer der Herren Geschworenen meinte, in einem gewissen Stadium des Prozesses, daß man vielleicht zum völligen Verständnis dieses Buches einen Dolmetscher benötige. Würden Sie dem beistimmen?

Kermode: Allerdings gibt es hier eine ganze Menge sehr krassen Slang, den sogar viele Amerikaner aus dem Mittelstand nicht verstehen können.

Richter: Sie haben sich diesen Slang nicht zufällig in Harvard angeeignet?

Kermode: Nein, Herr Vorsitzender.

Neill: Ich werde für Zeugen sorgen, die da Bescheid wissen.

Euer Ehren, so daß uns am Schluß all diese Ausdrücke verständlich sein werden.

Der Verleger wurde zu einer Geldstrafe von 100 Pfund und zur Übernahme der Gerichtskosten verurteilt. Eine Berufungsgericht hob diese Entscheidung später auf, doch das Buch war ohnehin längst durchgesetzt. Vor allem junge Leser verstanden Selbys Prosa auf Anhieb, auch ohne Sachverständige und Dolmetscher.

Einer von ihnen, ein Junge namens Bernd Eichinger, brüllte sich jeden zweiten Abend in einer Rockband seine Frustrationen aus dem Leib. Selbys Buch, das war für ihn »Literatur in Augenhöhe, eins zu eins, ohne alles Drumherumgerede. Vinnie und Harry und Tralala gab's nicht nur in Brooklyn, und die Erfahrung von Einsamkeit und Wut erst recht nicht«.

Während der Leser Bernd Eichinger die Münchner Filmhochschule besuchte und davon träumte, das Buch zu verfilmen, hatte der Erfolg von »Last Exit to Brooklyn« das Leben des Autors Selby radikal verändert: Er hatte es erneut verwüstet. Zum ersten Mal in seinem Leben hatte er Geld und viel Zeit. Er trank. Er spritzte Heroin. Er wanderte in den Knast. Zwei Jahre lang kämpfte er mit der Sucht. Und gewann, wieder einmal. Seit damals ist er clean, »und darauf bin ich stolz«.

Er schrieb sich seine Obsessionen in den düster-visionären Romanen »Mauern«, »Der Dämon« und »Requiem für einen Traum« von der Seele. Die *New York Times Book Review* nannte Selby »einen der bedeutendsten amerikanischen Romanciers« und verglich ihn mit Dostojewski.

Selbys Helden: Verlierer, eingegittert in ihren Trieben, in Gier und Sucht, Verdammte, Verbrannte, eingespannt in den ewigen Kreislauf von Schuld und Sühne. Nein, von Ursache und Wirkung. Schuld und Sühne ist ihm viel zu christlich. »Jeder hat die Verantwortung für sein Leben selbst zu übernehmen. Kein Mensch hat mich gezwungen, zu leben, wie ich lebte. Soviel zu diesem liberalen Scheiß, die Umwelt sei an allem Schuld.«

Selbys Romane ließen sich in den Reagan-Wirtschaftswunderjahren, trotz glänzender Kritiken, nicht mehr verkaufen. Zu verstörend ihre Erkenntnisse, zu unbequem die Konsequenzen, zu denen sie aufforderten. Hier war nicht der amerikanische Traum beschrieben, sondern die Stelle, an der er bruchgelandet war.

Selby zog nach Los Angeles, wohnte zurückgezogen in einem Ein-Zimmer-Apartment, kämpfte mit seinem Asthma und lebte von der Sozialhilfe. Ein paar Freunde verschafften ihm einen Job an der Uni. Einmal pro Woche sprach er über amerikanische Literatur. Für die große Öffentlichkeit jedoch war Hubert Selby mausetot und sein Buch »Last Exit to Brooklyn« längst vergriffen und vergessen.

Bernd Eichinger hatte inzwischen längst die Filmhochschule absolviert und eine eigene Produktionsfirma gegründet. Er hatte mit opulenten Leinwandabenteuern wie der »Der Name der Rose« Kasse gemacht und immer wieder an Selbys Buch gedacht, das für ihn »praktisch schon Kino« war. »Photorealistisch genau. Bilder, die nicht mehr aus dem Blut gingen.«

Kubrick hatte sich für das Buch interessiert, und Brian De Palma hatte Optionen, doch im letzten Jahr kaufte Eichinger die Rechte und machte sich auf die Suche nach Selby, dem Autor, seinem Jugendidol.

Sie verabredeten sich am Swimmingpool des Chateau Marmont Hotel in Hollywood. Eichinger hatte einen Zwei-Meter-Riesen erwartet, mit einem Kopf wie ein Bulldozer. Statt dessen traf er auf einen schmalen, zierlichen Mann mit riesigen blauen Augen und scheuem Lächeln. Und Selby auf einen offenbar verrückten drahtigen Kettenraucher in Turnschuhen, der pausenlos quatschte, einen Typen, der Kino inhalierte wie eine filterlose Zigarette, süchtig nach Geschichten und nach Geschäften, die erforderlich sind, um diese Geschichten zu realisieren.

Selby kann es in diesen Tagen kaum fassen: Weil er vor 25 Jahren ein paar Geschichten in die Schreibmaschine hämmerte, arbeiten jetzt Hunderte von Leuten an Kostümen und Fassaden, hoffen junge Schauspieler auf ihren Karrieredurchbruch, schreibt ein merkwürdiger Turnschuh-Produzent Schecks in Millionenhöhe aus und wird er selber in einer langen, schwarzen Limousine durch die Reviere seiner Kindheit chauffiert. Ursache und Wirkung. Verrückte Welt.

Während Uli Edel mit seinem Drehbuchautoren Desmond Nakano noch einmal an Spooks Auftritt feilt und Eichinger einen letzten Schauspielervertrag unterschreibt, steht Selby in der riesigen, ausgestorbenen Halle unten am Pier vor einem Spielzeug-Modell *seines* Viertels: Brooklyn Redhook, 58. Straße, so wie es Anfang der fünfziger Jahre war. Hier haben Vinnie und seine Jungs den Buchmacher ausgenommen, da war das Billboard, an dem Harry gekreuzigt wurde, und da hinten rückten die Cobs gegen die Streikenden vor.

»Die Filmleute meinten, ich solle in dem Auto sitzen, das Georgette überfährt. Eine unglaublich poetische Idee. Mit ihr fing alles an. Sie war der Anlaß für das Buch. Und jetzt töte ich sie.«

Ob er mit dem Drehbuch einverstanden ist? Schließlich gibt es im Kino eine Art Happy-End, das in seiner Hölle nicht möglich war. »Das Script hat Tempo, hat Tiefe und hat die wesentlichen Charaktere verstanden. Würde man das Buch direkt auf die Leinwand bringen, würden die Leute schreiend hinausrennen.« Er geht selten ins Kino. Heutzutage gibt's da nur läppischen Kinderkram, Plastikabenteuer, Rambotypen. Randolph Scott, das war noch ein Schauspieler.

Ob er überrascht war über die empörten Reaktionen, die sein Buch damals auslöste? »Es war die pure Bigotterie. Alle wußten, was los ist, aber man durfte nicht drüber sprechen. Doppelte Moral. Das gibt es auch heute noch. Schauen Sie sich diesen Hurenbock Jimmy Swagert an, der öffentlich Keuschheit predigt. Oder Reagans lächerliche Antidrogen-Kampagne. Jeder weiß, daß sich die CIA mit Kokaingeldern finanziert. Und da wundern sich die Leute darüber, daß die Jugend zynisch ist.«

Nein, überrascht war er nicht. Er glaubt nicht, daß ihn überhaupt irgend etwas überrascht. Ursache und Wirkung, das ist das ganze Geheimnis. Aber es gibt Dinge, die ihn schmerzen, die ihn empören, die ihn kotzen lassen. Er engagiert sich dort, wo er unmittelbar wirken kann. Etwa bei »amnesty international«. Zeitungen liest er kaum. Fernseher? Kein Bedarf. »Ich hab' meinen Fernseher gekillt. Drei Apparate, um genau zu sein. Den ersten habe ich mit einem Fußtritt erledigt. Den zweiten mit einem Hammer. Den dritten habe ich zum Fenster rausgeschmissen. Ich bin ziemlich gut im Fernseher-Killen, müssen Sie wissen.« Seit Jahren hat er keinen Apparat mehr. Kein Bedarf an Werbung und Seifenopern. Das Leben reicht ihm. Er hat von morgens bis abends zu tun. Er liest, besucht Freunde und Meetings und nimmt ab und zu seinen Sohn aus zweiter Ehe mit zu einer Ausstellung.

Und er schreibt an seinem neuen Roman. Es ist die Geschichte eines alten Mannes, der durch Höllen gegangen ist und der sie alle überlebt hat.

*

Die Visitation Church schwimmt wie ein mächtiger rotgeziegelter Dampfer mitten im Puertorikaner-Viertel. Eine Festung: im Winter gegen die Kälte, im Sommer gegen die Hitze, und gegen die Hoffnungslosigkeit zu jeder Jahreszeit. Hier ist die Arbeitslosigkeit höher als in Manhattan oder auf Long Island, ebenso die Säuglingssterblichkeit. Dafür nimmt man es hier mit den Sakramenten wesentlich genauer als drüben. Dennoch können klare Worte nicht schaden. Auf einem Mitteilungsblatt mahnt Pater Waldron seine Schäfchen auf spanisch, »auch in den Sommermonaten die heilige Messe zu besuchen«. Und was die Kollekte angeht: Jetzt fällt zwar das Heizungsgeld weg, aber es gibt immer unerwartete Ausgaben. Zum Beispiel die Gewitterschäden. Die Orgel-Reparatur. Das Telephon. Alles zusammen macht 655 Dollar. »Die letzte Kollekte hat aber nur 612 Dollar ergeben.«

Nun muß Pater Waldron sich doch keine Gedanken mehr über die Telephonrechnung machen. Die deutschen Filmleute haben die Kirche für ihren ersten Drehtag angemietet. Er hat das Drehbuch gelesen und hat Amen gesagt. Obwohl es offenbar ein historischer Film ist, kennt er die Leute, um die es da geht. Er kennt ihre Hoffnungen und Verzweiflungen, kennt sie aus seiner Gemeinde.

Im Mittelschiff werden Kabeltrommeln entrollt. Die weiße Marienstatue aus dem Seitenaltar wurde gegen einen kinowirksameren bunten Greco-Christus mit Dornenkrone ausgetauscht: Eine Kirche wird auf Kirche geschminkt. Beleuchter bringen ihre Scheinwerferbatterien außen vor den bunten Kirchenfenstern in Stellung – schließlich muß die Sonne genau auf das Taufbecken fallen.

Die schönste, die optimistischste Szene soll gleich zu Beginn gedreht werden: die Taufe von Donnas Baby. Auf großen Tafeln, versteckt zwischen zwei Blumenrabatten, steht das Taufgelübde, das Frank Vincent ablesen wird. In Scorseses »Raging Bull« hat Vincent einen sizilianischen Schläger gespielt. Heute ist er der Priester. Sein Talar spannt sich an den Schultern.

Auf der Treppe zur Sakristei sitzt Hubert Selby und beantwortet geduldig alle möglichen und unmöglichen Fragen von Jennifer Jason Leigh, die Tralala spielen soll. Das rothaarige Mädchen wühlt sich mit der dumm-sturen Ernsthaftigkeit einer ehrgeizigen jungen Schauspielerin in die Figur der jungen Prostituierten, in dieses fremde Schicksal, das sie nie ganz ausloten wird, weil sie es nicht leben mußte. Aber sie weiß genau: Diese Rolle könnte der entscheidende Karrieredurchbruch sein. »Trals Drama war ihre grenzenlose Gier«, sagt Selby, »und Dollars waren die einzige Sprache, die sie verstand.«

Jennifer Jason nickt. Selby lächelt. »Wahrscheinlich aber war ihr Wunsch nach Liebe genauso grenzenlos. Wie bei uns allen.«

Dann wird ein Zeichen gegeben. Alle strömen nun in die Kirche. Das Portal wird verriegelt. Es ist kühl hier drinnen. Wahrscheinlich sind Kneipen und Kirchen die einzigen Schlupfwinkel Brooklyns, in denen sich die Juni-Hitzewelle ertragen läßt. Andächtige Stille. »Kamera ab«, »Kamera läuft«. Ein blondes Mädchen in Jeans knallt die schwarze Klappe. »Last Exit, 72, die erste.« Vincent nimmt die Taufkerze vom Beckenrand, entzündet sie an der großen Altarkerze vor dem Greco-

Christus und spricht die heilige Formel: »Ich taufe dich im Namen des Vaters und des Sohnes und des Heiligen Geistes.« Das Baby fängt an zu schreien. Vincent taucht seinen rechten Daumen in das Becken und salbt den Kopf des Babys in der Form eines Kreuzes. »Möge der allmächtige Gott, der Vater unseres Herrn Jesus Christus, der dir ein neues Leben gegeben hat durch das Wasser...«

In einer Kirchenbank, hinter der Kamera, sitzen Bernd Eichinger und Hubert Selby nebeneinander. Ihre Schultern berühren sich. Eichinger bewegt lautlos die Lippen, als spräche er die Formeln mit: Ein Film wird aus der Taufe gehoben. Hubert Selby starrt entrückt über den Priester hinweg. Hinter dem Taufbecken steht ein Banner, das sonst auf Prozessionen mitgeführt wird. Darauf die Paulusworte: »Glaube, Hoffnung und Liebe, und die größte von diesen ist die Liebe.«

Vielleicht gibt es ja doch eine himmlische Gerechtigkeit. Vielleicht wird Hubert Selby als einer der großen amerikanischen Autoren dieses Jahrhunderts wiederentdeckt. Vielleicht wird sogar Mr. Teetee aus »Lento's Bar« irgendwann ins Kino gehen und sich erinnern an den »Griechen« und an Selby und die anderen. Und vielleicht erlebt das Buch »Last Exit to Brooklyn« die Neuauflage, die es verdient hätte.

Photo: Hinz

Der Autor als Revolverheld
Über William S. Burroughs

»Ein 39er Undercover-Revolver«, nuschelt Burroughs, als er mir den Waffengriff in die Hand drückt. »Gute Kanone. Begrenzte Reichweite, aber sie funktioniert immer.« Die Sonne hat das Büffelgras rund um die Scheune längst braungebrannt. Zwischen den Zielscheiben hockt eine rostige Kutschendeichsel wie ein urgeschichtliches Insekt. Der Waffe hängt kühl und schwer zwischen meinen Händen, eine häßliche Kröte aus Eisen, die sich aufbäumt, als ich abdrücke. Eine schlappe »Sechs« am äußersten Scheibenring und zweimal »Pling« an der Deichsel. Der Rest geht in die Prärie.

Ganz fern am Horizont frißt sich ein Mähdrescher durch Weizenfelder und erinnert daran, daß der Wilde Westen auch hier draußen vorbei ist, ein paar Kilometer außerhalb von Lawrence, Kansas, wo William S. Burroughs ein paar Freunde zu seiner täglichen Ballerei eingeladen hat. Heute sind mehr Besucher gekommen als sonst. Dichter, Rockmusiker, Künstler, ihre Frauen und Kinder. Diese Schießerei ist der Abschluß einer Party, die zwei Wochen gedauert hat.

Das »River City Reunion«-Festival: ein Familientreffen der Gegenkultur, ziemlich genau zwanzig Jahre nach jenem legendären »Summer of love« 1967 in San Francisco, als Poeten und Musiker zu Schamanen wurden, denen eine ganze Generation folgte. Noch einmal brüllte in der »Liberty Hall« von Lawrence der Poet John Giorno seine dunklen Hymnen aus Blut und Dreck. Timothy Leary faselte von Bewußtseinsveränderung durch LSD. Michael McClure rezitierte Shelley-Gedichte, und Ed Sanders spielte mit der Underground-Band »The Fugs«. Kerouacs Frau las Liebesbriefe ihres Mannes vor, und Marianne Faithfull sang von einer Liebe, die wie der Tod ist. Der junge Jim Carroll aus New York stand wie ein bleicher Erzengel an der Bühnenrampe und schwelgte in seinen »Diaries«, und Yello Biafra von den Politpunks »Dead Kennedys« agitierte gegen Zensur und Amerikas neue Prüderie. Zum Abschluß intonierte Allen Ginsberg, Burroughs ältester Freund, noch einmal seine Beat-Hymne »Howl«: »Ich sah die besten Köpfe meine Generation / Zerstört vom Wahnsinn, ausgehungert, nackt...«

William S. Burroughs, die »Eminenz«, saß in der ersten Reihe, auf seinen Stock mit dem geschnitzten Kobrakopf gestützt, und schaute ins Leere wie immer – wach wie ein

Besucher aus einer anderen Welt.

Alle, die Jungen und die Alten, erwiesen ihm ihre Referenz, denn ohne ihn gäbe es sie nicht. Er war der Erste und der Mutigste, darin waren sie sich einig. »Er hat sich am weitesten vorgewagt«, sagte Carol, eine Bassistin aus New York.

Die Weinflaschen und die Joints kreisen an diesem Mittag in der Scheune. Keith Haring, der New Yorker Graffiti-Künstler, sprüht ein verrücktes Strichmännchen, und Carol trägt ein T-Shirt mit dem Spruch: »Fuck art, let's dance.« Zur Hölle mit der Kunst, laßt uns Spaß haben, ein bißchen Tanz und Wahnsinn heute nachmittag hier im Niemandsland, wo der Wilde Westen fast bis zum Horizont reicht, bis dahin, wo die Weizenfelder beginnen und die Kirchen und die Grenzen, die das saubere Amerika von seinen vergessenen Kindern trennen, den Künstlern und Schwulen, den Ausreißern und Verlierern.

Mit beiden Armen hält Burroughs seinen schweren 45er Colt. Sein braunes Army-Hemd knittert über der hageren Brust. Der weichkrempige Stetson taucht die kühlen, grauen Augen in Schatten. Pergament über hohen Wangenknochen, tief eingekerbt an den Nasenflügeln, zerknittert, uralte Reptilienhaut. »Natürlich ist die 'Heckler & Koch' bequemer«, nuschelt er im Tonfall eines alten Deputy-Sheriffs. Und dann zieht er durch. Ein ohrenbetäubender Knall. John Giorno läuft zur Scheibe und ruft: »Volltreffer.«

Burroughs Augen haben bei dem Schuß nicht einmal gezuckt. Es sind Augen, die vor Urzeiten einmal aufgerissen wurden, bis alle Wunder und Schrecken zu Asche verbrannt waren und nichts zurückblieb als dieser graue, reglose Blick. Mit diesen Augen hat er seine Frau angeschaut, bevor er sie erschoß, damals, vor fast einem halben Jahrhundert in Mexiko, auf dieser verhängnisvollen Party, als sie sich ein Cocktailglas auf den Scheitel stellte und er den Wilhelm Tell spielen sollte. Diese Augen haben die Stricher in den Marokkanischen Cafés gemustert, sie haben die Dealer und Rezepteschreiber angefleht, und dann waren sie wie dunkle Scheiben, hinter denen ein verheerendes Feuer wütet. Und sie haben ins Nichts geschaut, in die ewige Leere jenseits der Korridore des Heroinentzugs, und da haben sie ihren endgültigen Ausdruck gefunden, wach, leidenschaftslos, versteinert. William S. Burroughs – ein Überlebender.

Er hat vierzig Jahre Heroinentzug überlebt und die meisten seiner Freunde. Er hat sogar seinen Weltruhm überlebt, den er sich mit »Naked Lunch« erschrieben hatte: ein greller Alptraum aus Comic-Phantasien und Hieronymus-Bosch-Bildern, eine Höllenfahrt durch die Ängste und Horrorvisionen der Zivilisation und ihrer Sucht nach Geld, Macht und Sex, satirisch, pornographisch und ohne so etwas wie Struktur oder Handlung. Man verglich ihn mit Jonathan Swift und nannte ihn den größten amerikanischen Schriftsteller des Jahrhunderts. Norman Mailer bewunderte die Schönheit des Buches, und John Updike schrieb, er müsse »Dinge erlebt haben, die jenseits unseres Fassungsvermögens liegen«. Es folgten Romane wie »Nova Express«, die die Rauschgiftwelten der LSD-Generation durchstreiften. Popgruppen wie »Steely Dan«, »Soft Machine«, »Naked Lunch« und »Dead Fingers Talk« borgten sich ihre Namen aus seinen Büchern.

William S. Burroughs, Mitglied der Amerikanischen Akademie für Dichtung, klappt die Trommel aus seinem Colt, schiebt neue Munition hinein und murmelt grimmig: »Mit Doc Holliday könnte ich es allemal noch aufnehmen.« Und nach einer Pause: »Bei Wild Bill Hickok würde ich es nicht drauf ankommen lassen. War ein verdammt guter Schütze.«

Er kann es noch mit einer ganzen Reihe von Leuten aufnehmen. Seine Bücher werden neu aufgelegt. Für seinen neuen Roman und ein paar Briefbände handelte sein New Yorker Agent Andrew Wylie einen 200000-Dollar-Kontrakt aus. Und als Burroughs zum Abschluß des Festivals in der »Liberty-Hall« aus neuen Texten las, klang das bissiger, frischer und viel unsentimentaler als alles, was vor ihm zu hören war. Seine Devise: »Du mußt für alles bezahlen, und das ist nur fair.«

Das gilt für die Literatur und für das Leben erst recht. Bejammert hat er seine eigenen Höllenfahrten nie – er hat über sie geschrieben, unterkühlt und genau, als führte er ein Bordbuch. Er blieb der Mathematiker der Ekstase, der Einstein des literarischen »Underground«, ein kühler Forscher in den Galaxien der Lust und des Leidens. Noch in den Elendsquartieren von Tanger trug er Anzug, Hemd und Krawatte und wurde wegen seiner ausgesucht höflichen Manieren »Duke« genannt, Herzog.

Ein Leben als Reise: 1914 in Missouri geboren, studierte er Literatur, Archäologie und Ethnologie in Harvard und Medizin in Wien. Nach seiner Rückkehr in die USA schlug er sich als Barmixer, Privatdetektiv und Reporter durch, wurde 1944 zum erstenmal wegen Morphiumbesitzes verurteilt und setzte sich nach Mexiko ab. Er reiste nach Südamerika auf der Suche nach der halluzinogenen »Yage«-Wurzel, ließ sich für längere Zeit in Tanger nieder – und schrieb. Hier, in einem schmierigen, billigen Hotelzimmer, stöberten ihn Ginsberg und Kerouac auf, zwischen Stapeln von Notizen, die auf dem Boden verstreut lagen, den Manuskripten zu »Naked Lunch«.

Das Rauschgift hatte ihn in den Klauen, und er verbrachte seine Tage damit, auf einem Stuhl zu sitzen, seine Füße anzustarren und zu warten, bis der Dealer kam. Von Tanger zog er nach Paris ins »Beat Hotel« an der Rue Gît-la-Cœur, bis er für neun lange, beinahe tödliche Jahre in London untertauchte. Burroughs galt am Ende als verschollen. Doch er unterzog sich einer Apomorphin-Kur, ein letzter, verzweifelter Versuch, sich aus der tödlichen Umarmung der Drogen zu befreien.

Mitte der siebziger Jahre tauchte der »unsichtbare Mann«, wie ihn die Pusher nannten, in New York auf. Er bezog seinen Bunker, den Waschraum eines leerstehenden YMCA-Gebäudes, und hielt Hof, zwischen weißen Kacheln und langen Reihen von Urinbecken. Als er Anfang der achtziger Jahre wieder für kurze Zeit an der Nadel hing, brachte ihn sein Freund James Grauerholz, ein ehemaliger Rockmusiker, nach Lawrence, Kansas.

Das Klima bekommt Burroughs. Das Leben im Redneck-Staat Kansas ist gesund. Hier kann er schießen, auf den Seen rudern und schreiben. Hier, in seinem kleinen Holzhäuschen mit Veranda und Garten, entstand sein Roman »Western Lands«. Ein Alterswerk. Ruhig und abgeklärt wie der Stein der Sphinx. Es ist der Abschluß einer Trilogie. Wie alle seine Bücher auch dieses ein Reisebericht, eine Odyssee voller Abenteuer. All die Masken und Helden seiner Privatmythologie defilieren noch einmal vorbei, neben Revolverheld Kim Carson tauchen Offiziere der deutschen Wehrmacht auf, morphiumsüchtig unter Artilleriebeschuß, versteht sich. Da sind die Agenten und Controller, die Politiker und Manipulateure, und der Gespensteraufzug bewegt sich wie ein Tanz, der bei den Pharaonen beginnt, ins zerbombte Berlin führt und im Wilden Westen noch längst nicht endet. »Western Lands« ist William S. Burroughs' großes Totenbuch.

Hier, in seinem Häuschen, scheint er sich auf einen geheimen Ernstfall vorzubereiten: Eine doppelläufige Flinte steht in der Ecke, auf dem Regal ein großes Buschmesser und Stapel des amerikanischen »Survival«-Magazins, mit Artikeln über Schlangenbisse, Erste Hilfe, Hüttenbau. »Eines der wenigen Magazine«, sagt er, »das wirklich nützliche Informationen enthält.« Ob ich mich an den Flugzeugabsturz in den Anden erinnere? »Sie hätten nur dem nächsten Fluß folgen müssen, talwärts, diese Trottel.«

Katzen schnüren über die zertretenen Dielenbretter, Katzen schwimmen in großen bunten Kissen auf dem Boden, Katzen sonnen sich auf der Durchreiche zur Küche. Er hat acht davon, ständig kommen neue hinzu. Im Fall einer nuklearen Katastrophe, sagt er, würde er sich, um Katzenfutter zu holen, den Weg zum nächsten Supermarkt freischießen. Die einzige Organisation, die er finanziell unterstützt, ist der Verein zur Rettung bedrohter Tierarten.

Menschen sind für ihn ersetzbar. Liebe? Ein Märchen, eine Fiktion, ein Zustand von Geisteskrankheit. Man schaue sich nur Shakespeares »Romeo und Julia« an. Sex? Nun gut, eine Notwendigkeit und oft eine fürchterliche Falle. Und was die Fortpflanzung angehe: Man habe schon sehr vielversprechende Experimente mit Fröschen gemacht, in Laboratorien geklont, ein Exemplar wie das andere.

So leidenschaftslos und sachlich und ohne Illusionen spricht er darüber, wie einer, der weiß, daß die Reise zu Ende ist, seine eigene und die der Menschheit. Die Lösung? »Eine Mutation. Der Sprung aus Raum und Zeit.«

Immer wieder schiebt er sich während unseres Gesprächs aus einem zerschlissenen Sessel und geht zur Wand hinüber, wo zerschossene und gesplitterte Bretter mit bunten Farbspritzern an den Einschußlöchern stehen. Er stellt sie um wie ein Schachspieler im Park, der nach der entscheidenden Kombination sucht. Kürzlich wurden seine Bretter in New York ausgehängt. Ein Zufall, wie oft in Burroughs' Schaffen, stand Pate. Eine der Konservenbüchsen, auf die er an seinem Schießstand ballerte, war mit Farbe gefüllt. Sie explodierte in einem wunderschönen Stern. Seitdem bindet er Farbdosen auf die Bretter, klebt Bilder aus Zeitungen mit drauf, Reagan oder Lady Di oder Papst Johannes Paul. Danach kommt es nicht mehr auf Inspiration an, sondern auf eine ruhige Hand und ein sicheres Auge. Den Rest besorgt die Durchschlagskraft der Projektile seiner rund dreißig Gewehre und Handfeuerwaffen. »Das hier heißt 'Reagan mit blauer Farbe'. Schauen Sie sich die Gitter an, die die Kugel herausgebrochen hat.«

Ein kalkulierter Zufall, wie seine »Cut-up«-Methode, mit der er Texte zerschneidet und neu kombiniert, um andere Lesarten zu ermöglichen. Kaum ein zeitgenössischer Schriftsteller hat sich so ausgiebig mit Wissenschaften wie Kybernetik oder Biogenetik auseinandergesetzt, keiner hat so hartnäckig versucht, Ergebnisse der Forschung in neue Modelle des Schreibens umzusetzen. Von den vielen Rollen, die er in seinem Leben gespielt hat, ist das vielleicht die ausdauerndste: der Dichter als Wissenschaftler oder als Alchimist, der in manchmal lebensgefährlichen Selbstversuchen nach Welten jenseits der Wahrnehmungsgrenze forscht.

Würde William S. Burroughs sein Leben noch einmal leben wollen? Noch einmal alles genauso machen? »Natürlich nicht. Und jeder, der das behauptet, lügt. Keiner würde das. Jeden Tag macht man irgendwelche Fehler, die man beim zweiten Durchgang vermeiden würde.« Und natürlich wäre man Milliardär, weil man die Aktienkurse kennt. Eine Aussicht, die ihn nicht sonderlich reizt.

»Diese Sucht nach Geld ist wohl das Übelste, was es gibt. Geld, Macht, Erfolg, das ist fürchterlich dumm und phantasielos. Meistens sind solche Typen bösartig.« Er kann sie wundervoll imitieren, diese Typen. Etwa seine Präsidentennummer: Mit traurigem Buster-Keaton-Gesicht und näselnder Stimme befiehlt er den Bombenabwurf. Er hat auch Bankleute und CIA-Agenten im Repertoire. Doch Präsidenten kann er am besten. »Arme Schweine meistens. Pompöse Charaktermasken, die wie Marionetten von den Leuten abhängen, die ihnen den Weg zur Macht gekauft haben. Kennedy hat versucht, sich aus diesen Abhängigkeiten zu lösen. Sie wissen, was mit ihm passiert ist.«

Jane, die große Angorakatze in seinem Arm, die sich bisher huldvoll hat streicheln lassen und ab und zu gnädig schnurrte, wird unruhig. »Essenszeit.« Burroughs schlurft in die Küche, gefolgt von einer Prozession von Katzen, die sich an seine Beine schmiegen. Er murmelt vor sich hin, öffnet Schränke, klappert mit Schüsseln und Dosen.

Schräg fällt die Sonne durch das Fliegengitter der Veranda-tür, wirft ihr Netz über einen runden wackeligen Tisch, auf dem eine uralte, mechanische Schreibmaschine steht. Ein Bogen ist eingespannt. »Überwältigende Langeweile und Niedergeschlagenheit. Um fünf Uhr ein Drink in einem Zimmer mit Holzwänden ...« Alle Buchstaben sind großgeschrieben. Und alle haben, wegen eines Farbbandfehlers, rote Füße, als stünden sie in kleinen Lachen aus Blut.

Als er die Katzen versorgt hat und mit einem Drink in die Wohnstube zurückkehrt, spreche ich ihn auf den Tod seiner Frau Joan an. Sein Gesicht wird eine Spur grauer, müder. Niemals wäre er Schriftsteller geworden, sagt er leise, wenn dieses grauenvolle Unglück nicht passiert wäre. Jahrelang kehrte es in seinen Träumen wieder. Wie in Trance sei der Tag verlaufen, der dem tragischen Abend voranging, und alle Mitspieler hätten sich bewegt wie unter hypnotischem Zwang. Schreiben wurde eine Art Schutz gegen die Erinnyen, die Rachedämonen, die ihn verfolgten. Schreiben – kein Beruf, sondern Notwehr.

Doch auch dieses Abenteuer, das der Literatur, scheint für Burroughs überstanden zu sein. Viel wird er nicht mehr schreiben. »Western Lands« ist ein Schlußstein.

Die Sonne hängt als blutroter Lampion über den Weizenfeldern. Seine Freunde sind wieder nach New York zurückgekehrt, nach London und San Francisco. Einige davon hat er vielleicht zum letzten mal gesehen. Wie Schemen streichen die Katzen durch das Zimmer, die Schatten in den Ecken wachsen, und mit ihnen wächst die Stille. Das Gesicht des Mannes neben mir wird fahl und durchsichtig. Es hat den milden Ausdruck eines Mannes, der lange auf einen Besucher gewartet hat und nun weiß, daß er bald kommen wird.

Burroughs sammelt letzte Worte. Die schönsten, murmelt er, sind die von Billy the Kid. Billy trat in dieses dunkle Zimmer, in dem Pat Garret, der Sheriff, auf ihn wartete. Billy sah einen Schatten und rief »Quién es?«, Pat Garret erkannte die Stimme und erschoß ihn. »Dieses 'Quién es?' war sein Tod«, sagt Burroughs.

Quién es? heißt: Wer ist da?

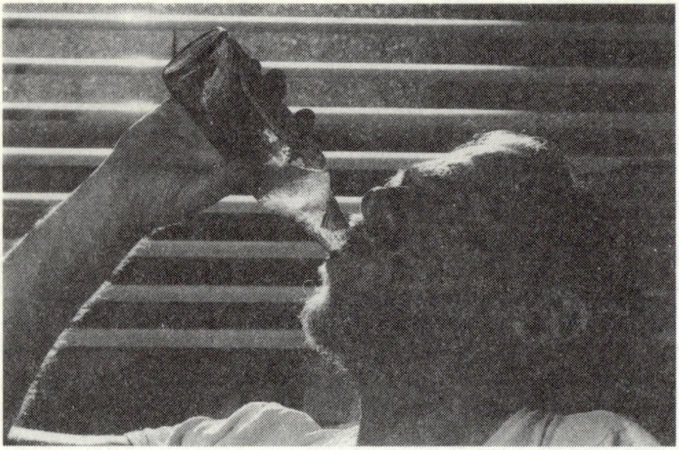

Photo: Höpker

Ein Verlierer gewinnt
Über Charles Bukowski

Der Mann hinter dem Rasenmäher hat Routine, die Bahnen im Gras sind spursauber. In dem Rosenbeet daneben macht sich eine zierliche Blondine zu schaffen. Es ist einer dieser trägen kalifornischen Spätnachmittage in San Pedro, einem langweiligen Villenvorort von Los Angeles. Manchmal plumpst eine Orange von einem der Bäume. Manchmal kläfft ein Köter. Ein älteres Ehepaar macht Gartenarbeit.

Der Alte am Rasenmäher trägt ein T-Shirt und darauf steht ein Gedicht:

Ich traf ein Genie im Zug / einen sechsjährigen Jungen / wir fuhren zum Meer / als wir ankamen, sagte der Junge / »Das is nich besonders schön« / ich habe das all die Jahre nicht bemerkt / der Junge war ein Genie.

Das T-Shirt ist zu eng. Das Wort »Genie« ist in die Breite gezogen. Es handelt sich um einen gutgemästeten Hängebauch. Und um ein gutes Gedicht.

Auf den Dichter, den Mann am Rasenmäher, hat sich in Deutschland mittlerweile jeder seinen Reim gemacht. Über 1,2 millionenmal wurden seine Bücher hier verkauft. Säufergeschichten, Hurengeschichten, Verlierergeschichten. Harter Stoff. »Denkende Leserinnen«, schrieb eine Feministin in der Zeitschrift *Konkret*, »finden überhaupt keine Chance, sich mit dem weiblichen Handlungspersonal positiv zu identifizieren.« Der *Spiegel*, ein bißchen kürzer: »Bukowski ist eine alte Drecksau.« Und die *Zeit*, ein bißchen länger: »Nach der 'repressiven Entsublimierung' einiger gesellschaftlicher Tabuzonen steht der universellen Anerkennung Bukowskis nichts mehr im Wege.«

Ich war also auf einiges gefaßt. Auf eine universell anerkannte Drecksau, mit der sich denkende Leserinnen nicht identifizieren können. Und nun das: ein alter Mann, der den Rasen mäht. Und der dem Genie eines sechsjährigen Jungen großzügigen Platz einräumt.

Das Leben hat sein Gesicht nicht gezeichnet, es ist darauf herumgetrampelt. In diesen grobporigen Tälern und Wüsten und Säcken haben sich alle eingetragen: sein Vater, der ihn verdrosch. Die Ärzte, die an seine Jugendakne mit elektrischen Nadeln herumpfuschten. Polizisten mit ihren Knüppeln, Zuhälter, Säufer und Huren mit abgeschlagenen Flaschenhälsen.

Und wie durch ein Visier, aus schmalen Schlitzen, schauen die friedfertigsten blauen Augen, die einer nur haben kann.

Vor ein paar Jahren noch rannten sie ihm alle diese 25-Quadratmeter-Bude in Nord-Hollywood ein, die Irren und die Nutten und ab und zu auch Schreiber, die »so damit beschäftigt waren, tough zu sein, daß sie keinen Ton herausbrachten«. Dieses Problem hat »der Meister der anarchistischen Satire, eine Legende schon zu Lebzeiten« (*New York Review of Books*) heute nicht mehr. Dafür andere. Er hat sich immer noch nicht an die Alarmanlage der Firma Westinghouse gewöhnt, die seine geräumige Villa an der Santa Cruz Street sichert.

Die löst er aus, wenn er einen seiner schlimmen Tage hat – wenn er zuviel getrunken hat und morgens die Weinflasche durch die Verandatür knallt, nackt in den Garten läuft und die Nachbarvillen mit Steinen und Flüchen eindeckt. Die Nachbarn von früher, die Typen von der Skid Row, hätten zurückgebrüllt. Hier schnurren nur Metallrollos. Und die Grüße am nächsten Tag fallen eine Idee frostiger aus. Doch die »schlimmen Tage« sind selten geworden.

Es geht ihm gut. Besser denn je. Der Mann, der jahrzehntelang stumpfsinnige Nachtschichten bei der Post schob, der soff, was die Leber hergab, und den die Ärzte schon abgeschrieben hatten, der irgendwann begann, für Pornomagazine zu schreiben, und der vor ziemlich genau 15 Jahren seinem Freund Carl Weisner vor der ersten deutschen Bukowski-Veröffentlichung schrieb, »ich verlange nicht zuviel, nur ein bißchen Hoffnung, damit ich im Fleischwolf noch ‘ne Weile tanzen kann« – dieser Charles Bukowski hat es, als Kultfigur vor allem der Alternativ-Szene, zu Wohlstand gebracht. Der ewige Verlierer gewinnt. Sogar bei den Pferderennen. In letzter Zeit hat er eine richtige Glückssträhne.

Jeden Morgen rast er mit seinem neuen schwarzlackierten BMW 320i zur Rennbahn. Er versteht nichts von Pferden. Er mag sie noch nicht mal. Die meisten der Zuschauer und Zocker allerdings noch weniger. »Gierige, engstirnige Typen, die sonst nichts haben, wo sie hingehen können.«

Wir haben französischen Wein mitgebracht, eine Kiste voll, seine Lieblingsmarke. Vom Bier ist er runter. Linda Beighle, seine hübsche Freundin, die halb so alt ist wie er, holt Untersetzer für die Gläser, stellt Knabberzeug auf den Couchtisch, richtet die Scheite im Kamin. Es ist schnell dunkel geworden. Eine fette Katze streicht über den dicken Teppichboden des riesigen Wohnzimmers. Es ist gemütlich. Wie bei einem Bauunternehmer nach Feierabend.

MATUSSEK: Wovon handeln eigentlich Ihre neuesten Gedichte? Von Problemen mit dem Steuerberater?

BUKOWSKI: Um die Leute zu ärgern, schreibe ich manchmal Sätze wie: Ich stieg in meinen BMW und raste zur Bank, um mir die goldene Kreditkarte von »American Express« abzuholen ... Shit. Egal, wo du lebst, Probleme gibt es immer, Schmerzen und Wahnsinn und Ungerechtigkeit.

MATUSSEK: Bisher waren Sie der, dem es immer noch schlechter geht als dem Leser, eine Art heiliger Verlierer ...

BUKOWSKI: ... Ich bin kein Heiliger. Aber die Leute brauchen wohl einen. Ich bekomme viel Post aus Irrenanstalten und Zuchthäusern, von Leuten, die keine Frau kriegen oder keinen Job. Auch von Professoren, die behaupten, sie mögen mein Zeug. Die anderen Briefe sind mir allerdings lieber. Weil das *wirkliche* Leser sind. Aber ich schreibe nicht, um irgend jemanden zu retten. Höchstens mich selbst. Wenn das möglich ist.

MATUSSEK: Aber die alten Jagdgründe, die Skid Row, haben Sie aufgegeben.

BUKOWSKI: Neulich war ich in einem kleinen Café. Der Typ an der Kasse schikanierte die Kellnerin. Er brüllte: »Wisch den Boden auf!« und »Weißt du nicht, wie man Bohnen zubereitet, du Schlampe.« Schließlich kam das Girl an meinen Tisch und flüsterte »Helfen Sie mir, bitte helfen Sie mir!« Das war tragisch. Ich habe ihr nicht geholfen. Aber ich habe ein Gedicht drüber geschrieben. Ich meine, derartige Sachen passieren laufend, und es hört nicht auf, bloß weil ich in einem richtigen Haus lebe. Das Haus ist noch nicht über meiner Schreibmaschine zusammengestürzt. Das Bedürfnis zu schreiben ist größer denn je. Es ist wie Juckreiz. Schlimmer.

MATUSSEK: Wie sieht's mit Ihrer Gesundheit aus?

BUKOWSKI: Ich bin gesünder als alle meine Feinde. Kürzlich habe ich mich untersuchen lassen. Der Doktor sagte: »Ihre Leber ist in Ordnung, Ihre Nieren sind okay, Ihr Herz ist bestens, der Blutdruck liegt bei 120 zu 80, Sie leben ewig.« Ich habe ihm gesagt: »Ich habe ganze Ozeane von Alkohol gesoffen, ich habe gehungert, ich habe in der Gosse gepennt, ich bin zusammengeschlagen geworden, ich war in Krankenhäusern – und Sie wollen mir erzählen, es sei alles okay?« Darauf er: »Sie müssen in einer verdammt guten Firma gebaut worden sein.« Da sage ich: »Nein, mein Vater starb früh, meine Mutter starb früh, alle meine Verwandten sind tot.« Da meinte er, er verstünde das nicht. Das war merkwürdig. Ein richtiger Schock. Schlechte Nachrichten, was? Irgendwie müssen mir die Götter eine extra große Ladung Benzin mitgegeben haben. Ich mache mir darüber keine Gedanken. Ich greife einfach zum nächsten Drink.

Doch mittlerweile genügt ihm eine Flasche Wein pro Nacht, um high zu werden. Gegen zehn Uhr abends setzt er sich vor seine Schreibmaschine, und dann hämmert er drauf los, runde vier Stunden lang: bäng, bäng, bäng. Es läuft immer einfacher, immer klarer. Hier hat er seinen Roman »Fast eine Jugend« geschrieben. Geschichten über das Amerika der großen Depression, humorvoll und zielsicher, über Jugendidole wie die Gangster John Dillinger und Ma Baker, über den Vater, der ihn mit stumpfer Routine zweimal die Woche verdrosch, über die Jungs aus der Nachbarschaft – wahrscheinlich die abgeklärtesten Sätze, die je über eine Kindheit geschrieben wurden, die meistens die Hölle war und nur selten ein Paradies.

MATUSSEK: Hassen Sie Ihren Vater für das, was er Ihnen angetan hat?

BUKOWSKI: Ich glaube, ich habe nie jemanden gehaßt. Haß kommt in meinem Wortschatz nicht vor. Ekel ist der richtige Ausdruck ... Mein Vater war dumm und gewalttätig. Ich habe heute noch die Narbe, als er mir die Harke in die Wade schlug (er krempelt sein linkes Hosenbein hoch). Hier ist sie ... Allright, Bukowski zeigt seine Kriegsverletzungen (lacht) ... Ich mußte immer unseren Rasen mähen. Dann legte er sich auf den Boden und guckte schräg durch die Halme. Und wenn einer höher herausstand, verdrosch er mich. Also immer. Regelmäßig ... Nun ist er schon 'ne Weile weg. Es ist wie ein verrückter Film, den man nicht unbedingt noch mal sehen will.

MATUSSEK: Was ist mit Ihrer Tochter. Gibt es etwas, daß sie Ihnen nicht verzeihen kann?

BUKOWSKI: Ich war wahrscheinlich ein lausiger Vater. Weil ich immer viel getrunken habe. Aber wäre ich ein guter Vater gewesen, wäre ich wahrscheinlich nichts anderes gewesen als das. Jeder hat seine Chance. Ich habe sie nie geschlagen.

MATUSSEK: Schaut sie manchmal rein?

BUKOWSKI: Oh ja. Sie ist cool. Sie hat alles im Griff. Erzählt nicht viel. Sie geht zur Schule, arbeitet in der Bibliothek, nichts Aufregendes ... ich glaube, zur Zeit ist sie verliebt.

MATUSSEK: Kennen Sie den Jungen?

BUKOWSKI: Er ist das Gegenteil von mir. Ein ziemlich gefaßter Typ. Nicht sehr aufregend, vögelt mit seinen Computern herum. So sind sie nun mal, die Kids, die mit der Wasserstoffbombe und der schönen neuen Welt groß geworden sind. Sie wissen, daß uns die ganze Scheiße jeden Moment um die Ohren fliegen kann, also gibt es nichts, worüber sie sich groß aufregen können.

LINDA: Die haben einfach gelernt, mit der Bedrohung zu leben.

Linda hat Bukowski vor neun Jahren nach einer Dichterlesung kennengelernt. Bukowski haßt Lesungen. Meistens kotzte er vor Aufregung. Betrunken war er immer. »Die Leute wollten die Show. Die habe ich ihnen gegeben. Zeug wie: 'Dieses Gedicht habe ich geschrieben, als mich meine zweite Frau sitzenließ', und die Kids unten haben das geschlürft, weil sie schließlich dafür bezahlt haben, für ein bißchen Tanz und Musik und Wahnsinn, und da habe ich ihnen den Macho vorgeclownt.« Nach solchen Lesungen betrank er sich noch mehr, machte sich über die Literaturgroupies her und demolierte die Einrichtung. Linda war bei einer dieser Lesungen in Hollywood. Sie wußte, daß er in der Garderobe gerade mit einer Frau beschäftigt war. Sie hinterließ einfach einen Zettel mit ihrer Adresse und der Telephonnummer.

Zwei Tage später rief er an. Vom Freeway aus. Er war betrunken. Er hatte sich verfahren. Seitdem sind die beiden zusammen. Sie nennt ihn »Baba«, er sie »Tautröpfchen« nach ihrem Gesundheitsladen, den sie inzwischen aufgegeben hat. Seine schlimmen Eifersuchtsanfälle haben mittlerweile nachgelassen. Wer die beiden zusammen sieht, denkt an ein altes Krokodil und an einen kleinen Kiebitz, der ihm zwischen den Zähnen herumhüpft – und es warnt, wenn Gefahr droht. Linda war schon auf der »Ochsentour« dabei, auf der Lesereise, die Bukowski 1978 durch sein Geburtsland Deutschland unternahm.

MATUSSEK: Davon wußten aber doch diese Alternativ-Groupies nichts, die nach solchen Lesungen in die Garderobe kommen.

BUKOWSKI: Sie hat mich vor dem Bösen behütet.

LINDA: Smarte Weiber. Die würden ihn töten, in Stücke reißen. In seinen Büchern tauchen jetzt nur noch wenige Frauen auf.

MATUSSEK: Michael Montfort hatte einen Zettel zugesteckt bekommen, den er Ihnen weitergeben sollte. Darauf stand: »Ich liebe dich«.

BUKOWSKI: Armes, kleines Kind.

LINDA: Die wollen ihn nur betrunken machen.

MATUSSEK: Und Sie, Linda, beschützen ihn.

BUKOWSKI: Das muß sie nicht.

MATUSSEK: Sie würden nicht untreu werden, Bukowski?

LINDA: Niemals.

BUKOWSKI: Ich glaube, Treue ist schöner als die außerplanmäßige Nummer. Viel wichtiger, viel glamouröser, viel heiterer. Du fühlst dich einfach gut, wenn du jemandem völlig trauen kannst.

LINDA: Es ist aufregend, weil es so selten vorkommt.

BUKOWSKI: Was ist eigentlich so aufregend an einem Extra-Stück Arsch, vor allem, wenn du's gehabt hast?

MATUSSEK: Ich hatte immer den Eindruck, es hat Ihnen Spaß gemacht.

BUKOWSKI: Ich war immer treu, selbst wenn ich mit Huren zusammenlebte. Ich hatte nie zwei Frauen zur gleichen Zeit ... außer, wenn ich für meine Romane recherchierte.

MATUSSEK: Ach so.

BUKOWSKI: Aus rein wissenschaftlichen Gründen bin ich mit ziemlich viel Frauen ins Bett gegangen. Um herauszufinden, wie sie im Bett sind, wie sie sich morgens die Grapefruit schälen, wie sie mit dem Kater fertig wurden.

MATUSSEK: Wie geht das eigentlich, Dr. Bukowski, wenn man wissenschaftlich vögelt?

BUKOWSKI: Okay, es war schwierig. Es war hart. All diese Frauen flachzulegen, um über sie zu schreiben. Weil ich herausfand, daß es viele, viele einsame Frauen gibt. Es ist traurig. Und es war nicht fair, sich zuerst ranzumachen und dann wieder zurückzuziehen. Ich hatte Gewissensbisse. Das meine ich jetzt ernst ... Aber ich war dabei, Material zu sammeln. So habe ich mich eben gezwungen zu vögeln, und ich glaube, ich habe einen guten Job getan.

MATUSSEK: Sind die Studien nun beendet?

BUKOWSKI: Ja. Ich meine, nach 5000 verschiedenen Nummern macht Nummer 5001 keinen großen Unterschied mehr ... Die Leute machen ein großes Getue um Sex. Es ist okay, aber es ist keine Frage auf Leben und Tod. Sex ist nur wichtig, wenn man ihn nicht kriegt. Dann ist er sehr wichtig.

MATUSSEK: Was ist der beste Ersatz für Sex?

BUKOWSKI: Genau das, was für alles andere auch der beste Ersatz ist: ein Drink.

MATUSSEK: Linda, ist Sex für Sie noch wichtig?

LINDA: Nicht im aktiven Sinn.

MATUSSEK: Wo sind die Prioritäten?

LINDA: Meine Balance zu finden. Den zu umsorgen, für den ich da bin.

BUKOWSKI: Das bin ich.

MATUSSEK: Was tun Sie, um diese Balance zu finden?

LINDA: Ich habe einen geistigen Lehrer, Meha Baba, einen Inder. Seine Lehren helfen einem, die eigene Realität zu finden.

BUKOWSKI: Dagegen habe ich nichts. Aber ich lasse mir von niemandem befehlen.

LINDA: Er gibt keine Befehle.

BUKOWSKI: Okay, ich brauche auch keine guten Ratschläge.

Es klingt, als hätten die beiden das Spiel »Wer glaubt an was?« schon tausendmal gespielt. Linda ist befeuert von der Erkenntnis in die richtige Lehre. Bukowski reagiert mit gutmütiger Ironie. Doch eine, die nicht verletzt. Eine Ironie, die vor der eigenen Person nicht haltmacht, die sich über das Bukowski-Macho-Image genauso amüsiert wie über die großen Weltverbesserungs-Ideen. Linda springt auf, argumentiert, lacht, flattert. Er antwortet mit einer Art dunklem Grollen. Er nimmt sie oft auf den Arm. Sie wird wütend, wenn er sie ignoriert. Kurz: Die beiden scheinen sich wirklich zu lieben.

Spät am Abend, nach einigen Flaschen und einigen Joints, platzt es aus ihr heraus. Sie verkündet strahlend: »Wir haben einen verdammt guten Grund zu feiern: Wir werden heiraten!« Photograph Montfort, einem langjährigen Freund Bukowskis, fällt die Kinnlade herunter. »Vorgestern kam er von der Rennbahn«, sagt Linda. »Stand im Flur und war auf ganz komische Art ernst. Und dann sagte er: Lindaaahoney, ich habe heute nachmittag beschlossen, dich zu heiraten.«

Bukowski fixiert eine von innen beleuchtete Plastikgans, die neben der Hifi-Anlage steht. »Ich weiß, das ruiniert meinen Ruf endgültig. Aber schreiben Sie einfach, daß auch andere Leute schon geheiratet haben. Und einige Schriftsteller haben sogar weitergearbeitet, *nachdem* sie geheiratet haben.«

Am nächsten Tag fahren wir hinaus nach Redondo Beach, einem Yachthafen mit Souvenirläden und kleinen Cafés. Linda zeigt uns das Haus, in dem sie ihren Gesundheitsladen hatte. Gegenüber ist der Juwelier, bei dem Bukowski den Verlobungsring bezahlt, einen Tausend-Dollar-Diamanten in der Form eines Tautropfens. Wieder in Hollywood, feiern wir den Ring und die Verlobung und den schönen Tag im »Le Dome« auf dem Sunset Strip. Der war vor fünf Jahren noch von langhaarigen Kids und Aussteigern bevölkert.

Seit ein Schauspieler Präsident ist, hat das Hollywood-Establishment zurückgeschlagen – der Strip ist sauber, »Coiffeure« und Boutiquen im antiseptischen New Wave Look bestimmen die Szenerie. Der Strip ist fest im Griff der »Yuppies«, humorloser Aufsteigertypen mit teuren Anzügen, teuren Sportwagen, teuren Frauen, Ellbogentypen mit leeren, auswechselbaren Gesichtern, für die »Croissants«, japanische Mode und deutsche Kellner der letzte Schrei sind. Das »Le Dome« ist der kulinarische Tempel der Yuppies.

Der Kellner heißt Klaus und läßt nicht mit sich spaßen. Bukowski bestellt Huhn. »Aber eines ohne französischen Akzent.« Klaus lächelt verkrampft. Bukowski bietet ihm eine Bidi an, eine indische Zigarette. »Keine Angst, mein Junge, da ist kein Marihuana drin.« Einfach ignorieren, sagt sich Klaus. Der Mann da mit dem Säufergesicht, den zu langen, grauen Haaren und dem offenen Hemd *gehört einfach nicht dazu.* Er schenkt ein. Bukowski meint versöhnlich: »Man sollte mal keine neuen Computer erfinden, sondern eine Flasche, die nicht tropft.« Klaus' Gesicht erstarrt zur Maske. Das Essen ist schlecht und teuer. Der Wein ist gut. Und Charles Bukowski ein wunderbarer Anachronismus: In einer Zeit, in der jeder nur noch einen bestimmten »lifestyle« hat, ist da einer, der lebt.

Dieses Land, meint er, hat einen schlimmen Rückfall in die späten vierziger Jahre erlitten. Die Menschen werden wieder härter, anspruchsvoller, patriotischer. »Man kann über die Hippies lachen und sagen, das waren alberne Milchgesichter, aber es gab eine bestimmte Wärme zwischen den Leuten, Verletzbarkeit und Freundlichkeit. Geld war bedeutungslos.«

Bukowski behauptet, er könne jederzeit wieder in der Skid Row leben. Vermutlich stimmt das. Einer wie er sagt die Wahrheit nicht aus moralischen Gründen, sondern weil sie spannender ist. Er ist zu lange im Geschäft, um sich noch was vormachen zu lassen. Auch nicht von sich selbst.

Auf dem Freeway zurück nach San Pedro hat er mit seinem BMW vielleicht einen neuen Streckenrekord aufgestellt. Ganz sicher aber ist er, nachdem Linda die Alarmanlage ausgeschaltet hat, in sein Arbeitszimmer hochgestiegen. Hat die Weinflasche entkorkt und den Radiosender mit der klassischen Musik eingestellt. Vielleicht hat er sogar Bach oder Sibelius erwischt. Und dann hat er sich vor die Maschine gesetzt. Und gearbeitet. Bäng. Bäng. Bäng.

Er hat mir das Zimmer gezeigt. Es bildet einen merkwürdigen Kontrast zu der properen Wohnlandschaft unten. Ein kleines Loch mit fleckigem Teppich, überquellenden Aschenbechern, zerknüllten Rennzeitungen und einem dreibeinigen Sessel mit aufgesprungenem Polster. Er nennt es das »Skid-Row-Zimmer«. »Wenn alles in Ordnung ist«, hatte er mir gesagt, »wenn alles zu gut läuft, werde ich mißtrauisch. Das ist wie ... Sterben.«

Photo: Michael Montfort

Abschied von Hollywood
Über Francis Ford Coppola

Kaum hörbar knirscht der Kies unter den Weißwand-Reifen, und mit sanftem Schnurren gleitet das rote Stromlinienbaby den Weinberg hinunter. Die Sitze sind rot und kühl und groß wie Betten. Vor der geteilten Frontscheibe Blech, viel Blech, eine wunderschöne, mattschimmernde Welle, die über dem Grill abbricht und genau in der Mitte zwischen den beiden anderen einen dritten Scheinwerfer trägt. Mit diesem dritten Auge sieht es aus wie ein poetischer Fehlgriff der Schöpfung, ein bizarrer, toter Seitenarm der automobilen Revolution. Das Ding aus einer anderen Welt: der »Tucker Torpedo«. Mit seinem dritten Auge starrt er nun aus dem sicheren, rebenumsäumten Privatweg hinaus auf den Highway, dahin, wo die Probleme beginnen.

An diesem Wochenende schwärmen Tausende ins Weinanbaugebiet Napa Valley bei San Francisco, eckige Blechwürfel, Stoßstange an Stoßstange, lückenlos. Blitzschnell einfädeln, anpassen, untertauchen – mit diesem Schlachtschiff? Das Ding hat einen Sammlerwert von 100000 Dollar. Da hilft nur Verdrängen und Vertrauen.

Francis Ford Coppola, der auf die Sitzkante gerutscht ist, das weiße Steuerrad unters Kinn geklemmt, und minutenlang nach links, nach rechts geschaut hat, läßt sich schließlich aufseufzend ins Polster sinken. Das Auto gibt einen ähnlichen Laut von sich, als es majestätisch in die Straßenmitte schwimmt. Sein drittes Auge schwenkt gelangweilt über den Toyota hinweg, der abgebremst hat.

Was der japanische Kleinwagen hat, hat der »Tucker Torpedo« schon lange, schon seit 1947, nämlich: Heckmotor, Scheibenbremsen, Sicherheitsgurte, splitterfreies Glas. Er war mal das modernste Auto der Welt, doch er ging nie in Serie – er wurde Opfer eines Komplotts. Nun hat er sein zweites Coming out. Als Titelheld in Coppolas neuestem Film »Tucker«. Doch eigentlich interessiert sich Coppola für nichts weniger als seinen »Tucker«, seinen Film. Es soll sein letzter Hollywood-Film gewesen sein, sagt er. Er hat die Schnauze voll. Er steht vor einem Neuanfang. Wieder einmal.

Francis Ford Coppola – ein untersetzter, stämmiger Genießer und Koch, ein Geldverschlinger, Menschenverschlinger, Tüftler, Erfinder. Der letzte Tycoon Hollywoods – als Künstler ein Abenteurer, als Produzent ein Spieler.

Coppola stammt aus einer Künstlerfamilie. Sein Großvater komponierte, sein Vater ist Orchestermusiker, sein Bruder Romancier und die Schwester Schauspielerin. Er selbst studierte Theater in New York, und das hat ihn geprägt. »Ich war als Kind oft allein und habe mir Spielkameraden gewünscht. Die habe ich im Theater gefunden.« Wie die Glücksritter zu Beginn des Jahrhunderts, wie Goldwyn, Mayer & Co., ging er von New York nach Hollywood, um Filme zu machen. Studierte und arbeitete für den B-Picture-Produzenten Roger Corman. Mit manischem Tempo schrieb er und drehte und schnitt fremde Filme zusammen, darunter auch zwei russische, die mit Soft-Sex und Horror versetzt wurden. Heute erinnert er sich an die Zeit als seine glücklichste. Er schrieb »Patton«, wofür er seinen ersten Oscar erhalten sollte, und bekam als 29jähriger die Regie zu einem Warner-Brothers-Film mit Fred Astaire. Der Film flopte, doch als kurz darauf ein obskures Mafia-Buch mit dem Titel »Der Pate« verfilmt werden sollte, entschieden sich die Studiobosse erneut für den jungen Kraftkerl.

Der allmächtige Pate, das spürte Coppola, konnte auf der Leinwand nur von einem großen, legendären Schauspieler verkörpert werden, also: entweder Laurence Olivier oder Marlon Brando. Coppola besaß die Unverfrorenheit, mit Brando Probeaufnahmen zu machen, doch Brando mochte ihn. »Wen er liebt, den liebt er wie ein Kind.« Brando, der ihn in einem japanischen Morgenmantel empfangen hatte, schmierte sich Schuhcreme ins Haar, stopfte sich Kleenex in die Backen und nuschelte die Anfangsszene – der »Pate« wurde einer der größten Kassenschlager aller Zeiten.

Erst nachdem er »The Conversation« mit Gene Hackman abgedreht hatte, einen kleinen, beklemmenden Thriller über einen paranoiden Abhörspezialisten als Parabel auf Watergate, ließ er sich dazu überreden, dem »Paten« einen zweiten Teil folgen zu lassen. Die epische Amerika-Saga, die Kritiker zum schönsten Gangsterfilm aller Zeiten kürten, heimste die Oscars gleich serienweise ein und übertraf noch die Einspielergebnisse des ersten Teils.

Coppola war 35 und ganz, ganz oben. Als Regisseur ein Genie, als Produzent erfolgreich (»American Graffiti«) und als Drehbuchautor (»Der große Gatsby«) gefragt. Er hätte den Rest seines Lebens damit verbringen können, Dollars zu baggern und Oscars zu polieren.

Statt dessen zog er in den philippinischen Dschungel, um »Apocalypse Now« zu drehen, eine delirierende Reise ins Ich, einen Alptraum aus Schrecken und Tod in den Kulissen des Vietnam-Krieges. Taifune verwüsteten die Sets, Krankheiten dezimierten die Besetzungslisten. Er verpfändete sein Haus. Seine Ehe war ruiniert. »Francis«, notierte seine Frau in ihr Tagebuch, »ist auf einer Reise in ein Niemandsland.« Er lebte jeden Meter der Hölle, die er verfilmte. Morgens fragte die sechsjährige Tochter Sofia, die die nächtlichen Streitereien ihrer Eltern mit angehört hatte, ihre Mutter: »Mama, was heißt 'sich scheiden lassen'?«

Vier Jahre dauerten die Arbeiten. Immer wieder veränderte Coppola den Schluß. »Brando war so fett am Drehort erschienen, daß ich nur seinen Kopf zeigen konnte – für alle anderen Einstellungen mußte ich ihn doubeln lassen.« Als der Film schließlich 1979 in Cannes vorgestellt wurde, erhielt er die Goldene Palme. Bis heute hat er fast 200 Millionen Dollar eingespielt. Noch einmal hatte Coppola seinen Kopf aus der Schlinge gezogen.

Ein Jahr später verwirklichte er sich den Traum vom unabhängigen Künstler-Produzenten. Er kaufte die »Hollywood General Studios« und investierte Millionenbeträge in neue Techniken. Planziel: das vollelektronische Kino. Und dann überwachte Coppola, der Unverwundbare, aus einem silbernen Bus auf dem Studiogelände über Monitor die Dreharbeiten zu seinem Millionengrab »One From the Heart«. »Ein merkwürdiges Gefühl«, erinnerte sich Nastassja Kinski, »du machst einen Take 40mal, und aus einem Lautsprecher schnarrt eine Stimme: 'Kann ich das bitte noch mal haben'.«

Coppola hatte sich, so schien es, in einem technologischen Traum verbunkert, in einen Science-fiction-Wahn ohne jede Koppelung zur Realität, die auch die Realität der Banken ist. Sein aseptisches High-Tech-Neon-Märchen verschlang 30 Millionen – und spielte nichts ein. Coppola hatte verloren. Ironischerweise handelte der Film, der ihn ruinierte, von Las Vegas, dem Spielerparadies, das für Verlierer zur Hölle wird. Coppola hatte den ganzen Strip nachbauen lassen, eine gigantisch funkelnde Kulissenwelt unter dem Himmel Hollywoods, hybride wie Griffith' monumentales Babylon 60 Jahre zuvor, die erste große Ruine des Kinos. Coppola verlor so ziemlich alles bis aufs Hemd. Die Studios wurden verkauft. »Es war eine Kamikaze-Attacke auf das müde System. Ich bin in Flammen aufgegangen und abgestürzt.«

Sechs Jahre lang hat er nun als »hired gun« gearbeitet, als Regiesöldner für fremde Produktionen, um Schulden abzutragen. »Cotton Club« entstand so, und »Peggy Sue got married«, und das Publikum fragte sich: Ist er am Ende, oder muß er den Mist wirklich machen? Daneben kleine, obskure Produktionen wie »Outsiders« und »Rumble Fish«, die die Karrieren von Mickey Rourke und Matt Dillon starteten und ihn selbst zu stabilisieren schienen. Doch dann folgte ein gespenstisch blasser, fahnenschwenkender Veteranen-Film, und das Publikum war erneut ratlos: Suchte Coppola nun im rechten Lager Anschluß?

Damals, nach dem Studiozusammenbruch, sagt er, hätte er am liebsten Konkurs angemeldet und die Brocken hingeschmissen. »Aber ich wollte nicht, daß meine Kinder das mit ansehen müssen.« Und so ist er in der Tretmühle geblieben, hat geackert und gerackert und versucht, den Schock zu vergessen.

Wir fahren eine Weile über den Highway und biegen dann wieder in die Weinfelder ein. Kommen an anderen Gehöften und Schuppen vorbei. Wie der Kontakt zu den Nachbarn ist? »Was für Nachbarn?« sagt Coppola. »Das gehört alles zu meinem Besitz.« Er sagt es voller Stolz. Was sind schon Millionen auf dem Papier – wenn man eine halbe Stunde mit dem Auto fahren muß, um seinen Besitz zu umrunden, dann ist man reich. Coppola ist stolz darauf, daß er das alles, wenigstens das, zusammengehalten und gerettet hat, nach der großen Explosion.

Geblieben ist ihm das hier: die Weinfelder und die Eichenwälder, das große viktorianische Herrenhaus mit der weißen Terrasse, das Häuschen mit der Bibliothek und die Weinkeller. Und sein Ton- und Schnittstudio, in dem die junge Christie an einem billigen Western arbeitet, dem Regie-Debüt von Christopher, Coppolas Neffen. Christie stöhnt. Sie ist eine an Zelluloid erprobte Cutterin. Hier muß sie alles auf Video kodieren, auf Video schneiden. Der Alte hat diesen Tick.

Der Western ist gleichzeitig die erste Premiere von »Commercial Pictures«, einer Produktionsfirma, die Coppola seinem Sohn Roman übertragen hat. Und mit seiner Tochter hat er das Drehbuch zu dem Kurzfilm geschrieben, den er gerade in New York abgedreht hat – der Pate kümmert sich um seine Familie.

Wir hatten den Regisseur am Tag zuvor in dem verfallenen zehnstöckigen Bürohaus der »Commercial Pictures« in San Franciscos Chinatown besucht. Auf einer Glasvitrine ein Oscar. Welcher das sei? »Keine Ahnung«, sagte er, »ich habe überall eins von den Dingern herumstehen. Das hier ist viel wichtiger«, und er meinte die junge Firma und seine eigenen Experimente mit Stimmen, die er uns vorführen wollte – allerdings klemmte, ausgerechnet hier, wo alles mit hochkomplizierter Technik vollgestopft ist, der Kassetten-Recorder. »Ich fange neu an«, sagt er, »als Amateur.«

Jetzt, auf der weißen Terrasse vor seinem Haus, nimmt er den Faden wieder auf. Er stopft italienischen Schinken und Feigen und Käse in sich hinein, er spült nach mit seinem eigenen Wein, einem 85er Chardonnay-Coppola, und sagt: »Ich bin überhaupt nicht verbittert. Nur mache ich jetzt das, was ich schon längst hätte machen sollen. Experimentieren, schreiben. Ich bin frei.«

Schließlich müssen wir doch über »Tucker« sprechen. Ich fand den nostalgischen Enthusiasmus des Films geheuchelt – ob das Absicht war? »Sie wissen wohl nicht, was Enthusiasmus ist«, faucht Coppola. Wie hat der Film in den Staaten reüssiert? »Er war nicht 'Freitag, der 13.', aber die Kritik mochte ihn.«

Im Klartext: Auch »Tucker« hat an der Kasse nicht gebracht, was er sollte. Um so peinlicher, als er im Hause des »Star Wars«-Produzenten und Coppola-Freundes George Lucas auf Kasse kalkuliert worden war: Coppola küßt Main-Stream-Amerika. Aber Amerika küßt nicht zurück. »Tucker« – die Fortsetzung von Coppolas mittlerweile tragischer Affäre mit dem Publikum.

Für knapp zwei Stunden verdrängt der »Tucker« noch einmal die Realität einer übersatten amerikanischen Gesellschaft, die auf Pump konsumiert und technologisch ins Mittelfeld zurückgefallen ist. »Tucker« – ein Commercial aus den vierziger Jahren. Noch einmal ist Kriegsende, Friedenszeit, noch einmal ist alles möglich. Zum Beispiel, daß der junge Preston Tucker ein Auto konstruiert, das schneller, sicherer und schöner ist als alles, was in Detroit von den Fließbändern rollt. Doch das Big Business schlägt zurück. Ein Dunkelmännerverein aus korrupten Senatoren, finsteren Geldleuten, windigen FBI-Agenten und gekauften Journalisten schafft es, Tucker wegen Betrugs vor Gericht zu zerren und seine Produktion zu stoppen. Was sie nicht schaffen, ist, seinen Willen, seinen Optimismus zu brechen. Tuckers letzte Worte, nachdem ihn die Geschworenen – das amerikanische Volk – freigesprochen haben: »Es ist der Traum, der zählt.«

Francis Ford Coppola war Acht, als Preston Tucker, zwei Jahre nach Kriegsende, Anleihen für sein geplantes Auto verkaufte. Sein Vater hatte gezeichnet und ging leer aus – insgesamt wurden nur 51 Stück produziert. Für Francis war Tucker ein Held, so wie andere große Erfinder, von denen er gelesen hatte, als er wegen Kinderlähmung monatelang ans Bett gefesselt war.

Schon vor zwölf Jahren wollte er den Stoff verfilmen. Als Brecht-Oper, als didaktisches Musical über Amerika und Thomas Edison und Henry Ford, und Leonard Bernstein sollte die Musik dazu schreiben. »Das Projekt hatte eine größere Struktur, Richtung Dos Passos.« Tucker damals – das wäre ein grandioses, ausgreifendes Drama geworden über einen Mann und seine Vision. Denn damals war Coppola auf der Höhe seines Genies und seiner Macht. Und heute? Vielleicht hätte er einen rissigen persönlichen Autorenfilm über die Lüge vom

Land der unbegrenzten Möglichkeiten drehen können – einen wahren Film über Tucker-Coppola. Alles, nur nicht das: einen Film, der auf Nummer Sicher geht und deshalb verliert. Ein mutloses Machwerk über einen mutigen Mann.

Jeff Bridges' Tucker ist der Triumph der Oberfläche. Ein lächelnder Held ohne Tiefe, plakativ wie die Werbeseiten von *Life*. Wenn er in den Spiegel lächelt wie Clark Gable, kommt prompt seine Frau zur Tür herein und sagt: »Oh, du lächelst wie Clark Gable.« Ein Film, in dem viel gesungen und gelacht wird – und doch einer der humorlosesten, die seit langem zu sehen waren. Er brilliert mit leerer Turbulenz. In der Eingangsszene hält Tucker mit knirschenden Reifen vor seinem Häuschen, die Kamera schwenkt, heraus springen lächelnde Kinder, lächelnde Mechaniker und eine lächelnde Frau nebst einer Meute von lächelnden Dalmatinern. Und das Lächeln wird gehalten – 111 Minuten lang.

Wenn die Finstermänner aus Detroit Tucker schließlich zu Fall bringen, taucht die bonbonfarbene Werbung ab in die dunklen Brauntöne getäfelter Hinterzimmer – der Film versucht, die emotionale Gangart zu wechseln. Wo vorher die Horizontale, die Stromlinie, der Spaß am Design und am Tempo vorherrschte, versucht er hier die Vertikale, versucht, Machtstrukturen zu zeigen, Politik und Moral und Tiefe, und ganz plötzlich sitzen wir in einem Frank-Capra-Film der vierziger Jahre. Doch auch das ist nur noch Kulisse. Denn Capras Filme waren unschuldig. Hier ist die Unschuld nur noch ein nostalgisches Zitat.

Ein gänzlich geheimnisloser Film bis auf eine Ausnahme. Da trifft sich Tucker mit einem mysteriösen Millionär um Mitternacht in einem riesigen Hangar – Howard Hughes hat ihn zu sich bestellt. Im Hintergrund schimmert die Tragfläche der »Spruce Goose«, des größten Flugzeugs der Welt, das Hughes entworfen und gebaut hatte. »Wie gefällt dir das Flugzeug, mein Junge«, fragt Tucker seinen Sohn, den er mitgenommen hat. »Es ist groß«, sagt der. Eine intelligente Feststellung, denn die »Spruce Goose« war nichts als das: Sie war groß. »Die Leute behaupten, sie könne nicht fliegen«, sagt Howard Hughes, »aber das ist nicht der Punkt.« Tucker nickt und grinst einverständig, und der Film kommt zu sich selbst zurück – als habe Coppola sich selbst (und der amerikanischen Nation) einen Marschbefehl für die neunziger Jahre ausgestellt: »Think positive, think big.« Und je dröhnender er diesen Befehl ausspricht, desto deutlicher ist die Gewalt spürbar, die er sich damit antut.

John Gross von der *New York Times* hat mit Recht darauf hingewiesen, daß Tucker, der geniale Erfinder, die Szene nicht zu früh, sondern zu *spät* betreten hat, zu einem Zeitpunkt nämlich, als sich der Kapitalismus bereits in Kartellen und Trusts verfestigt hatte und Tuckers frühkapitalistische Ideale vom freien Unternehmertum historisch längst besiegt waren. Und genauso ist Coppola zu spät gekommen mit seinem Traum von einem unabhängigen Studio nach dem Modell der zwanziger Jahre, einer Werkstatt für amerikanische Musicals und ausländische Autorenfilme, Komödien, Western und Experimente.

Coppola, der seine Wunderkind-Jahre und die Zeit auf dem Olymp genauso überstanden hat wie die Sklaverei am Fließband, bereitet sich auf ein neues Abenteuer vor: den Rückzug, den Abschied vom Big Business, auf ein Leben als Autor. Doch noch einmal geistern, während er spricht, die Mythen seiner Filme durch seine Monologe. Er hat die Paranoia des gehetzten Abhörspezialisten aus »The Conversation«, wenn er über die Vampirpresse Hollywoods herzieht – Gefangener eines Systems, das er einst selbst meisterhaft zu manipulieren verstand. Wenn er über seinen Familien-Clan und dessen Geschäfte spricht, ist er der müde alte Pate. Und dann murmelt er, mit jähem Wechsel, von der Einsamkeit und dem Tod wie Colonel Kurtz in »Apocalypse Now«. Selbst der schale, unglaubwürdige Optimismus Tuckers ist ein Vehikel: »Ich bin nicht wütend, ich bin glücklich.« Das taucht, wie ein Mantra, immer wieder auf, als ob er eigene Zweifel immer wieder zerstreuen müßte. Daß er sich in Roms Cinecittà eingekauft hat, habe nichts damit zu tun, daß er hier nicht mehr reüssiere.

Breitbeinig sitzt er in seinem Korbstuhl, säbelt die letzten Reste von seiner Käserinde. Von seinen ganzen Arbeiten will er heute nur noch »The Conversation« und »Rumble Fish« gelten lassen, zwei kleine Filme – wahrscheinlich seine persönlichsten. Sein Vorbild heute ist nicht mehr Samuel Goldwyn, sondern Woody Allen, nicht der Großproduzent, sondern der Autorenfilmer. »Woody Allen hat sein Leben toll gestaltet. Schreiben, drehen, so muß es sein. George (Lucas) und Steven (Spielberg) werden auch noch begreifen, daß man Geld nicht mit ins Grab nehmen kann. Sie sind begabt, aber noch sehr jung.«

Irgendwann murmelt er: »Vielleicht werde ich nie wieder einen Film drehen.« Dann wieder spricht er von einem Projekt, in das er bereits mehrere Millionen Dollar investiert habe, einen Film, der gleichzeitig in New York und im alten Rom spielen soll. Der Untergang des römischen Reiches als Metapher für Amerika? In ihm übernimmt wieder Tucker das Kommando: »Ich glaube an dieses Land. Selbst im Niedergang sind wir noch die Nummer eins. Warum hackt man auf uns herum?

Wir haben nun mal den Krieg gewonnen.«

Gerade hat er einen Kommentar für die *New York Times* geschrieben. Über Amerikas Größe. »Laßt uns die Welt in Staunen versetzen mit unserer Produktivität, unserem Einfallsreichtum.« Der Artikel erscheint mit dem Hinweis, daß Francis Ford Coppola »ein Filmregisseur und Produzent und Weinbauer« sei. Man scheint seine Bekanntheit nicht länger vorauszusetzen.

In seinen Patriotismus mischen sich unverkennbare Fermente der »New-Age«-Philosophie. Vor uns, sagt er, liegt eine Ära der Kreativität, der Schönheit, der Kunst. Und irgendwann werden sich die Menschen in neue, spirituelle Wesen verwandeln. »Vielleicht aber«, fügt er düster hinzu, »werden wir zunächst ein neues Mittelalter zu überstehen haben. Wie fürchterlich langweilig muß es in den Jahrhunderten vor der Renaissance gewesen sein.«

Es dämmert früh im Valley. Die Abendsonne hat das feuerrote Herbstlaub noch einmal aufglühen lassen, nun steigt der Abendnebel auf. Wir gehen hinüber ins Studio, ein kleines Holzhaus hinter dem Ziegenstall. Ein offener Ofen wirft tanzende rote Schimmer an die Wände. Tausende von Platten, Aufnahmen der neapolitanischen Volkslieder, die sein Großvater komponiert hat. Ein geräumiges Regal mit Filmen auf Video 8. Seine eigenen fehlen in der Sammlung. Er, der sein Leben lang ständig Menschen um sich brauchte, verbringt hier ganze Tage allein. Er hört Musik, liest, er denkt nach und bastelt auf einer kleinen Werkbank an technischen Spielereien. Er braucht diese Stille, braucht diese Zeit für sich, für seine Meditationen.

Ein passendes Epitaph auf sein Werk? »Er mochte Kinder«, sagt er und schaut auf eine Wand mit Photos, die seine Söhne, seine Tochter zeigen, und zwischen den Bildern hängt ein Goethe-Porträt. Coppola bewundert den Weimarer wegen seiner Vielseitigkeit als Theaterdirektor, Politiker, Wissenschaftler, Dichter. Goethe blickt nach oben, auf das Photo eines dunkelhaarigen jungen Mannes. »Das war Gio«, sagt Coppola. Gio, sein Ältester, ist vor zwei Jahren bei einem tragischen Motorboot-Unfall ums Leben gekommen. Coppola hat seinen Film »Gio gewidmet, der schnelle Autos mochte«. Gios Porträt hängt auch, lebensgroß, im Empfangssalon – auf Gio hatte Coppola seine Pläne gesetzt. Gio sollte die Filmgesellschaft übernehmen. »Das Unglück hat uns allen den Atem genommen«, sagt er, »und das tut es auch heute noch.«

Auf dem Rasen vor seinem großen Südstaatenhaus steht ein Mast, an dem schlapp das amerikanische Sternenbanner hängt. Turmhoch überragt ihn eine mächtige Eiche, die aussieht, als ob sie durch einen mörderischen Blitz gespalten worden sei –

die stämmigen Äste der Krone werden mit Stahlseilen zusammengehalten. Doch alle Äste tragen Blätter.

Eines ist sicher: Francis Ford Coppola, ein Riese in der Geschichte des Kinos, ist größer als die patriotische Makulatur, unter der er Schutz gesucht hat. Und er ist, hoffentlich, noch lange nicht am Ende. Er sagt es ja selber – er steht vor einem Neuanfang. Im Kopf hat er tausend neue Projekte. Vielleicht wird er für eines davon sogar seinen Tucker verkaufen. Er braucht ihn jetzt nicht mehr.

Photo: Ines Thode-Sonntag

Der Mann im Müll
Über den Landstreicher Horst W.

Für die schlimmste Beschimpfung, die er zu vergeben hat, nimmt Horst Anlauf. Er senkt den Kopf, runzelt die Stirn. Dann spuckt er das Wort aus, mit ekelschweren Backen: »Banause!« Die Rocker, die ihn fertiggemacht haben, waren Banausen. Der Penner, der ihm die letzten fünf Mark abgeknöpft hat – ein Banause. Bertelsmanns Lexikon definiert den Banausen als »spießbürgerlichen Menschen ohne Sinn für die höheren Dinge des Lebens«. Weil Horst Sinn für die höheren Dinge des Lebens hat, hat er einen natürlichen Feind: den Banausen. Den interessiert nicht, wie die Sahara entstand, ob es einen Schöpfergott gibt oder was in den indischen Weden steht. Aber Horst interessiert es.

Aus Autoschrott und Plastikplanen hat er sich, in einem Wäldchen nahe dem niedersächsischen Tarmstedt, seinen Unterschlupf gebaut. An einem warmen Frühlingstag sitzt er davor, in einer abgeschnittenen, schmutzigen Pyjamahose, und raucht Kippenreste aus einer Pfeffermühle. Seine Hände sind krustig vor Dreck. Sein Oberkörper ist dunkel marmoriert. Sein Bart möglicherweise blond. Er sitzt auf einem Plastikkanister, in dem er verkohlte Bratwürste und Koteletts untergebracht hat. Vorräte für zwei Tage. »Der Mensch ist ja ein Wesen, das auf Sicherheit aus ist.« Das sagt er mit der Bestimmtheit, die einer hat, der tief gefallen und nun auf den Grund der Dinge gestoßen ist. Horst kennt das Leben, kennt »den Menschen« und, natürlich, den Banausen.

Die Moorbauern nannten ihn den »Schwarzen«, als er in der Gegend auftauchte. Er war ihnen nicht geheuer, ein Wilder, der von der Hand in den Mund lebte, ein merkwürdiger Siedler, den man auch im Winter mit freiem Oberkörper die Landstraße entlangtraben sah. Mittlerweile haben sie sich an ihn gewöhnt. Denn Horst, der aussieht wie ein Schwerathlet, ist friedlich und scheu, ein sanfter Riese, ein Hüne mit Kinderaugen.

Er ist kein zivilisationsmüder Naturschwärmer – der Wald ist nur eine Notunterkunft. Sicher, er weiß, daß junge Buchen am meisten Sauerstoff abgeben, er kennt den Sternenhimmel und unterscheidet Vogelstimmen. Doch richtig zu Hause hat er sich nur in Ottersberg gefühlt, genauer: auf der dortigen Abfalldeponie. Er lebt vom Müll, und das seit rund fünfzehn Jahren.

Fünfzehn Millionen Tonnen Haushaltsmüll produziert unsere Wegwerfgesellschaft jährlich. Horst kennt die Deponien des Landes, und er kennt das Land durch seine Abfallberge. In Stuttgart wohnen die Geldleute. Da waren die Müllhalden »reichhaltig und gut bestückt«. Da wurde am strengsten auf Verfalldaten geachtet, ganze Lebensmittelabteilungen wurden regelmäßig »ausgefegt«. Da lebte er in Saus und Braus. Eine Joghurtfabrik warf regelmäßig ihre Fehldrucke auf den Müll, und eine Konservenfabrik schmiß Horsts absoluten Favoriten, Hackbraten, hinterher. »Leider hat sie mittlerweile nachgelassen. Was hatten die für Soßen!«

Aber es hat ja alles nachgelassen. Auf der Müllkippe in Ottersberg, wo er in einem riesigen leeren Ölcontainer hauste, hat er die Regierungserklärung von Helmut Kohl, »der ja ungefähr mein Jahrgang ist«, am Radio verfolgt. Doch die Rezession hat der Mann auch nicht in den Griff gekriegt. Horst leidet unter der Rezession. »Früher schmissen die Leute alles weg. Die kauften viel und hatten keinen Hunger. Heute gibt es in den Kuhlen nur einige Spitzenprodukte und sonst haufenweise Plastik.« Vor allem aber wird die Konkurrenz größer. Horst ist nicht der einzige, der von Menschen lebt, die keinen Hunger haben.

Als der Zweite Weltkrieg zu Ende war, als »die Erde sich nicht mehr bog unter den Bombenangriffen der Amerikaner«, war er ein zehnjähriger Junge, der vor allem ein Gefühl kannte: Hunger. Er schlich sich zu den Baracken der GIs, die ganz in der Nähe seines Elternhauses in Wiesbaden-Erbenheim stationiert waren.

»Was die alles in den Mülltonnen hatten. Fleischpasteten, Käse, Schokolade, das war äußerst interessant.« Ekelschwellen vor Abfall kennt er seit dieser Zeit nicht mehr.

Nach der Schulzeit lernte Horst Tischlern. Damals wurden die Möbel noch per Handkarren zu den Kunden gebracht. Ein Lehrling verdiente acht Mark im Monat, dazu kamen noch rund zwei Mark an Trinkgeld. Ein Glas Bier kostete 35 Pfennig, und Horst trank viel. Er arbeitete und lebte auf Baustellen. Dort wurde, Anfang der sechziger Jahre, noch jede Hand gebraucht. Und wenn er gefeuert wurde, weil er im Suff vergessen hatte, Öl für die Baubuden nachzufüllen, tippelte er weiter. Seinen letzten Job hatte er, als die Müllverbrennungsanlage in Bremen-Findorff errichtet wurde.

Während Horst erzählt, ist die Nacht hereingebrochen, über den Feldern zuckt Wetterleuchten. Von Horst gibt es nur noch die Stimme, und die spricht über den einzigen Moment in seinem Leben, in dem er wirklich verzweifelt war: nach der Lektüre von Franz Kafkas Erzählung »In der Strafkolonie«.

Zwanzig war er, überall wurden Volksbibliotheken errichtet, und er verschlang allen Lesestoff, der ihm in die Hände kam.

Kafka beschreibt in seiner Novelle eine Folterung. Einem Verurteilten wird mit großen Nadeln der Schuldspruch ins Fleisch geschnitten – an seinen Wunden erkennt er sein Vergehen. Dann, so Kafka, »huscht ein Ausdruck der Verklärung« über das Gesicht der Gemarterten. Am Ende der Tortur spießt die Nadel den Delinquenten auf und wirft ihn in eine Grube. Horst »verstand nur die Hälfte«. Aber er spürte, daß es hier um eine Schuld ging, die jeder durchs Leben trägt. Und für die jeder büßt, mit seinem Leben. »Nie war ich so traurig gewesen. Gott sei Dank gibt es den Alltag und die Sorge um Essen und Schlafen. Die vertreibt solche Gedanken.«

Am nächsten Tag begleite ich ihn auf seiner »Tour« zur Deponie in Kuhstedt, 40 Kilometer entfernt. Horst fährt nur Damenfahrräder. »Da komme ich schneller runter. In den Straßengräben gibt es ja manchmal ganz überraschende Funde.« Sein Schrottfahrrad hat er geschenkt bekommen, ohne Vorderreifen, und nun hat es verschiedene Radgrößen. Hinten 28 Zoll, vorne nur 24 Zoll, der Dynamo greift ins Leere.

Wir radeln an schwarzen Mooräckern vorbei, an Mais- und Futterrübenfeldern. Unser Gespräch vagabundiert. Über den Gang der Geschichte macht sich Horst keine Illusionen. Sein Urteil ist endgültig. »Schau dir Karthago an. Was ist vom stolzen Rat der 120 geblieben? Eine Handvoll Berber!« Das Wort »Berber« stößt er aus mit dem bitteren Triumph des unschlagbaren Arguments. Wenn es einen gibt auf dieser Erde, der unter dem Schicksal Karthagos leidet, dann Horst. Berber...!

An einem Gasthof steigen wir ab. Horst wird nervös, als wir auf den Tisch neben dem Eingang zusteuern. Er kennt eine bessere Stelle. Wir lassen uns die Bierflaschen einpacken. Ein paar hundert Meter hinter dem Dorf biegen wir in einen Feldweg ein und werden mit der Philosophie des Gejagten vertraut gemacht, mit den Überlebenstechniken eines Mannes, der am liebsten unsichtbar wäre. »Achtzig Meter vom Straßenrand, das ist die goldene Distanz. Wenn du weiter hineingehst, denken die, du willst klauen. Wenn du dichter an der Straße bist, versuchen sie, dich zu ärgern. Aber achtzig Meter, das ist denen schon zu weit.«

Die – das ist die Polizei, die Papiere sehen will, die das defekte Rücklicht bemängelt oder die ihn zum Verhör mitnimmt, weil im Moor eine Frau umgebracht wurde. Die – das sind die Dörfler, die den »arbeitsscheuen Penner« schikanieren. Die – das sind jene, die das Transistorradio in seiner Hütte zerstörten.

Das Radio bedeutete für Horst mehr als nur die Nachrichtenbrücke zur hygienebewußten Welt der Kriege, der Umweltdebatten, der Waschmittelwerbung. Das Radio war Musik. »Der Mensch braucht Musik«, sagt Horst. »Die alten Griechen haben schon erkannt: Unter den Musen ist die Musik die Göttlichste.«

Auf der Müllkippe in Ottersberg hat er gelegen, hat eine Sauerkrautkonserve gelöffelt und Renata Tebaldi als »Tosca« gehört. Er hat mit ihr gelitten, als sie über der Leiche ihres Geliebten Cavaradossi zusammenbrach. Und für Leoncavallos »Bajazzo«, der aus Eifersucht die schöne Nedda ersticht, war er voller Mitgefühl. »Der Mann ist ja nicht mehr bei sich. Der mußte das tun. Der ist ja ein Tier.«

Er selber lebte mal kurz mit einer Frau zusammen. Auch eine Trinkerin. Da regte sich nichts, weder Eifersucht noch irgend etwas anderes. Ist ja auch Blödsinn. »Was soll ich mir wegen einer schönen Frau das Leben ruinieren«, sagt der schwarze Horst in seinen Lumpen.

Für moderne Opern hat er nichts übrig. Alban Bergs »Lulu« findet er nachgerade albern und er läßt nur den »Wozzeck« gelten. »Der hat wenigstens ein ernstes Thema. Der betrogene Kleine, der von allen malträtiert wird und seine Frau umbringt. Das haut hin, das ist seriös. Entweder du wirst kriminell, oder du landest auf dem Müll.«

Musik. Horst summt das Kopfthema aus der Rheinischen Sinfonie von Robert Schumann. »Das hat er von Beethoven geklaut.« Er schüttet den Rest des dritten Biers hinunter, erhebt sich, geht zu ein paar Büschen und pinkelt in den Graben. Über die Schulter ruft er: »Meiner Ansicht nach hat ja Romain Rolland die beste Beethoven-Biographie geschrieben.« Er verknotet den Bindfaden, der seine Hose hält, wieder über den Hüften. »Der hat wenigstens Licht in die Finanzverhältnisse dieses Genies gebracht. Das war ja höchst undurchsichtig.«

Horsts Kenntnisse sind breit gestreut – verblüffende Funde von der Riesendeponie »Kultur«. Er sammelt, er sortiert, mustert aus und verwertet. Die Pfeffermühle vom Müll läßt sich als Pfeifenkopf verwenden und Brechts »Dreigroschenoper« zur eigenen Lagebeurteilung. »Und die einen sind im Dunkeln« singt er, »Und die andern sind im Licht. / Und man siehet die im Lichte. / Die Im Dunkeln sieht man nicht.«

Was Horst behält, hat einen unmittelbaren Nutzwert für ihn, und es ist gescheiter als vieles, was ich in den Foyers der Staatstheater gehört habe. Da ist die Begebenheit, von der Nietzsche berichtet: Goethe und Beethoven begegnen in Teplitz der kaiserlichen Familie. Während Goethe zur Seite tritt und sich artig verbeugt, marschiert Beethoven mit verschränkten

Armen weiter. Horst als erfahrener Landstreicher hält zu Goethe. »Es ist doch unsinnig, aufzufallen. Man gebe dem Kaiser, was des Kaisers ist. Und hat dafür seine Ruhe.« Über die Welt, wie er sie sieht, spricht Horst in einer zusammengeklaubten Mixtur aller möglichen Jargons. Im Verwaltungsdeutsch: »Diese Gegend hier ist, wenn auch dünn, besiedelt.« In der Feuilletonistensprache: »Ich liebe die Birken mit ihren ewig jungen Blättern.« Fertigsätze aus dem Radio oder der Zeitung.

Dann, mit dem Tonfall des Leitartiklers: »Die Deponien, die eine Zeitlang von Verbrennungsanlagen verdrängt wurden, kommen wieder, in einem nie gekannten Ausmaß. Denn bald werden die Ölquellen erschöpft sein. Dann wird der Transport zu kostspielig.«

Hinter Worpswede schleift der radelnde Horst mit seinem abgeschnittenen Gummistiefel über den Asphalt – seine Art zu bremsen. Im Straßengraben hat er eine Flasche entdeckt. Er läßt sie enttäuscht wieder fallen. Eine Einwegflasche, auf die es kein Pfand gibt. In dem Haus in der Nähe bellt ein Hund. »Nichts wie weg hier«, sagt er und steigt in die Pedale. Auf der weißen Hauswand steht in gotischen Lettern: »Gott zur Ehr und dem Nächsten zur Wehr.«

Kurz darauf erreichen wir Kuhstedt.

Schon seit einigen Minuten ist Horst wortkarg geworden. Er steht jetzt unter einer eigentümlichen Spannung. Jagdfieber. »Wenn die Rechnung aufgeht, dann gibt es Nahrung für drei Tage«, murmelt er. »Aber erst einmal die Lage peilen. Feinde gibt es überall.«

Feinde. Das könnten Müllfahrer sein, die er nicht kennt. Oder ein außerplanmäßiger Schieber mit seinem Bulldozer. Oder Konkurrenz. Wir passieren eine Brücke, eine kleine Biegung, dann liegt die Müllhalde vor uns.

Über zwei flachen Hügeln aus blau-weißem Konfetti kreisen Möwen. Die Nachmittagssonne läßt einige Konservenbüchsen aufblitzen. Eine leichte Brise trägt das Möwengekreisch zu uns herüber und einen säuerlichen Gestank, der zunimmt, durchdringend wird, je näher wir auf die Halde zurollen. Horst hat sich gestreckt. Er sagt, ausgerechnet hier: »Die Luft ist rein.« Und radelt los. Findet das Loch im Zaun. Schultert das Fahrrad und erklimmt die Böschung.

Er ist jetzt ganz konzentriert. Seine Augen sind auf die frisch aufgeschütteten Abfallberge gerichtet. Seine Nasenflügel beben. Seine Schritte werden länger. Im Laufen greift er sich einen gelben Plastiksack, in dem Torf abgefüllt war. Dann eine Latte, die herumliegt. Er steigt in den Müll. Bis zu den Knien steht er drin. Und schaufelt mit der Zaunlatte. »Da hat doch schon jemand gestöbert«, murmelt er. »Da hat einer die fetten

Brocken schon weggefressen.«

Doch dann eine Art befriedigtes Grunzen. »Der hat oberflächlich gearbeitet. Hier. Prächtiger Schinken.« Er gräbt seine grobporige Nase in eine Handvoll mattroter zerfaserter Fleischlappen. Wickelt sie wieder in die Papierservietten ein und läßt sie in den Sack verschwinden. »Da! Herrliches Brot. Mit Rosinen.« Das halbe Paket folgt dem Schinken.

Die großen blauen Mülltüten greift er am unteren Zipfel, kehrt sie um, schüttet sie vorsichtig aus. Seine Augen brennen vor Entdeckergier. Jede Tüte eine Lotterie – überall könnte ein Treffer sein: Pfandflaschen, halbe Hähnchen, Schnapsreste, Geld. Fünf Mark hat er einmal schon gefunden. Der Sack füllt sich. Eine Sauerkrautbüchse mit eingeknicktem Rand, Joghurtbecher, ein großer Filter mit Kaffeesatz, den er in eine Plastiktüte umfüllt. Pfandflaschen. Horst ist äußerst zufrieden. »Das geht heute an die drei Mark.«

Erstaunlich, wieviel Alkohol im Müll landet. Wodka, Sekt, französischer Cognac. Sein Wort für Schnaps ist »Schluck«. Weil überall noch einer drin ist. An jedem Schluck riecht er vorher, konzentriert, mit geschlossenen Augen. Er vertilgt ihn an Ort und Stelle, breitbeinig, den Kopf in den Nacken gelegt. Ein Brandy besteht die Riechprobe nicht. »Das war was Zweideutiges.«

Manchmal schwimmen Tabakreste in den Flaschen. Oder es hat jemand hineingepinkelt. »So was kommt leider immer öfter vor. Die Sitten verfallen.«

Einmal hat er Gift erwischt – nach einem besonders erfolgreichen Tag auf dem Müll, der einen Schluck nach dem anderen brachte. Als er am nächsten Morgen wieder erwachte, hatte er Durst »auf etwas richtig Frisches«. Er griff eine verschraubte Coca-Cola-Flasche, und trank sie halb leer. Und dann wurde ihm schwindelig. Seine Zunge schwoll an. Er kroch auf eine nahe gelegene Viehweide. Hielt seinen Kopf in eine Kuhtränke. »Ich wußte, unterbewußt, ich brauche Wasser. Und ich habe gesoffen, bis ich dachte, der Bauch platzt.« Vier Tage und Nächte hat er zwischen Leben und Tod auf einer Wiese gelegen. »Dann kam ich wieder hoch. Ein Gottesgeschenk. Seitdem rieche ich vorher.«

Wir hören Motorengeräusche. Die Schnauze eines orangefarbenen Müllwagens taucht über der Böschung auf. Horst nennt ihn den »Neuner« – der Lkw hat neun Kubikmeter Müll geladen. »Das ist Werner.« Horst steigt aus der Halde und geht zur Seite. Ist Werner ihm gefährlich? »Je nachdem, wie er Laune hat.«

Werner, ein korpulenter Mittvierziger, hat gute Laune. Während die Hydraulik den Müll aus der Hinterklappe schiebt, winkt er Horst heran und gibt ihm eine Tüte mit Bierflaschen und Brot.

Dafür muß Horst seine rüden Späße über sich ergehen lassen. Geduckt steht er da, unterwürfig, und schaut aus schmalen Augen zum Fahrerhäuschen hoch. »Na, wie wär's denn mal mit einer Frau, Horst«, brüllt Werner leutselig und lacht. »Ach weißt du, mit Frauen habe ich ja nicht soviel Glück«, sagt Horst leise. Als Werner wieder weg ist, atmet er auf. »Der ist unberechenbar.«

Doch Werner hat gut geladen. Belegte Brötchen, pappig in Cellophanhüllen, Joghurtbecher, braunfleckige Bananen. »Da muß irgendwo ein Schützenfest gewesen sein, mit einer Kinderparty, wegen der ganzen Fruchtsäfte.«

Wenig später taucht »Bäckerei-Achim« auf, mit einem »Siebener«. Mit puffender Hydraulik stellt er die Ladefläche schräg und schiebt den Inhalt auf die Halde. Horst bleibt sitzen. Er weiß, daß Achim nichts übrigläßt. Die Brote, die zwischen Mehlsäcken und Papierballen herauskollern, fischt er heraus und schmeißt sie zurück auf die Ladefläche. Die sind für seine Schweine.

Abwesend schaut Horst dem Vorgang zu. Woran mag er denken? Wie die Sahara entstand? Wann es soweit ist, daß er um den Müll wird kämpfen müssen? Ob es einen Gott gibt?

Photo: Metin Yilmaz

Theater als Attentat
Über Edith Clever und Hans-Jürgen Syberberg

Man müßte diesen Schrei bis ans andere Ufer des Sees hören. Kreisrund der Mund, die Augen weit aufgerissen, die Hände pressen sich an die Schläfen, als ob der Schädel zerspringen will. Wie eine schwarze Säule aus Schmerz steht sie da. Sie schreit sich die Seele aus dem Leib, und man hört keinen Ton. »Hier gehen wir raus«, sagt Syberberg, und der Cutter in dem kleinen MAZ-Studio am Berliner Wannsee drückt auf einen Knopf seines Keyboards.

Das stumme Bild auf dem Monitor zerrieselt. »Die sollen ruhig merken, daß geschnitten worden ist, ganz brutal, die sollen traurig darüber sein.« Er lächelt dabei grimmig wie ein Lazarett-Arzt, der gerade festgestellt hat, daß ihm das Morphium ausgegangen ist. »Amputation ohne Betäubung. Die Franzosen wollen eine Zweistundenfassung des Films, zwei Stunden von vier! Das ist die nackte Barbarei. Da bleibt gar nichts übrig. Nur ein Appetizer, eine Art Videoclip für konzentrationsfaule Konsumenten. Verfall ist überall.«

Die Frau neben ihm beugt sich über ein Manuskript. Graue Strähnen fallen ihr dabei in die Stirn. Um ihren Hals schaukelt ein Kettchen mit einem Halbmond. An ihrer linken Hand ein winziger Goldring mit Theatermaske, rechts ein dunkler Stein mit antikem Motiv: eine Frau, die einen Zweig überreicht, einem Sieger vielleicht oder einem Toten oder einem Gott.

Sie sitzt hineingekauert in einen weiten, sandfarbenen Mantel und schaut aus schmalen Augen auf den Monitor, dunkel, wie durch ein Visier. Sie hat kaum Ähnlichkeit mit der Rasenden auf dem Bildschirm – bis auf die Schmuckstücke, die sind die gleichen. »Man kann was rausnehmen«, sagt sie plötzlich, »und wahrscheinlich werde ich auch die Aufführung kürzen. Vier Stunden, das geht ja nicht nur über meine Kräfte, sondern auch über die der Zuschauer.«

Ein erstaunlich praktischer Einwand. Erstaunlich, weil sie es ist, die da »verstümmelt« werden soll: Edith Clever. Sie spielt Kleists »Penthesilea«. Es ist nicht zusammenzubringen: Diese zerbrechliche Frau, die von ihrer Scheu umgeben ist wie von einem Panzer. Und die Megäre auf dem Monitor, die den gewalttätigsten, schrecklichsten Monolog schäumt, der in den letzten Jahren zu hören war. Was heißt hier überhaupt spielen? Was sie da macht, hat mit Stadttheater soviel zu tun wie ein

Fieberschub, ein Vulkanausbruch, ein Reaktorunfall. Kleists Drama als Monolog: Die Clever ist Penthesilea und Achill. Sie ist das Blumenfest und der Krieg und die Schlachtreihe. Und sie ist Kleist, der diesen Wahn aus Terror und Liebe aufs Papier deliriert und Goethe »auf den Knien meines Herzens« übereignet hat. Goethe hat darauf reagiert wie jeder, der es mit einem Tobsüchtigen zu tun hat – kühl bis gar nicht. Er hat den Skandal ignoriert.

An dieser Verdrängung hat sich bis heute nichts geändert. Das Frauenmonster, das den Geliebten erlegt wie ein Wild und auffrißt vor Liebe und das sich am Ende ein »Gefühl aus dem Busen gräbt« und sich damit tötet wie mit einem Dolch – so etwas kann man nicht inszenieren, sondern nur halluzinieren.

So gab es im braven deutschen Stadttheater immer nur Niederlagen. Etwa Hans Neuenfels' schicke Bühnenschlacht aus BDM-Mädels, Koffern mit Leichenteilen und Erste-Sahne-Ausbrüchen der eifrigen 1A-Tragödin Trissenaar. Oder Jürgen Gosch, der diesen Brandherd von Text sofort zugeschaufelt hat mit dumpfnassem, schwerem Gemurmel. Oder Alexander Lang, der Karl-May-Festspiele daraus gemacht hat, niedlich, lustig, irgendwie verrückt, nicht wahr?!

Das alles darf man nun getrost vergessen. Jetzt gibt es ein Gesicht für diesen dramatischen Meteoriten, ein Gesicht, das wetterleuchtet, mit hohen Wangenknochen, breiter Stirn, indianischen Augen, eine Frau mit auflodernden Irrsinn in der Stimme, wenn sie zum Rendezvous stürzt mit dem Befehl: »Die Hunde hetzet, die Elephanten peitschet auf ihn los.«

Abgemeldet sind die wackelnden Kulissen, die Trockeneisnebel und marschierende Statistenheere unserer Regie-Napoleone. Der Clever genügen ein Tisch und ein Buch, ein paar Kerzen und Büsten im leeren Bühnenhintergrund. Sie liest vor, liest aus der »Ilias«, liest Briefe und Szenenanweisungen. Sie liest mit der hysterischen Verklärung, aus der dieses dramatische Gedicht entstanden sein muß. Sie liest, als wolle sie sich einstimmen und erinnern und erst langsam an die Hochtemperatur gewöhnen, an die Weißglut, in der sich Penthesileas Schicksal vollzieht.

Dann verläßt sie den Tisch. Sie verbrennt die Seiten, die sie gelesen hat, so wie man Brücken hinter sich verbrennt, um sich in eine letzte Schlacht zu stürzen. Und dann liest sie nicht mehr, sondern überläßt sich dem Haß, der sie emporreißt, der Liebe, die ihre Arme verzückt auseinanderfliegen läßt, und der Verzweiflung, die ihr Gesicht zersplittert – alles maßlos, alles überlebensgroß, alles so gigantisch und fürchterlich wie das Gehirn, das sich das ausgedacht hat. Sie spielt mit den Elementen, die klein sind unter ihren Händen: mit Wasser, das sie aus einer Karaffe gießt, mit dem Feuer einer Kerzenflamme, die sie am Ende ausbläst wie ein Lebenslicht. Dann, nach vier vor Spannung vibrierenden Stunden, kehrt sie zurück an den Tisch, stützt den Kopf in ihre Hände und schließt ihre Augen – der Schlaf der Vernunft gebar Ungeheuer.

Kaum einer nahm Notiz von dieser nächtlichen schwarzen Messe, als sie im Januar im Pariser »Bouffes du Nord« aufgeführt wurde. Ein prächtig heruntergekommener Theaterpalast der Jahrhundertwende mit rostbrauner Brandmauer, in dem sich ein paar deutsche Emigranten versammelt hatten, ein bißchen Kunstschickeria, zwei deutsche Kritiker. Diese Penthesilea wäre spurlos verschwunden, gäbe es den Film nicht. Ja, ohne die (sehr knappen) Filmgelder gäbe es auch das Theaterprojekt »Penthesilea« nicht. Eine Woche hatten Syberberg und Clever für die Dreharbeiten. Sie arbeiteten 12 bis 14 Stunden täglich.

»Kunst ist, was bleibt«, sagt Syberberg, der Filmer. »Kunst ist, was man beschwört«, sagt Clever, die Theaterschauspielerin. Wahrscheinlich haben sie beide recht. Da sitzen sie gemeinsam vor dem Monitor in einem kleinen Studio am Rande Berlins und reden von Watteau-Bildern, von der Phöbus-Fassung und von Kleists Kampf gegen Napoleon, und sie tuscheln wie Verschwörer über ein Attentat, bis die Tür auffliegt und aus dem Flur einer brüllt: »Schließt ihr dann ab!« und der Cutter nervös zur Uhr schaut, weil er nämlich Hunger hat.

Im »Florian«, einem Berliner Szene-Restaurant, gibt man uns den Tisch am Schaufenster. Die Clever flüchtet in den hinteren Raum, wo sie mit dem Rücken zur Wand sitzen kann. Den Mantel, der sie den ganzen Tag schützend umhüllt hat, gibt sie nur widerwillig her. Sie trägt unauffällige Erdfarben. Syberberg, im braunen Tweed mit gepunkteter Krawatte, bestellt nach Gutsherrenart, Rinderbraten und Rotwein. Sie ordert Lachs mit Kartoffelpuffer, und als der Teller kommt, flüstert sie entgeistert: »Wo hat sich denn der Lachs versteckt?« Ihr Gesicht zerfließt, ständig zucken neue Gefühle, neue Stimmungen darüber hinweg. Seines ist cäsarisch, eine höflich-aristokratische Maske. Er ärgert sich. »Peymann hat die 'Penthesilea' nach Wien eingeladen. Aber nicht in die Burg, sondern ins kleine Akademietheater. Dabei ist die Clever die Callas!« »Syberberg, du spinnst«, sagt da die Clever, bestens gelaunt.

»Die Kritik wird schreiben, ich hätte nur die Dramaturgie gemacht«, sagt er, mit einer Spur von Märtyrertum in der Stimme. »Es ist doch so unwichtig, was die schreiben«, sagt sie und trinkt ihren Frankenwein. Es klingt so, als hätten die beiden das Spiel schon oft gespielt. Er, der Geschlagene, sie, die Gefeierte. Sie, die sich hinter seinen öffentlichen Niederlagen verbarrikadiert. Und dabei womöglich eine neue Freiheit kennengelernt hat.

Die beiden sind das merkwürdigste Paar der deutschen Kulturszene. Vor Jahren schon haben sie sich kennengelernt, in der Kantine der alten Schaubühne. Sie war die Klytämnestra in Steins »Orestie«, die Rasende mit bluttriefendem Schwert. Syberberg hatte seine Faschismusobsessionen in einem »Hitler«-Film abgeschwitzt, einem Blut-und-Bühnenboden-Spektakel mit André Heller in der Titelrolle. Er wollte sie als Kundry für seinen »Parsifal«-Film. Sie nutzte diese Rolle zum Absprung von der Schaubühne. »Ich hielt bei Peter Stein um ihre Hand an«, sagt Syberberg sarkastisch.

Gemeinsam durchschritten sie den »Parsifal«, weihevoll zum Gral. Danach hatten sie ihre »Nacht«: Ein sechsstündiges Filmmarathon, eine Bunkerphantasie, gedreht in einer herabgekommenen Botschafter-Villa im Berliner Tiergarten. Wie eine indianische Seherin beschwört die Clever, mit den Worten des Häuptlings Seattle, den Untergang des weißen Mannes. Sie spricht große Texte von Hölderlin und Goethe und leider auch Texte von Syberberg, Vertriebenenlyrik über Schlesien und Pommern.

Wie viele seiner Filme ist auch dieser zu lang. Man quält sich etwa durch die schwülen Parsifalbriefe Richard Wagners (»Ich beschäftige mich nur damit, wenn mir's mit aller Macht kommt«) und flüchtet irgendwann, trotz Clever, und überläßt die Würdigung des Werkes gern ekstatischen Germanisten. Doch Syberberg, der Filmer, war schon hier in Hochform. Ein Graffito an der Wand, der dampfende Atem vor dem Mund der Schauspielerin, ein Feuer und seine züngelnden Schatten genügten ihm, diese abendländische Kulturhalde, diese eiserne Ration Geist am Ende der Welt, in Szene zu setzen.

Syberberg und Clever – sie fühlen sich wie Partisanen, die, mit sparsamsten Mitteln und leichtem Gepäck, hinter feindlichen Linien kämpfen. Die etablierten Theater? »Verfettet, Arbeitsbeschaffungsprogramme, Beamtensumpf«, spuckt Syberberg. »Mit Kunst hat das nicht viel zu tun.« Sie beide allein gegen alle. Sie durchstreifen die gute alte Bildung wie kunstreligiöse Eiferer, die einer letzten Wahrheit, einer großen Offenbarung entgegenzittern: deutsch, fürchterlich deutsch, heroisch, rührend und ohne alle Scheu vor Lächerlichkeit. Sie vollziehen Klassik nach der alten, strengen, nach der römischen Liturgie, Exerzitien, die kompromißlos die Frage aufwerfen: Flüchten oder aussitzen?

Das war der Berliner Filmkommission, die fest entschlossen ist, durch Finanzierung von kindischem Läpperkram wie »Linie 1« den Anschluß an Hollywood zu markieren, natürlich zu dick, zu viel, zu tief, als es um Gelder für den »Penthesilea«-Film ging.

»Da saß ein gewisser Herr von Pufendorf«, sagt Syberberg sichtlich erschüttert, »der sagte, so was wie die 'Nacht' käme bei ihm nicht mehr vor, da ginge ja kein Mensch rein.« Mit schmalen, gepflegten Fingern zerbröselt er Baguette auf dem Tischtuch. »Der hat gar nicht mehr zugehört, Kulturpflege – das war ihm egal, der wurde richtig aggressiv.«

Die Filmgelder aus Berlin hatte Syberberg jedoch schon den französischen Koproduzenten in Aussicht gestellt. Eine fürchterliche Klemme. Kultursenator Volker Hassemer half aus. Er entschied über seinen Filmbürokraten hinweg. Die Gelder flossen, der Film konnte gedreht werden, und die Theateraufführung wird in Frankfurt Deutschlandpremiere haben und danach das europäische Kulturjahr in Berlin eröffnen. »Pufendorf«, sagt Syberberg und verzieht sein Gesicht, als drücke ihn ein Magengeschwür.

Er wollte schon alles hinschmeißen, doch die Clever hielt ihn davon ab. Sie glaubte an das Projekt, und wie Kleists Käthchen von Heilbronn wußte sie, felsenfest, daß ihre Wünsche in Erfüllung gehen. Irgendwann griff sie zum Telephon und sprach mit Hassemer. Zum erstenmal in ihrem Leben hat sie so etwas gemacht. Und siehe – es wurde alles gut.

Die Clever: Eine linkshändige Frau, die zwischen den Jargons flattert, als ob sie Kostüme aus dem Fundus ausprobierte. Ständig greift sie daneben. Wer sagt heute noch »Du liiieebes bißchen« oder »Ogottogottogott«? Sie baut Wortschöpfungen ein, etwa daß sie auf das Penthesilea-Projekt »zugefluchtet« ist. Ihr Lächeln ist reizend von gestern, immer zu früh oder zu spät. Es ist kapriziös. Es verwandelt das Szene-Lokal in den Salon der Charlotte von Stein. Sie ringt um Formulierungen, rudert zwischen einander widersprechenden Äußerungen, und immer kommt etwas Wunderbares, Eigenes dabei heraus. Botho Strauß muß seine Lotte aus »Groß und klein« einfach abgeschrieben haben bei ihr.

Kürzlich hat sie den Film »Bienenzüchter« gesehen. »Wunderbar alles, aber saaauuer war ich, diese Bettszene meine ich, nichts dagegen, wie sie's machen, echt, ganz wunderbar, wunderbaaar, aber hinter mir und vor mir zehn Leute, in einer Weise voyeuristisch, sicher 'n guter Film, ein guuuuter Film.« »Also, ähhhh«, interveniert da Syberberg, »diese geistige Ebene war schon da, also, der sinnlich gemachte Geist, äh«, worauf die Clever wieder zurückschnappt: »Ich habe es ja nicht ungern gesehen, und es war ja physisch auch ganz wuuuunderbaaar, aber muß man denn alles zeigen, sie mußten es ja machen vor der Kamera, und da wird doch das Gewerbe vernutzt und verschlissen, so daß ich mich, obwohl es ja ein toller Film war, in meiner Intimität als Zuschauer verraten fühle.«

Offenbar war ihr eine Liebesszene in dem Film peinlich. Wie platt das klingt. Und wie wunderbar kompliziert, wenn es die Clever erzählt.

Diese beiden, die sich da gegenübersitzen, sie eifernd, er seigneural lächelnd, sind aufregend außer der Zeit, merkwürdige Heilige, die ihre Verwunderungen und Verwundungen gar nicht verbergen können. Unangepaßte nicht aus Berechnung, sondern aus Begeisterung für Ideale, die spätestens mit Anbruch der Moderne historisch besiegt sind.

Toll, solange dabei nur Kunst im Spiel ist. Schlimm, zumindest im Falle Syberberg, wenn die Sprache auf Politik kommt. Dann ist Syberberg fürchterlich dumm, weil er dandyhaft bleibt und sein Urteil ästhetisch. Er ist, immerhin, offen. Die schrecklichsten Figuren der Geschichte? »Sicher nicht Hitler oder Stalin. Denn die drängten zum Leben.« Viel gemeiner sind die Bürokraten, die kulturlosen Gremienleute, sagt er, und dann: »Der Hitler war ja in dem Sinne nicht gemein. Natürlich hat er verbrannt. Aber er hat auch etwas geschaffen. Er hat sich ja als Künstler betrachtet.« Daß man dieser wildgewordenen Anstreicherbürste mit dem durchgesessenen Hosenboden, die mit ihrem »Gesamtkunstwerk« ein ganzes Volk vervieht hat und Bücher verbrannt, die Selbsteinschätzung als Künstler zugute hält, ist natürlich abenteuerlich. Hier wird Syberbergs Einzelgängertum zur bornierten Allüre. Syberberg, der Störrische, will »nicht in die Arme der Rechtschaffenen« einschwenken. Er hat Respekt vor Waldheim, nur »weil alle gegen ihn sind«. Er ist ein Dandy, der noch die vernünftigste Position ablehnt, nur weil ihm der Arsch nicht paßt, der auf ihr Platz genommen hat. Aufklärung ist für ihn, natürlich, ein »feindlicher Gegenbegriff«.

In einem kruden ökoreaktionären Kauderwelsch beklagt er, daß die Erde kaputt ist, die Luft verschmutzt, und bewundert jeden, »der da geistig rein bleibt«. Er spricht vom »Verlust durch Reichtum, wie wir das von Babylon kennen«, und dann spricht er wieder von der Kunst wie ein Landpfarrer vom lieben Gott.

Die Erde, für ihn ist sie noch Scholle und Gutshof, er weiß noch, »wie Brot riecht und der Schweiß arbeitender Pferde«, er wäre, wenn es denn möglich wäre, für die sofortige Rückkehr zu Monarchie und Ständestaat, wobei er vorauszusetzen scheint, daß er dann Herr wäre und nicht Knecht. Er bezeichnet sich als »Fundamentalisten«, schaut »neidvoll auf Chomeini« und wünscht sich, »daß der das hier auch mal aufführt«.

Dieser ganze Irrsinn fließt ihm ganz harmlos und sanft von den Lippen, zwischen Dessert und Kaffee, ein höflicher älterer

Herr mit sympathischem Gesicht und einnehmenden Manieren. Insgeheim ein Terrorist, der den Junk, die Unkultur, die Masse, die Plastikwelt verachtet. Statt Brandbomben in den nächsten Supermarkt zu schmeißen, inszeniert er Kleist. Gott sei Dank. Denn das kann er.

Der »Penthesilea«-Film ist sein wahrscheinlich schönster, reifster, gelassenster. Die sparsamsten Mittel – nicht mehr die überladenen, barocken Kulturhalden, aus denen er seine Bilder in früheren Filmen türmte.

Er hat einen Raum sorgfältig ausgeleuchtet, hat den Monolog der Clever rhythmisch phantastisch gegliedert, beschränkt sich auf ihr Gesicht, ihre Gestalt und, mit den klassischen Büsten, auf knappe Verweise zur Entstehungszeit des Dramas.

In zwei langen, über 30minütigen Takes hat er die zentralen Szenen gedreht, Penthesileas Liebesgespräch mit Achill und ihre Raserei nach seinem Tod.

Mit ihren behutsamen Kamerafahrten erzeugen beide Sequenzen einen hypnotischen Sog, wie man ihn sonst nur aus den Filmen Tarkowskis kennt. Diese beiden Szenen allein genügten völlig, um Syberberg den »Platz im Pantheon« zu geben, den er sich offenbar so sehnlichst wünscht. Um diesen Platz hat er gewütet und gebettelt in seinen Büchern, seinen Filmen, ein Leben lang. Um Anerkennung, die die Feinde aus der Presse, den Gremien ihm vorenthielten, ein Lebenstraum, über den er in grenzenloser Naivität spricht.

Einen »Rang innerhalb eines Staatswesens« wollte er immer haben, »einen Orden, Ehren, die man sich auf dem Schlachtfeld der Kunst erwirbt«, bis er festgestellt habe, »daß das alles heute nicht mehr möglich ist, daß das altmodisch ist, eine traurige Erkenntnis«.

Heute, sagt er, kämpft er nicht mehr, und die Clever findet das gut, und sie sagt es ihm ständig. Denn das weiß sie schon lange: »Wenn man nicht drauf drückt, kommt's von alleine.«

Das hat sie schon als Anfängerin gewußt, als sie vorsprechen sollte vor »Sistig in Münster, damals ein Gott«. Dieser Sistig sagte, »nun mach mal, Mädel, lauter«, und da ging sie einfach von der Bühne. In der Heldenzeit des jungen deutschen Theaters, der Bremer Ära unter Hübner und der Schaubühnenära unter Stein, war sie die Heroine, die Frau für übergroße Formate, die Furchtloseste, eingehüllt in einen Wahnsinn, der sie umgab wie eine goldene Wolke. Sie war Luise Miller und Peer Gynts Aase, die Agaue aus Euripides' »Bakchen«, die im Rausche ihrem Sohn den Kopf abreißt, und Tassos Prinzessin, herrisch, erotisch, fiebernd. Sie war Lottekotte aus Botho Strauß' »Groß und klein«, die zur religiösen Seherin überschnappt, und sie war Warwara in den »Sommergästen«, die sich den Revolutionären anschließt. Ihr Rollenfach: die Revolte, der Schritt über die Grenzen der Regeln, der Sitten, des Anstands. Verwandlung hat sie nie interessiert. Sie hat auf die Momente gewartet, »wo man nicht mehr spielt, sondern gespielt wird«. Über das Reale hinaus. »Diese Überschreitung habe ich immer gewollt und mit Syberberg gefunden.«

Der Preis für diese Unbeirrbarkeit ist hoch. Sie muß kämpfen, außerhalb der Schaubühne. Sie steht mit beiden Beinen fest in der Luft. Um sich und ihre 16jährige Tochter durchzubringen, nahm sie sogar einen Lehrauftrag an. Die Hochschule: eine Behörde, Bürokraten. »Zum erstenmal habe ich gemerkt, daß es mittelmäßige Menschen gibt. Diese Kämpfe, füüürchterlich. Und unter uns ein Aerobic-Studio, mit 'high' und 'hopp' und 'wow'. Ganz fürchterlich. Aber man lernt.« Und sie lächelt huldvoll über den schlechten Witz, den man »Wirklichkeit« nennt.

Über Stein spricht sie mit der Vorsicht einer Russin, die die Zeiten des Personenkults mitgemacht hat und die der Perestroika noch nicht trauen mag. In jener Zeit hat sie gelernt, ihre Worte auf die Goldwaage zu legen. Und sich darüber zu zermartern, wenn die Vollversammlung sie für zu leicht befand. So etwas wie dieses Interview hat sie noch nie gemacht. »Man ist ja so waaahnsinnig ungenau!« Auf den Schaubühnenprotokollen, die alle Diskussionen pedantisch festhielten, konnte sie dann nachlesen, daß sie an manchen Tagen weniger schlau war – eben ein Mensch. Wie fürchterlich.

Ihre Tochter hat sich offenbar frühzeitig gegen diesen Kunstkult gewappnet. »Sie ist ja so sehr von dieser Welt«, sagt die Clever, als ob sie dafür um Vergebung bitten müßte. Sogar Geld hat sie ihrer Tochter geben müssen, damit die ihr den Penthesilea-Text abhört.

Eine Donald-Duck-Figur in Ledermantel und Fliegermütze rauscht an unserem Tisch vorbei. »Ogottogottogott, der Wenders!« sagt die Clever, »also das ist ja nun das Platteste vom Platten, ja, diese pubertären Männergeschichten.« Wenders, der sich mit einem kleinen, grauen Mädchen unterhalten hat, klopft mit der *taz* auf seinen Ledermantel, dreht sich herum und schenkt uns dieses schüchtern-verschmitzte, echt irgendwo unheimlich sympathische Cannes-Preis-Lächeln.

»Hallo«, sagt Syberberg. »Na«, sagt Wenders. Womit das Gipfelgespräch des Neuen Deutschen Films auch schon gelaufen wäre und Wenders wieder dem Ausgang zustrebt. Da es mittlerweile weit nach Mitternacht ist, zahlen wir und folgen Wenders in gebührendem Abstand.

Am nächsten Mittag ist der Film fertig geschnitten. »Zwei Stunden und acht Minuten sind es geworden«, sagt Syberberg wie durch Mull. Operation gelungen, Patient tot. Wir verlassen das Studio und blinzeln in die Sonne, die den Reif auf den Zweigen der Uferbäume und den See golden funkeln läßt. Wir fahren das Ufer entlang, dann laufen wir. Die Clever spricht von ihrem Lieblingsthema: Mittelmäßigkeit. »Ich meine, es sollten viele Theater geschlossen werden. Also, das sage ich jetzt in den Überfluß hinein. Wenn sie tatsächlich zumachen würden, würde ich für die Erhaltung kämpfen. Aber es gibt zuviel Geld, und das korrumpiert und führt zu Mittelmaß.« Was immer man gegen die »Penthesilea« von Syberberg/Clever einwenden mag – mittelmäßig ist sie auf keinen Fall.

Wir treten auf eine kleine Terrasse zwischen den Ufervillen. Ein paar Eichen über einem kleinen Marmorstein. Darauf steht der Spruch »Nun, o Unsterblichkeit, bist du ganz mein«. Ein Satz aus dem »Prinzen von Homburg«. Die Clever tritt an den Stein und zaubert in einer wundervollen anmutigen Gebärde einen unsichtbaren Zweig hervor, den sie vor den Stein legt. Sie sieht dabei aus wie die Frau auf dem Ring, den sie trägt. Der Stein ist das Grab von Heinrich von Kleist, der hier am Berliner Wannsee 1811 Selbstmord beging, mit seiner Geliebten Henriette Vogel. »Sie waren an dem Tag sehr ausgelassen und vergnügt«, sagt die Clever versonnen. »Sie haben sich dauernd Rum kommen lassen.«

»Wie heruntergekommen und verbaut diese Gegend ist«, sagt Syberberg mißmutig und hüllt sich in seinen Hirtenmantel wie in eine Toga. »Besser, wir gehen.«

Photo: Sabine von Lieven

Der Rebell als Poseur
Über Herbert Achternbusch

Seine Augen verbirgt er hinter grünen Brillengläsern. Sein hennarotes Haar ist kurz gestutzt. Manchmal lächelt er, als hätte er gerade ein Messer gezogen. In seinen weißen engen Jeans mit dem offenen Reißverschluß, der roten Unterhose und der schwarzen Lederjacke sieht Herbert Achternbusch auf den ersten Blick tatsächlich so aus, als hätten ihn sich zwei ätherische Feuilletonschwärmer am Telephon ausgedacht: der Lieblings-Punk der deutschen Literaturszene, halbstark und sensibel, gehetzt und ein bißchen genial.

Er haßt Interviews. Nach einem langen Tag weiß ich warum: Er hat nicht viel zu sagen. Aber das tut er ohne Punkt und Komma. Herbert Achternbusch, der konfuse Kraftkerl, meint zu wissen, was von ihm erwartet wird. Sätze wie »Ich wäre sicher ein schneidiger SS-Offizier geworden« fließen ihm ohne Bedenklichkeit von den Lippen. Zu Ehe fällt ihm »Krieg« ein, na klar, zu Liebe »Spiel« und zu Joachim Fuchsberger »Hundescheiße«. Nach einer hinterhältigen Pause setzt er hinzu: »Weil der so aussieht, als gäbe es sie nicht, die Hundescheiße.«

Achternbusch ist laut und selbstsicher. Der Achternbusch-Darsteller Herbert Achternbusch dagegen ist leise, sogar ratlos. Der ist sympathisch. Der sagt dann: »Die Hammersätze von früher, die gelingen mir nicht mehr so.« Und Zugeständnisse wie: »Vielleicht mache ich wirklich zuviel.« Im nächsten Moment aber wischt er sie mit einer flotten Bemerkung über Adolf oder die Bayern oder die CSU wieder aus.

Vor Jahren hat Herbert Achternbusch einen schönen Satz gesagt: »Du hast keine Chance, aber nutze sie.« Seine zehn Bücher und fünfzehn Filme sind meist Variationen dieses Satzes, oft nur schlechte Verlängerungen ins wehleidige Märtyrertum oder in kindisches Auftrumpfen.

Dennoch kommt an dem Autodidakten vom Starnberger See keiner vorbei. In den vergangenen zwei Jahren hat er drei Filme gedreht und fünf Bücher geschrieben. Die Staatstheater spielen seine Stücke. Er hat viele Freunde. Oder zumindest Menschen, die so tun. Deutschlands Filmregisseure gingen auf die Barrikaden, als Minister Zimmermann dem Achternbusch die letzte Förderungsrate zum Film »Das Gespenst« vorenthielt. Jetzt, so haben die Gerichte entschieden, muß er doch auszahlen.

Sicher war Zimmermanns Verhalten skandalös. Muß man deshalb aber für Achternbusch sein? Und für einen hingestümperten Film, in dem Christus mit zwei Schnapsgläsern auf dem Münchner Viktualienmarkt um Scheiße bettelt? Mich hat an Achternbuschs »Gespenst« eigentlich nur, und das sehr flüchtig, interessiert, wo die übrigen 225000 Mark geblieben sind, mit denen er gefördert wurde.

Freunde hat Achternbusch vor allem in den Feuilletons, also, wie er in seinem Buch »Land in Sicht« (1977) klagte, »in der gespreizten Kultur, in der du so viel denken mußt, weil es so wenig zu leben gibt.«

Wenn es um Achternbusch geht, greifen sie regelmäßig zu hoch: Der Kritiker Peter Hamm etwa vergleicht ihn mit dem Filigranmeister Robert Walser. Und während der Auseinandersetzung um »Das Gespenst« erschien er der *Zeit* gar als Christus und nannte wenig später sein Büchlein »Wind« (»Aber das Leben ist eine einmalige Sache, da mag ich nicht zweitrangig sein«) eine Bibel. All diese klugen Kulturmacher legen sich flach vor ihm, wie progressive Katholiken, die sich um einen charismatischen Ketzer scharen. Dabei geht es doch nicht um einen Religionsstreit, um Achternbusch-Christus und Zimmermann-Pilatus, sondern um ein schlechtes Filmchen. Aber wahrscheinlich halten einige Feuilletonisten Sottisen gegen die CSU schon für Klassenkampf.

Die Geschäfte laufen gut. Gleich pfundweise schiebt »2001« Achternbusch-Bücherpakete über den Ladentisch. Darunter das Buch zum neuesten Film »Die Föhnforscher«, der, wieder in der *Zeit*, eines »der großen Kunstwerke dieses Jahrhunderts« genannt wurde. Der Film dauert über zwei Stunden. Die erste Hälfte besteht aus aufgeblasenen Video-Szenen über den Oktoberfest-Umzug. In der zweiten Hälfte zeigt Achternbusch Bilder, die er auf die Wochenendbeilagen der *Süddeutschen Zeitung* gemalt hat. Großes Kunstwerk dieses Jahrhunderts? In einem Atemzug mit Joyces »Ulysses« und Picassos »Guernica«? Aber so blöd ist doch noch nicht einmal der Zimmermann, daß er das glaubt! Der Kritiker, der das schrieb, sagte mir, das »sei ein bißchen ironisch gemeint«.

Ironie ohne Grenzen. Die einstmals geistreiche Zeitschrift *Transatlantik* öffnete sich für Achternbusch und einen »Monolog zu einem Heimatfilm«. Da standen dann Kostbarkeiten wie: »Und ist es nicht so, wo man sich an Hoffnungen hält, dort herrscht die Hoffnungslosigkeit. So ist es. Heimat, ist das nicht eine Geste, die aus mir kommt, das Nichts zu grüßen, ohne Erinnern an das Geplapper von Hoffnung und Hoffnungslosigkeit? Das ist es.« Und ist es nicht so, daß hier ein paar Feuilletonisten den Achternbusch in olympische Höhen gepustet haben, um zuzusehen, wie er sich in die Lächerlichkeit hinabplappert? So ist es.

Zum erstenmal traf ich Achternbusch bei der Premiere seines Stückes »Mein Herbert« in den Münchner Kammerspielen. George Tabori hatte eine Inszenierung hingelegt, die für den »Ödipus« gereicht hätte. Doch Gisela Stein und Cornelia Froboess, die beiden Tragödinnen, rasten nicht mit Sophokles-Sentenzen, sondern nur mit einem Achternbusch. So muß sich Niki Lauda auf einem Traktor fühlen. Einer gnadenloseren Hinrichtung habe ich selten beigewohnt. Das Stück wurde ausgelacht. Und dennoch wurde er im Schlußbeifall gefeiert, der Achternbusch. »Schau dir erst einmal den "Gust" im Residenztheater an«, sagte er mir stolz.

Das tat ich. Auf der Riesenbühne ein altes Paar. Beide stöhnen. Die Frau stöhnt, weil sie stirbt. Der Mann stöhnt, weil er scheißt. Er wischt sich ab, bindet sich zu und druckst weiter an seinen dumpfen Geschichten vom Wundstarrkrampf und vom Adolf, einer blöden, selbstgerechten Lebensbeichte. Manchmal fällt die röchelnde Alte aus dem Sterbebett. Dann sagt Gust, der Lohndrescher, »Sackerzement« und packt sie zurück in die Laken, so gemütvoll wie ein Abdecker beim Verladen von Pferdehälften. Vor zwanzig Jahren ist ihm die Marie eingegangen, seine erste Frau. Und jetzt die Lies. »Weil's mit der Lies a nix mehr is, nehm i a Pris.«

Mords-Stimmung im Parkett. Nur zwei älteren Damen wird das schnell zuviel. Als sie auf die Tür zusteuern, ruft ihnen der Gastwirt Sepp Bierbichler, der den Gust spielt, hinterher: »Das waren jetzt aber teure fünf Minuten für Sie.« Gelächter. Ich fand den leisen Protest der beiden Damen sehr würdevoll. Doch das Stück ist ein Renner. Selbst die Kulturkritikerin der FAZ schnalzte genießerisch: »Ein Mannsbild wie eine Dampfwalze.«

Gust ist Achternbuschs Onkel. Auch über seine Tante (»Ella«), über seine Mutter (»Mein Herbert«) und nun über seine Großmutter (»Weg«) hat er schon Theaterstücke geschrieben. Er kennt die Welt, aus der er kommt, genau. Sie ist sehr eng.

Das Münchner Publikum liebt seinen Achternbusch. Weil er so urwüchsig ist und trotzdem manchmal aussieht wie ein Dandy. Und weil er gegen die CSU ist. Es gehört keine große Kunst dazu, vom Münchner Theaterpublikum geliebt zu werden. Was er von seinem Publikum hält? »Zahnärzte«, sagt er und lächelt schmal. Fürs Theater schreibe er nur, um Geld zu machen für seine Filme.

Wir schlendern durch den Münchner Zoo. Vor dem Elefantengehege kommt das Gespräch auf den Zen-Buddhismus und vor den Pinguinen auf das bayrische Kabinett. Und bei den Nilpferden auf Fellini. »Sensible Viecher«, sagt er. »Fellini hat mit einem gearbeitet, das mußte hinterher eingeschläfert werden. In einem meiner Filme kommt auch eines vor. Es lebt noch. Das ist der Unterschied zwischen mir und Fellini.« Es gibt noch ein paar. Handwerk zum Beispiel. Oder die Zuschauerzahlen.

Ob es ihn nicht störe, daß seine Filme nur von Kritikern gesehen werden? »Mich interessieren nur Filme, die keiner versteht«, sagt er da zum tausendstenmal. »Wir leben in einer Teebeutel-Kultur. Alles nur aufgegossen. Es gibt nichts Modernes.« Was das ist, »modern«, verrät er nicht. Nur, daß es Geld kostet. Wieviel er im Moment in der Tasche hat? »Viertausend.« Er zieht ein Bündel Geldscheine aus der Gesäßtasche, zartrosa, Fünfhunderter. Zählt nach. Es sind 3600 Mark. »Ach ja, vierhundert habe ich der Annamirl gegeben.« Warum er soviel Geld mit sich herumträgt? »Damit ich jederzeit weg kann.«

Das Ding, das er im Moment dreht, trägt den Arbeitstitel »Heilt Hitler«. Der Film erzählt von einem, der im Hofgarten sitzt und denkt, er sei in Stalingrad; er erzählt von der Vergangenheit und von Hitler, ein Slapstick mit Achternbusch als SS-Offizier. Ein weiterer Meilenstein der Filmgeschichte. Und im Feuilleton der *Süddeutschen Zeitung* wird er dann nachlesen können, wie toll er ist. Etwa: »Durch die Fusion von Autobiographie und phantastischer Fiktion hebt er nicht bloß die alte Grenze auf zwischen Kunst und Leben, die war schon immer fließend. Er greift die Codes an, die Kommunikation heute regulieren.«

Zu so etwas hat er früher einmal, in der »Alexanderschlacht« (1971), geschrieben: »Liaba bin i doch der blödste Hund und hab mei Sprach, als daß i koa Sprach net hab und blöd daherred.« Heute glaubt er wirklich dran, daß er »die Codes« angreift, was immer das heißen mag.

Deshalb redet er gar nicht mehr mit den Menschen, sondern tuschelt direkt mit der Natur mit all der pubertären Schwärmerei, zu der einer fähig ist, der sich für Novalis hält: »Du willst mich noch nicht, Natur? Du willst dich noch immer herrlich in mir spreizen? Willst, daß ich wuchere? Willst, daß ich das Grab der Schändlichkeiten überwuchere.«

Da kann man nur auf ein klares bündiges »Nein« der Natur hoffen. Kein Wuchern mehr. Mach mal Pause, Achternbusch.

Photo: Lebeck

Der alte Aufklärer
Über Friedrich Dürrenmatt

Der Alte scheint zu schlafen. Er hängt schwer in seinem gepolsterten Lederstuhl, leicht nach hinten gekippt. Die Brille liegt vor ihm auf dem Schreibtisch, über einem Zeitungsphoto von »Little Boy«, der Hiroshima-Bombe. Daneben ein aufgeklapptes Lexikon mit den Stichwörtern »Fallschirm« und »Familie«. Vor dem Verandafenster ein weißes Teleskop.

Es ist still hier oben. Man sieht den See, die Alpen, viel Wald und noch mehr Himmel. Plötzlich schwenkt der Stuhl herum. »Haben Sie also doch hierhergefunden«, sagt Dürrenmatt, eher mißmutig als überrascht. Für einen Moment sieht er aus wie eine seiner Erfindungen: wie der müde, schwerkranke Kommissar Bärlach, der den Fall gelöst hat in dem Krimi »Der Richter und sein Henker« und nun den Mörder erwartet.

Wir sind wegen eines alten Falles bei ihm. Wegen eines liegengebliebenen Romans, den er nun zu Ende gebracht hat: »Justiz«.

Ja, wir haben ihn schließlich doch aufgestöbert, den 64jährigen, in seinem versteckten Anwesen hoch über Neuchâtel und dem See. Ein Bauer hat uns den entscheidenden Tip gegeben.

Dürrenmatts Sekretärin rief uns durch die Gitter zu: »Sie haben doch wohl keine Angst vor den Tierchen!« Und wir nickten beide eifrig »doooch« und ließen die Schäferhunde nicht aus den Augen, die uns entgegenknurrten. Dürrenmatt mag die Viecher auch nicht besonders. Früher ist er mal von einem Hund gebissen worden. Er braucht sie zu seinem Schutz.

Sein Haus ist umgeben von Bäumen, die er vor 30 Jahren hier gepflanzt hat. Heute sind die Bäume höher als das Haus, und Dürrenmatt hat den Nobelpreis immer noch nicht bekommen und ist ein Schulbuchklassiker, also aus der Mode.

Ab und zu sorgt er noch für Meldungen. Zum Beispiel als er dem französischen Salonsozialisten Jack Lang einen Korb gab. Der hatte ihn, wie andere große Namen, für eine schlagzeilenträchtige Diskussion über die Menschenrechte gewinnen wollen. In einem Staat, der an Waffenexporten verdiene, telegraphierte Dürrenmatt zurück, sei so etwas Zynismus. Er schlug »ein anderes Sonnensystem als Treffpunkt Ihrer Konferenz vor«. Doch seine Bissigkeit schnappt mehr und mehr ins Leere.

Sein neuestes Theaterstück, die Irrenhaus-Groteske »Achterloo«, wird kaum gespielt. Dürrenmatt führt einen Zwei-

Fronten-Krieg. Er schreibt nicht nur gegen den herrschenden Trend an, der alte Aufklärer, gegen neue Romantik und Vernunftmüdigkeit. Sondern auch gegen den eigenen Marmor, die dreißigbändige Werkausgabe, den Weltruhm, den er sich in den fünfziger und sechziger Jahren erworben hatte. Es ist eine Steinbrucharbeit. Er schwimmt, sagt er, in einem Meer von Fragmenten. Es ist so vieles, das noch zu Ende geführt werden muß. Aus diesen Begegnungen mit einem früheren Ich, mit frühen Motiven und Mythen, entstehen brillante biographische Essays wie »Stoffe«, Balladen wie »Minotaurus«. Und Romane wie »Justiz«.

»Was wollen Sie trinken? Einen guten Wein, oder?« So hätte das auch Bärlach sagen können, denn der trank gerne, obwohl ihm der Arzt das verboten hatte. Auch Dürrenmatt, der an einer schweren Zuckerkrankheit leidet und zwei Herzinfarkte hinter sich hat, ist dankbar für Komplizen. Er schenkt ein, Weißen aus der Gegend, 1983er R. Clottu Fils, Premier Cru de Saint Blaise, noch nicht auf der Liste der Frostschutzmittel. Ob ihn der Weinskandal irritiere. »Ach«, sagt er und gluckst, als schmekke er die Bemerkung ab, »eigentlich sollte man doch dankbar sein um jeden Österreicher weniger, nicht wahr.« In seinem Schweizer Singsang liegt so etwas wie gemütlicher Totschlag. Dürrenmatt hatte das Romanfragment »Justiz« schon vergessen. Es entstand in den späten fünfziger Jahren. Sogar ein Film war schon geplant mit Martin Held, Charles Regnier und Johanna von Koczian. Doch dann kam eine Auftragsarbeit fürs Züricher Schauspielhaus dazwischen. Knapp 25 Jahre später wollte sein Verleger Daniel Keel den Stoff für die Werkausgabe. Dürrenmatt gab ihn seiner Frau. Unter der Bedingung, daß sie ihn nicht auffordere, es zu Ende zu bringen. »Da tat sie etwas sehr Unfaires. Sie sagte, es sei gut. Aber unabgeschlossen.«

Also setzte sich Dürrenmatt auf die Spur des Dürrenmatt von damals, der von Vietnam und Nixon, von Atomreaktoren und ökologischer Krise noch nichts wußte. Der philosophische Krimis schrieb, die das existenzialistische Klima der fünfziger Jahre atmeten. In denen Freiheit keine politische, sondern eine philosophische Kategorie war. In denen es nie nur um Jäger und Gejagte, um Indizien und die langsamen Mühlen der Justiz ging, sondern um moralische Grundsätze und Lebensentwürfe. Um den Kampf zwischen Gut und Böse, wie jenen aus dem »Verdacht«, wo der KZ-Arzt Emmenberger im OP-Saal mit Kommisär Bärlach, der ihn enttarnt hat, über Glaubensfragen streitet.

Mit diesem Dürrenmatt hatte er nun umzugehen. Manchmal fährt der alte Dürrenmatt dem jungen knurrend in die Parade. Dann spricht er süffisant davon, daß »der Verfasser seinem Stoff wohl nicht gewachsen war, die Gegenwart kam ihm immer wieder dazwischen, das Wichtigste erzählte er zum Schluß«.

In »Justiz« setzt Dürrenmatt als Chronisten einen versoffenen Rechtsanwalt ein, der unselig in den Fall verstrickt ist, von dem er berichtet. Er verspiegelt die Erzählung auf verschiedene Zeitebenen. Aus der Fabel wird ein Labyrinth.

Ein typischer Dürrenmatt-Krimi: Er beginnt dort, wo andere aufhören. Der Mord geschieht bei hellichtem Tage. Der Mörder wird überführt. Die Sache ist sonnenklar. Ist sie das? Der Täter ist ein erfolgreicher, kultivierter Rechtsanwalt. Außerdem ein Meister im Billard. Er beherrscht das Spiel über die Bande perfekt. Und aus dem Gefängnis heraus spielt er die Partie seines Lebens. Dürrenmatts Bösewicht glaubt mit einer Inbrunst an »die Freiheit des Verbrechens« wie sonst nur Dorfpfarrer an den lieben Gott.

Kernsatz des Krimis, der gleichzeitig eine meisterhafte Satire über vermiefte Kleinstädter und »die Verschweizerung der Welt« darstellt: »Wird an einer Tatsache gerüttelt, wird sie fragwürdig.«

Ob er einen Schriftsteller kenne, der besser schreibe als er? »Klar«, sagt er. »Jeder. Oder um einen zu nennen, den ich besonders langweilig finde: Adolf Muschg.« Er liest keine Belletristik, sondern Sachbücher. Über Astrophysik und Mathematik. An Mathematik erinnert ihn auch die Justiz mit ihrem Regelwerk: Je näher sie der Wirklichkeit komme, desto unschärfer werde sie. Dürrenmatt spricht über Logik wie über eine kultivierte Form des Wahnsinns. Er hat eine Vorliebe für erfundene Systeme und Modelle, die er der Wirklichkeit gegenüberstellen kann. Dürrenmatt-Tatorte sind geschlossene Anstalten aller Art: Irrenhäuser, Kliniken, Gefängnisse.

Dürrenmatt wurde von Jimmy Carter in einer Rede vor den Vereinten Nationen zitiert und im Kreml empfangen. Doch er ist »weder links noch rechts, sondern quer«. Er ist in keiner Partei. Erst recht in keinem Verein. Als ihn der PEN-Club zu einem Vortrag einlud, schickte er erst mal eine Rechnung über 350 Fränkli. Der Schriftsteller-Verein telegraphierte: »Rede vor dem PEN ist Ehrung.« Trotzdem sprach er später vor dem Club. Um ihn von einer »antizionistischen Resolution« abzubringen. Er begann den Vortrag mit den Worten: »Liebe PENner.«

Dürrenmatts Zeit-Diagnose: »Wir leben in einer Pulverfabrik, in der das Rauchen nicht verboten ist.« So ist das wohl mit ihm. Man will über einen alten neuen Roman reden und diskutiert das Menschheitsschicksal. Allerdings reden auch seine Romane und Theaterstücke von kaum etwas anderem –

sie sind groteske Scherbengerichte über Gott und die Welt.

Gott? Dürrenmatt, Sohn eines Pfarrers, gehört zu der Sorte von Atheisten, von denen Theologen träumen: Er kennt genau, was er ablehnt. Und er diskutiert mit Leidenschaft darüber, klug und mephistophelisch. Hinter seinem Schreibtisch reiht sich, in zwanzig schweren Bänden, das Handbuch der Theologie. Ein Erbstück von seinem Vater. Man interpretierte Dürrenmatts Werk oft theologisch. »Ein furchtbares Mißverständnis. Man hat mir sogar einen theologischen Ehrendoktor angehängt.« Er ist sichtlich gekränkt. »Was ist Gott? Ein Wort! Eine Kreation. Natürlich ist die Sinnfrage wichtig. Aber ich kann mir den Sinn doch nicht von außerhalb holen. Der muß in mir selber sein. Man muß den Atheismus wagen aus Gründen der Ehrlichkeit.«

In einer Zeit, in der der Papst wie ein Popstar auftritt und Religion eher ein wärmendes Bauchgefühl ist, spricht da einer, streng und sehr ernst vom intellektuellen Wagnis des Atheismus. Kein Zweifel, Friedrich Dürrenmatt ist ein Fossil.

Seine Kinder sind längst aus dem Haus. Eine Tochter ist Jazzsängerin, die andere mit einem Maler verheiratet. Sein Sohn ist Pfarrer. »Die laufen doch in Bluejeans herum und sind Sozialarbeiter«, sagt er mehr zu sich selbst. »Aber predigen tun sie trotzdem.« – »Weil sie müssen. Das ist doch ihr Beruf.«

Dürrenmatt ist klein. Und trotz des Bauches, über den seine Jeanskluft spannt, fast zierlich. Ein Genießer auf Diät. Seine Krankheit zwingt ihn, vorsichtig mit sich umzugehen. Doch sein Kopf feuert Salven von Argumenten, Beobachtungen, Beweisführungen. Er schlürft Ideen. Er konzentriert sich auf eine Lustquelle, die ihm kein Arzt verbieten kann: Das Denken, das Phantasieren. Wenn er Beute gemacht hat, ein besonders schönes Paradox etwa, dann weiten sich die Eulenaugen hinter der dicken Brille, seine Finger schließen sich wie Klauen über dem Bauch, und sein kleiner Mund spitzt sich. Da ist dieser stadtbekannte Kahlschlagsanierer, der historische Villen in Parkhäuser umwandelt. Gleichzeitig ist er ein besonders großzügiger Förderer der schönen Künste, vor allem des städtischen Musiklebens. »Ist das nicht wahnsinnig!« Ja, das ist es wohl.

Wir treten hinaus auf die Terasse. Abendrot flammt über den Himmel, läßt wuchtige Wolkengebirge glühen. Eine Stimmung, die auf frühen Postkarten erhabenes Naturschauspiel genannt wird. »Da unten liegt die Kläranlage«, knarrt Dürrenmatt. »Wir stehen sozusagen auf der Scheiße von Neuchâtel.«

Er zeigt uns sein Haus. Zwei Häuser. Das kleinere bewohnt er. Das größere wird gerade renoviert. Hier hat er mit Lotti zusammengelebt, seiner Ehefrau seit 1945. Vor zwei Jahren ist sie gestorben. Nun werden Wände versetzt und getüncht, Holzdecken eingezogen. Charlotte Kerr, Dürrenmatts neue Ehefrau, beaufsichtigt die Arbeiten. Sie kommt gerade vom Golfplatz. »Völlig groggy« fühlt sie sich. Wie es zur Heirat kam? »Achtzehn Anträge habe ich abgelehnt« sagt sie, »beim neunzehnten habe ich ja gesagt.« Sie ist sonnengebräunt, energisch, nervös. Ihre Hände spielen mit einem Maßstab aus Plastik. Sie biegt ihn. Ob man denn heiraten muß, heutzutage, um zusammenzuleben? Der Maßstab zerbricht. Die Stücke springen in alle Richtungen. »Alles muß seine Ordnung haben«, sagt Dürrenmatt.

Wir gehen essen. Wir fahren eine halbe Stunde über die Landstraße. Im Restaurant bestellt Dürrenmatt die Diät, die er überall sonst auch hätte kriegen können. Steak und Salat. Doch es ist gemütlich hier.

Charlotte Kerr hatte ein Fernsehporträt über den Dichter gedreht. Der Film ist im Schweizer Fernsehen gezeigt worden. Die Wirtin hat ihn gesehen. Er hat sie aufgewühlt. Nicht etwa Dürrenmatts Ausführungen zum Minotaurus-Mythos, sondern die Bilder von einer Besamungsstation, die die Kerr in ihren Film geschnitten hatte. »Die armen Viecher. Überhaupt keinen Spaß gönnt man ihnen.« Dürrenmatt schüttelt sich vor Lachen.

Tausend Geschichten fallen ihm ein. Wie eine kostbare Schweizer Kunstsammlung den Russen abgeluchst wurde gegen eine Zahnbürste und ein Glas Nescafé, von denen man behauptet, die gehörten Lenin. Wie er unter der Wirkung von Opium inszeniert hatte. Gefolgt von Ausführungen über E.T.A. Hoffmann, die Habsburger und Jean Paul. »Ach richtig, den haben sie mir ja heute auch gegeben, den Jean-Paul-Preis.« Über einen für Astrophysik würde er sich mehr freuen. »Die Probleme heute sind keine moralischen, sondern biologische. Schafft es der Mensch, sich zu ändern, oder geht er ein wie ein Saurier. Der konnte sich auch nicht umstellen.«

Wen er einladen würde, wenn er eine Talkshow zum Thema »Weltuntergang« zu leiten hätte? »Also erstmal den Intendanten Everding«, sagt er. Und schlürft einen Schluck Wein. »Der kann über alles reden. Dann den Papst, der muß dabeisein.« Wieder ein Genießerschlürfen. »Jetzt brauchen wir noch eine positive Figur. Wie heißt diese Verrückte da? Richtig, die Alice Schwarzer.« Schlürfen. »Und dann natürlich den Kohl. Der ist immer lustig. Und das Ganze darf natürlich nicht zum Thema Weltuntergang stattfinden.« Wieder ein Schlürfen. »Sondern *anläßlich* des Weltuntergangs.«

Photo: Zenit

Der Schauspieler als Büßer
Über den DDR-Theaterfunktionär Hans-Peter Minetti

Minetti strahlt. »Schön, daß Sie gekommen sind, es wird Zeit, daß wir die Wahrheit herausfinden.« Seine Augen leuchten blau, doch nur eine Spur zu eifrig. Sein Lächeln ist freundlich, doch eine Spur zu breit. Alle, die mit ihm zu tun hatten, erinnern sich an diese Augen, dieses Lächeln. »Er hat niemandem direkt die Knochen gebrochen«, sagte ein junger DDR-Regisseur, »aber er hat einen ausbluten lassen, und er war immer gut gelaunt.«

Es ist ein trüber deutscher Dezember. In deutschen TV-Wohnzimmern erscheinen wieder einmal die Schuldigen und die Schuldlosen, die Sünder und Büßer, die Täter und Opfer, die Gangster und die, die nichts gewußt hatten. Jetzt werden Rechnungen beglichen, neidisch Datschen besichtigt, Schlafzimmer vermessen, Markennamen notiert. Das Volk marschiert. Hans-Peter Minetti ist darauf vorbereitet. Schon am Telephon hatte er dramatisch geflüstert: »Gorbatschow hatte Recht: Wer zu spät kommt, den bestraft das Leben.«

Zu spät hatte er sich die Brust geöffnet, damals im »Deutschen Theater«, als seine Theaterkollegen die Demonstration zum 4. November vorbereiteten. Er wollte sich mit vorsichtigen Phrasen an die Wende herantasten. Da wurde er niedergebrüllt, von den gleichen Wichten, die er zuvor, als ZK-Mitglied und Präsident des mächtigen Theaterverbandes in Ämter gehoben hatte. Zum ersten Mal seit Jahrzehnten stand er auf der falschen Seite.

Er trägt ein blütenweißes Hemd und einen blauen Anzug. Ein zuvorkommender älterer Herr. Seine rechte Hand knetet an einem Taschentuch herum. Das ist ein Tick von ihm – er wischt sie sich oft verstohlen ab, wenn er jemandem die Hand geschüttelt hat. Ängstlich hat er sich an die Linie gehalten die letzten zehn Jahre, hat den Kontakt zu sozialistischen Ruhestörern gemieden. Ja, er hat buchstäblich Angst vor Infektionen. Deshalb geht er auch ungern außerhalb essen. »Sauberkeit« ist für ihn eine der ersten Tugenden, dicht gefolgt von Disziplin. Hans-Peter Minetti, 63, Sohn des Schauspielers Bernhard Minetti.

Schon als Student, kurz nach dem Krieg, war er der KPD

beigetreten, aus idealistischem Protest gegen die Väter, gegen die Nazi-Mitläufer, gegen ein Volk, das schnell vergessen wollte. Und irgendwann ist die Falle zugeschnappt, für Minetti und Millionen andere. Irgendwann kippte die pubertäre Euphorie für den »besseren Menschen« um in eisiges Durchhalten, in die intellektuelle Selbstverleugnung. Der Kalte Krieg trieb Ost und West in barbarische Versimpelungen. In Gut und Böse. Rot und Schwarz. Minetti hatte sich entschieden, hatte sich eingerichtet, und bevor er merkte, daß seine Begeisterung für »die Sache« zur Phrase und er selber zur Marionette erstarrt war, hatte er sich im Parteiapparat nach oben deklamiert.

Er hatte Schauspielerei studiert und hatte den Instinkt für den dramatischen Auftritt, das tönende Wort, die richtige Wendung. Er war der Psalmodist der Parteilinie, die rhetorische Nebelkanone der Macht. Als blitzender Feuerkopf organisierte er Thälmann-Gedenktage, war bald im Zentralrat der FDJ und kurz darauf Kandidat fürs ZK. Eine Karriere, die in der Erinnerung klingt wie eine sozialistische Heldenschnulze – nie vergißt er, wie er »damals in Kiel von Arbeitern vor Übergriffen der Reaktionäre beschützt wurde«, nie diese »ehrlichen, offenen Proletariergesichter«. In zahllosen Interviews hatte er sich in dieser Heldenvita verpuppt – und nun plötzlich soll sie genau die falsche gewesen sein? Nun soll er unter gesamtdeutschem Triumgeheul »Reue« zeigen?

Für ihn ist es zu spät, das eigene Leben ganz neu anzuschauen, aber ein paar Retuschen möchte er noch vornehmen.

Noch gibt es die Chance dazu. Noch ist ein anderer Lächler, noch ist Egon Krenz an der Macht – es ist die Woche vor dem Sonderparteitag. Noch könnte sich der Versuch lohnen, als rasender Mitläufer um Einfluß zu kämpfen und darum, den Schaden durch das Volk abzuwehren.

Verblüffende, neue Bündnispartner tauchen in diesen Tagen auf – Künstler, die als Oppositionelle geknüppelt wurden, streiten nun plötzlich im Schulterschluß mit der SED in Resolutionen für einen »besseren« Sozialismus. Und ist nicht Hermann Kant, dieser oberlaue Mitläufer im Schriftstellerverband, Kant, sein Freund, wieder als Präsidenten bestätigt worden?

Noch einmal riskiert der Schauspieler Minetti Manöver, noch ist der Kampf nicht verloren. »Wir im ZK wußten ja selber nichts«, sagt er verschwörerisch. »Das Politbüro hat uns belogen.« Macht habe er nie gehabt. »Macht hat ein Schauspieler nur auf der Bühne.« Niemanden habe er je aus politischen Gründen gegängelt. Nur ein einziges Mal habe er jemanden schikaniert, aus ganz persönlichen Gründen. Da handelte es sich um einen homosexuellen Schauspieler. »Und ich bin nun mal ein überzeugter Hetero.« Er grinst wie ein dummer Stammtischspießer.

Bereichert, sagt er, hat er sich nie. Im Gegenteil. Durch seine unentgeldliche Verbandstätigkeit ist ihm manche Rolle, manche Gage entgangen. »Nennen Sie das hier etwa Luxus?«

Nein. Da ist zumindest nichts, was einen westdeutschen Bühnenarbeiter, ganz zu schweigen von einem Rampenstar, erblassen lassen könnte. Er wohnt im 9. Stock eines Neubaurings im Rücken des ZK. Vom Balkon aus sieht er Axel Springers Verlagshochhaus. Mit seiner Frau Irma Münch, einer bekannten DDR-Fernsehschauspielerin, lebt er in einer engen, zweigeschossigen Etagenwohnung, einem vollgerümpelten Alptraum aus Zinktellern und Eßnische »rustikal«, braunen Cordsesseln mit Häkeldeckchen und Topfpalmen. In der kleinen Einbauküche, in der seine Frau Gulasch zubereitet, hängen Verse aus Schillers »Glocke«, in weißes Leinen gestickt: »Die Hausfrau füllet mit Schätzen die Laden / und dreht um die schnurrende Spindel den Faden / und sammelt im reinlich geglätteten Schrein / die schimmernde Wolle, den schneeigten Lein.« Auch Irma Münch ist SED-Mitglied.

In zehn Jahren wird niemand mehr begreifen, warum diese kirchenfrommen, sauberen Besitzbürger, die Angst vor jeder Art von Neuerung haben, in der SED statt in der CDU gelandet sind. Wahrscheinlich begreifen sie es selbst nicht. Strauß und Honecker, darauf kommt Minetti immer wieder zurück, haben sich prächtig verstanden. »Er hat Honecker bescheinigt, daß er ein großer Staatsmann ist.«

Minettis Sprache hat gelernt, nichts mehr zu transportieren. Ihre Heimat ist das Ungefähre. Die Briefe der Krupskaja waren für ihn stets »ein reiner Quell, der half, den Schmutz abzuwaschen«. Und zu den nun aufgedeckten Schiebereien im Politbüro steuert er den Wandtellerspruch bei: »Wahrscheinlich verdirbt Macht doch.«

An diesem Nachmittag noch glaubt er an die schützende Wirkung wolkiger Erklärungen, mit denen er sich als heimlicher Baumeister der Wende präsentieren möchte. Am Abend jedoch hat er einfach Angst. Da trifft er im Fahrstuhl die Genossin Karin. Und die sagt: »Kommst du mit, den Generalsekretär stürzen?«

Vor dem düsteren rechteckigen Klotz des ZK-Gebäudes haben sich mehrere tausend SED-Mitglieder in Pogromstimmung versammelt. Mit überschnappender Stimme kreischt die Rektorin der linientreuen Krupskaja-Schule ins Mikrophon: »Was soll ich den Kindern sagen, wenn sie mit großen Augen sehen, wie die Photos von den Wänden genommen werden? Ich muß diesen Kindern sagen: Das waren Banditen, die uns verführt haben.« Kinder sind beliebt bei Demagogen.

Keiner kommt auf die Idee zu fragen, warum sie ihren Kindern jahrelang mit Staatsbürgerkunde gequirlten Mist vorgesetzt hat. Köpfe müssen rollen, um den eigenen zu retten. Karin hat die Zeichen der Zeit begriffen. Sie johlt mit den anderen.

Minetti hat nichts begriffen. Er steht mit glasigen Augen abseits. Als habe er Angst vor der Berührung mit der Menge, als fürchte er die Infektion. Irgendwann erscheint Egon Krenz, der Lächler, im Portal und beschwört die Einheit. Er wird niedergebrüllt. Minetti wendet sich um und geht durch die Nacht nach Hause.

Am nächsten Tag treffen sich Künstler, Wissenschaftler, Schauspieler im Friedrichstadt-Palast unter dem Lenin-Motto »Was nun?« Volker Braun will eine neue Räte-Demokratie ausrufen, ein Ökologe spricht von der verheerenden Umweltbilanz, und ein marxistischer Wirtschaftswissenschaftler faselt von Akkumulation und Distribution und Konsumtion, bis oben im Saal einer die Tür aufreißt und brüllt: »Der Schalck-Golodkowski hat sich in die Schweiz abgesetzt.«

Alle zartgesinnten Überlegungen zu einem »besseren« Sozialismus sind plötzlich nur noch Phrasen von gestern. Ein Aufschrei geht durch den Saal, und der klingt wie: Rache. Plötzlich wissen alle, was zu tun ist. Auch Daniel, der Sohn von Hans-Peter Minetti, ebenfalls ein Schauspieler, der mit im Saal sitzt.

Mit eilig gepinselten Plakaten stürmt er, gemeinsam mit den anderen, vor das ZK-Gebäude. Drinnen sitzt sein Vater. Draußen fordert »das Volk« die Köpfe der Bonzen. Bald darauf erscheint Politbüromitglied Günther Schabowski und verkündet die Auflösung von ZK und Politbüro. Mit den anderen Genossen hatte sich Hans-Peter Minetti schon vorher, durch einen Hinterausgang, nach Hause geflüchtet.

Dort sitzt er nun, ein ratloser, alter Mann, in seiner Polstergarnitur und schaut auf den Fernseher, auf dem, inmitten einer gehäkelten Pfütze, ein napoleonischer Porzellanoffizier strammsteht. In den »Heute«-Nachrichten verliest die Sprecherin die Meldung vom Rücktritt Krenz' und von der Auflösung des ZK. Und der Schauspieler Minetti weint.

Als ob er erst jetzt, da die Vorgänge vom Nachmittag eine Nachricht im Fernsehen geworden sind, begreift, daß für ihn alles zu Ende ist – der reale und jede andere Form von Sozialismus. Er weint um seinen Sitz im ZK, für den er Jahrzehnte gebuckelt und geschuftet hatte, und er weint um sein Leben.

*

Eine Treppe verbindet die beiden Etagen der Wohnung. Sie führt in einem Bogen hinauf, und jeder, der sie betritt, stößt auf das lebensgroße Ölbildnis eines alten Mannes: Schlohweißer Schädel, blaue durchdringende Augen, aristokratisch gekerbte Falten – mißmutig blickt der alte Theaterfürst Bernhard Minetti auf seinen Sohn herab, wenn immer er in sein Arbeitszimmer strebt, um Texte zu lernen. Wenn er allerdings wieder herabsteigt, sieht Hans-Peter Minetti niemanden als sich selbst – an der Stirnseite, in Höhe der oberen Stufen, hängt ein schwerer, mannhoher, goldgerahmter Spiegel.

Eine Woche lang hat er sich jetzt dort oben eingebunkert. Er hat eine neue Rolle gefunden und mit ihr eine neue Religion. Er ist heimgekehrt – ins Wolkenreich der Kunst. Die Religion, zu der Hans-Peter Minetti in diesen Tagen gefunden hat, heißt Reue, heißt »Tannhäuser«. Während unten in der Wirklichkeit, zu der er früher mit Siegerlächeln herabzusteigen pflegte – nicht ohne einen prüfenden Blick in den Spiegel zu werfen – die Genossen auf dem Sonderparteitag um eine Neugeburt der SED ringen, übt der Schauspieler Minetti oben den Büßer, paukt er das hohe Lied des Sünders, der um Erlösung fleht.

Unten werden die ersten Übergriffe auf Stasi-Beamte gemeldet, die ersten Selbstmorde, Verhaftungen. Dort unten wächst die Angst vor Pogromen – und oben deklamiert der Schauspieler Minetti seine neue Rolle. »Ich bringe, Herr, meine Klage vor dich und will dir gütiger Vater ganz vertrauen.«

Heute möchte er nicht mehr über realsozialistische Fehler reden, sondern nur noch über metaphysische Schuld. Was heißt reden: herausflüstern, wimmern und schreien möchte er sie, mit Inbrunst und Versmaß und Wirkung.

Er schließt die Augen, hebt die Linke an den schlohweißen Schädel und stößt hervor: »Ich habe zeit meines Lebens gesündigt und bisher nur selten bereut.« Demnächst wird er mit dem Text auf Tournee gehen, die ersten Verträge sind schon unterschrieben. »Dein Martyrium und deine Gottheit mögen mir helfen.« Mit diesem Tannhäuser-Abend wird er wiedererstehen als Schauspieler, liefert die Geschichte nicht wunderbares Material?, ... »daß ich mich hier und jetzt der Buße stelle und für sie entgelte.«

Hat nicht auch der heute 84jährige Sippenfürst Bernhard Minetti, der »Chef«, wie ihn die Familie ehrfürchtig nennt, nach dem Kriege schwere Zeiten durchgemacht, jahrelang kalt gestellt, weil er ein Theaterstar der Nazis war? »Da ich auf deine Gnade hoffe, so hilf mir, daß sich mein Verlangen erfülle.« Auch der »Chef« kam erst hochbetagt, in einem glänzenden Comeback, in den Theaterolymp, und gute alte Schauspieler werden immer gebraucht, egal, was früher war. »Gib mir einen so starken Geist, daß mich der Teufel nicht verführen kann...« Es klingelt, unten geht eine Tür, Stimmengewirr im Flur und Minetti sagt: »Scheiße, ausgerechnet jetzt.«

Sein Sohn Daniel ist gekommen und liefert sein dreijähriges Töchterchen ab, das die Großeltern nur »Glückle« nennen – ein kleines Bündel Glück in diesen schweren Zeiten. Daniel, der im »Maxim Gorki Theater« spielt, war schon vor anderthalb Jahren aus der Partei ausgetreten – während der Januar-Demonstrationen war er nur knapp Prügel und Verhaftung entronnen. Noch deutlich hat er im Ohr, wie ein Stasi-Beamter rief: »Die beiden greifen wir uns heraus« und er hatte auf ihn und seine Frau gedeutet. Sein Vater hatte ihn damals beschworen, mit dem Austritt zu warten. Er hatte gefleht und gedroht. Und schließlich resigniert erkannt, daß eine neue Generation herangewachsen ist, die, wieder einmal, den Vätern die Schuldfrage stellen wird. Über Politik sprechen die beiden nicht. Statt dessen über »Glückle«, über Rollen. Daniel liebt seinen Vater.

Daniel, 31, hat die blauen Minetti-Augen. Sie sind nicht grandios umdüstert wie die des Sippenfürsten, nicht sentimental schwimmend wie die des Vaters, sondern – nachdenklich. Ihn reut die Unterschrift, die er spontan unter den Aufruf Stefan Heyms für einen »besseren« Sozialismus gesetzt hat. Die Revolution hat nicht nur Zaren gestürzt, sondern auch die Heilserwartung dahinter zertrümmert. »Bisher dachten wir, der Sozialismus sei ein verzauberter Prinz, der nur befreit werden muß. Jetzt haben wir den Frosch an die Wand geknallt. Und ich befürchte, daß der Sozialismus doch nur ein schrumpeliges Männchen aus dem 19. Jahrhundert ist.« Das neue Jahrhundert wird ohne Ideologien, ohne Theologie auskommen müssen, und die Menschheit ohne Paradies.

Minetti schaut in ratlosem Stolz auf seinen Sohn. Ihm imponiert diese Gradlinigkeit, und ihm dämmert, daß er sich selbst vor langer Zeit als Geisel genommen hat, sich und andere unter ein Joch gekrümmt hat, das »Kaderdisziplin« hieß.

Oft hatte der Parteisoldat in ihm den Schauspieler im Würgegriff. Vielleicht hätte er ein ganz großer werden können. Einer wie der »Chef«. Es gab immer wieder diese schizophrenen Brüche. Etwa, als ihm Frank Beyer in seinem Film »Spur der Steine« eine Rolle anbot. Ein hinterhältiges Angebot: Er sollte einen dogmatischen Parteikriecher, sollte sich selbst spielen.

Minetti griff damals zu. Und spielte den Parteikarrieristen Heinz Bleibtreu so gut, so charakteristisch, daß sich viele SED-Genossen in ihm wiedererkannten. Der Film verschwand aus den Kinos. Erst heute, nach 23 Jahren, wird er wieder gezeigt. Und in sämtlichen Vorstellungen im ausverkauften »Kosmos«-

Kino gibt es Szenebeifall, wenn Bleibtreu von einem Arbeiter »Arschloch« genannt wird. Minetti hat sich den Film bis heute nicht angeschaut.

Am Abend steht er als Feldprediger in Brechts »Mutter Courage« auf der Bühne. Er muß sich vorbereiten. »Lesen Sie in der Zwischenzeit meine Rede vor dem 9. Plenum«, sagt er und legt einen roten Folianten mit Sitzungsprotokollen auf den Tisch, »da müssen Sie einfach erkennen, daß ich schon vor einem Jahr Kritik geübt hatte.« Als ob es darauf jetzt noch ankäme.

Das Buch ist ein Kompendium der rhetorischen Spagate, der greisenhaften Barrikadenromantik eines vergangenen Jahrhunderts. Und dazwischen, immer wieder, Rituale der Selbsterniedrigung, der schäumenden Entschuldigungen, etwa des einstigen Kultusministers Hoffmann, der den Redakteuren von *Theater heute* ein allzu freimütiges Interview gegeben hatte.

Aus dem Buch fällt ein Zettel – Anweisung Kurt Hagers an den Genossen Hans-Peter für seine Rede. Was für ein Hundeleben – soviel Krummbuckelei für eine kleine Einbauküche und Cordsessel mit Häkeldeckchen? Ohne einen Rest von Theologie, von fernen Erlösungserwartungen geht das kaum. Minetti ist stolz darauf, daß er in seiner Rede Volker Brauns Theaterstück »Die Übergangsgesellschaft« verteidigt hatte. In diesem Stück sinniert der alte Revolutionär Höchst, ob sich das Kämpfen gelohnt habe – und Zweifel ist ein Sakrileg für Stalinisten. Minetti jedoch argumentierte scholastisch für das Stück: Erst der Zweifel befeuere doch den Glauben.

Ihm, tönte er im ZK, sei es ergangen wie vielen Zuschauern. Er wollte »diesem Wilhelm Höchst am liebsten noch mitten im Spiel zurufen: 'Ja, glaube mir, das hat sich gelohnt: Alles was du für uns erkämpft, wie du für uns gestritten und gelitten hast ... ich verstehe sehr gut, daß du dir diese quälende Frage stellen mußt. Hab Dank dafür, daß du das tust – denn *deine* Frage hilft mir, *meine* Antwort zu finden.'« Es ist die Offensive der Selbstentleibung, die der Schauspieler im ZK vorführte, die Dialektik des Spielers, die Geschmeidigkeit des kritischen Opportunisten.

Ein gespenstisches Protokoll in dieser bürgerlichen Nippes-Höhle, diesem gemütlichen Topfpalmen-Alptraum. Aus dem Nebenzimmer dringt ein Aufschrei: »Unser König hat immer nur die Freiheit im Aug' gehabt.« Der Schauspieler übt den Feldprediger, übt eine andere Rolle ein, neue große Worte, und irgendwann ähneln sie sich alle. »Man müßte eine neue Sprache erfinden«, hatte Daniel Minetti am Nachmittag gesagt, ohne allen Zusammenhang, ganz leise, wie zu sich selbst.

Die alte Sprache, die hohl-belehrende, die Sprache als Kathederstock, wird am Abend im Berliner Ensemble geschwungen – in Bert Brechts »Mutter Courage«. Das einstige »Theater am Schiffbauerdamm«, ein reich verzierter Puttentempel, ist längst zum Museum verkommen, bespielt von gehätschelten Staatsschauspielern, die dem Publikum den sozialistischen Reißbrett-Menschen entwerfen.

Kaum ein Mitglied dieses sozialistischen Establishments ohne Auszeichnung – selbst kokettes Dissidententum wird hier in Maßen geduldet, wenn es der Sache dient. Schatrows Stück »Blaue Pferde auf rotem Gras« etwa, in dem Lenin in einer fürchterlich sentimentalen Kolportage gegen die Bürokratie kämpft, war über Jahre ein frivoler Renner – am Abend zuvor galoppierten die »Pferde« vor halbleeren Rängen. Wen interessieren noch Aufbauprobleme beim Sozialismus, wo das Volk bereits mit dem Abriß beschäftigt ist?

Auch die »Courage«-Inszenierung stammt aus dem Friedhof der sozialistischen Theatralik. Peter Kupke, heute im Westen arbeitend, hatte sie vor elf Jahren eingerichtet, streng nach den Modellen, die Bertold Brecht bereits vor 40 Jahren für die Berliner Premiere entworfen und anschließend kanonisiert hatte.

Auf dem Weg zur Garderobe, vorbei an dem edlen Armutskrempel, dem Planwagen und den Helmen und anderen Reliquien dieser erstarrten Theaterliturgie, grüßt Minetti seine Kollegen fast anbiedernd freundlich. Die Karten sind neu gemischt. Gestern noch war er ein mächtiger Funktionär. Heute ist er nur noch Schauspieler. Andere Mitspieler haben sich der Wende geschmeidiger angepaßt. Sie gehen auf Distanz.

Nur widerwillig läßt sich der Maskenbildner herbei, Minetti zum Feldprediger zu schminken. »Er ist die Number One bei uns«, sagt Minetti mit kindlicher Bewunderung, und der Maskenbildner nickt gönnerhaft. Dann bleibt Minetti allein zurück, vor dem großen Spiegel, und legt die Hand auf sein Textbuch. In letzter Zeit, sagt er, habe er einen Alptraum, der immer wiederkehre. Er steht auf der Bühne und will zu einem großen Monolog ansetzen. Doch der Text fehlt ihm – er hat sich in ein Stück verirrt, das er gar nicht kennt.

Eine Gruppe dänischer Touristen verliert sich im halbleeren Parkett. Und wieder schiebt die Marketenderin Anna Fierling ihren Planwagen, und wieder kreist die Bühne, und wieder bewegen sich Schauspieler wie Figuren einer Schachpartie, wie Beweisstücke für Thesen über »den Menschen« und »den Krieg« und »das Geld«.

In dieser müde-abgetakelten Routine-Inszenierung gibt es jedoch ein unerwartetes Leuchten. Es kommt nicht von der

Mutter Courage, der Diseuse Gisela May. Es ist der Feldprediger, der fasziniert. Ein schmaler, alter, weißhaariger Mann, der sich in den Troß der Courage geflüchtet hat. Da ist einer, der lacht und stottert und sich windet. Der schüchterne Annäherungsversuche unternimmt und abgewiesen wird. Der nichts beweist, sondern an seinem Glauben zweifelt. Der Angst hat. Ein Mensch.

Photo: Ruth Walz

Schwarze Magie und Randale
Über Klaus Michael Grübers »Faust«-Inszenierung

»Ich habe mich regelrecht durchgekämpft«, hieß es in der *BZ*. Und weiter: »Ich habe gar nicht verstanden, worum es eigentlich geht. Das lag auch daran, daß das Stück mit einem sehr geringen Aufwand inszeniert wurde.« Premierenstimmen – wenn die keine Beweiskraft haben! Faust 82, eine »Zumutung«, ein »Kampf«. Wer hätte das gedacht, daß aus Goethes Text, diesem gesamtdeutschen Allgemeinplatz, noch ein Schlachtfeld werden kann. Eines, auf dem auch Theater und dessen Gewohnheiten verhandelt werden, denn der Zusammenhang zwischen Unverständnis und »geringem Aufwand«, den der *BZ*-Leser herstellt, der etwas sehen möchte für sein Geld, ist gar nicht so verblüffend, wenn man sich die Theatermeterware unserer Tage anschaut – üppige, schickverrätselte Ausstattungsorgien, Fettaugen auf der ganz gewöhnlichen, alltäglichen Reizflut. Da insbesondere Berliner Kritiker gerne mit dem Publikum koalieren, hagelte es Verrisse. Hier funktionierte die Koalition, denn Goethe gehört uns allen, nicht wahr? Und Grübers Inszenierung sollte, im Goethe-Jahr, die gemeinsame Zuckerguß-Torte sein.

Die Argumente der Koalition: zu dunkel, zu leise, zu unfertig, weil Rollen gestrichen wurden. Die Rasterfahnder im Parkett wissen, wie Faust auszusehen hat: Sauber und dämonisch wie Will Quadflieg. Doch nicht das Leise-Sprechen, das Verstummen war die Provokation für *BZ*-Leser und Kritiker, sondern das Geheimnis, das (zu Recht!) dahinter vermutet wurde. In diesen ungemein aufgeklärten Zeiten mit ihren EDV-Karteien nennt man Geheimnisse: Heimlichtuerei. Dieser »Faust« zum 150. Todestag war notwendig. Und er ist, in all seiner Fremdheit, atemberaubend schön. Auf »Faust« als ungesichertes, überraschendes, stets gefährdetes Abenteuer muß man sich einlassen. Und man lasse sich nicht etwa durch die Fernsehaufzeichnung abhalten. Eine Kamera saugt die Geheimnisse dieser Inszenierung ab. Sie sterilisiert die Inszenierung, macht sie zu hell, zu laut, zu bequem, raubt ihr Dimensionen. Sicher, Grübers »Faust« ist ein Torso. Aber einer, der glüht.

Schwankende Gestalten, tanzende Schatten, in den unruhig

flackernden Flammen des Kaminfeuers das wächserne Profil eines alten Mannes. Der liest. Die Zeit steht still. (Und tut es doch nicht: Im Parkett piept das elektronische Signal einer Armbanduhr.) Schließlich schlägt er den Folianten zu auf dem gotischen Lesepult, wandert unruhig hin und her, Kopftiger in dieser Gruft, einem Schattenreich von kathedralischen Ausmaßen. Rechts schimmert matt eine Glaskugel. Ein Scheinwerferspot fällt auf den Bühnenboden. Fährt neben den Greis nieder. Durch dunkle Wolkenbänke, bei Füssli, Friedrich oder auf Wehrmachtspostkarten, bricht manchmal ein derartiger Lichtstrahl. Der alte Mann erschrickt, tastet sich hinein in den magischen Kreis. Er betritt diese Stelle der Bühne wie eine ganz dünne Eisdecke. Später wird er sein Raubvogelgesicht in den Scheinwerfer recken und mit ersterbender Stimme fragen: »Bin ich Gott?« Die theatralische Gebärde, der Scheinwerfer, der Bühnenvorhang (den der dienstbare Geist Mephisto für Faust öffnet und schließt, den das Gretchen für Faust flickt) – Grüber präsentiert sie wie Kultmittel, die sich ihrer Wirkung nicht mehr sicher sind. Die Erinnerung an »Faust« ist an diesem Abend auch die Erinnerung an große Momente des Theaters, an seine Magie, seine großen Gefühle, seine großen Gesten. Keiner beherrscht die heute so wie Bernhard Minetti, wenn er sich streckt und die Faust zum (Bühnen-)Himmel schüttelt, wenn er Zwiesprache mit einem Totenschädel hält, – Minetti schließlich auch als Zitat von Bernhard Minetti.

Ein mißglückter Selbstmord: Dieser Faust hat wirklich Bilanz gezogen, ist am Ende. Da ist keine Spur mehr von romantischem Weltschmerz. Das ist der nackte, illusionslose Weltekel. Bernhard Minetti spricht, flüstert keine Apercus, sondern nur noch letzte, grausame Wahrheiten. Und er läßt den schäbigen, verzweifelten Realismus dieser Situation zu, er stellt den Kopfmenschen Faust auf die Füße. »Es möchte kein Hund so länger leben.« Er zieht eine Taschenflasche aus dem Mantel. Die gelbe Weste darunter, ein Modetick der Jugendzeit, war einmal blütenrein. Sie hat Flecken bekommen. »Darum habe ich mich der Magie ergeben.« Er entkorkt die Flasche. Doch auch die Räusche, die Geister, halten ihre Versprechen nicht mehr. Faust, ein Trinker, dem der Selbstbetrug nicht mehr glückt. Er wird das Gift nehmen, hinter der Bühne, unseren Blicken entzogen, denn einen solchen Schritt tut man allein. Doch im letzten Moment hält ihn etwas. Kein Argument, sondern ein Ton. Osterglocken, ein Klang, ein verwirrendes Gefühl, ein sentimentaler Zweifel, das treibt ihn zurück ins Leben, zurück auf die Bühne. »Erinnerung hält mich nun mit kindlichem Gefühle«, sagt er, und er sagt es zu sich selbst, irritiert über die eigene Schwäche ... und bevor er fortfahren kann (»von diesem letzten, ernsten Schritt zurück«) brüllt ihn einer an: »Lauter!«

In dem Ruf liegt viel angestaute Wut. Ein Ruf wie eine Ohrfeige. »Lauter!« brüllte Freisler vor dem Volksgerichtshof die Delinquenten zurecht. Faust 82. Das Leben hat ihn wieder. Die Bühne hat ihn wieder. Nun will ihn auch der Schreihals aus der elften Reihe, und zwar den kompletten Faust, den geständigen, nichts auslassenden. Einen, der mit den Vernehmungsprotokollen übereinstimmt.

Bernhard Minetti reagiert gelassen. Er steht sofort neben seiner Rolle. Er ist zuvorkommend, kompromißbereit: »Ich werde es versuchen. Es wird hoffentlich nicht schlechter dadurch.« Dieser Vorfall ist ein Prisma, in dem die Energien des Abends zusammentreffen: Grübers »Faust« als inwendiges Selbstgespräch, als leise Erinnerung an die Bühne; der »Faust« als Festakt, allenfalls als Trauerfeier, aber sicher nicht als Trauerarbeit, den sich das Publikum herbeipfeifen möchte: »Faust« als großer Monolog für einen großen Mimen, und der wäre nicht groß, wenn er nicht das Publikum für seine Leistung gewinnen wollte. Minetti möchte sein Publikum auch über die Kluft hinweg beherrschen. Grüber will die Kluft zeigen.

Fragmente. Gottfried Benn nannte sie die »Blutgerinnsel des zwanzigsten Jahrhunderts«. Fragmente sind dem Ganzen überlegen. Geschlossenheit täuscht. Mit komplettem Blödsinn werden wir täglich konfrontiert. Mit dem kompletten Faust hat uns Grüber verschont. Er bricht ab, zeigt Brüche, »Risse im Parthenon« (Benn). »Prolog im Himmel«, »Hexenküche«, »Walpurgisnacht« und vieles andere fehlt. Grüber konzentriert auf den Monolog der »Studierzimmer«-Szene, dem Minetti eine nicht mehr für möglich gehaltene Magie zurückgewinnt. Es gibt an diesem Abend viele Pausen, doch Stille kann schreien. Es fehlt vieles, doch Lücken können demonstrieren. Verhüllungen schärfen den Blick für Konturen. Mit dem kompletten »Faust«, der ihm nur noch als geistloser Drill gelang, ist vor zwei Jahren in Hamburg Hans Hollmann gescheitert. Und ob Peymann heute noch einmal einen »Faust« als Spektakel riskieren würde? Gegen das nationale Goethespektakel, in dem unter anderem der Bundespräsident am Rednerpult deklamiert: »Über allen Gipfeln ist Ruh'« (ein Gipfeltreffen sozusagen), dagegen käme er wohl kaum an. Grüber hat nach einem fast 200 Jahre alten Text gegraben, so wie er nach Hölderlins »Winterreise« oder »Empedokles« gegraben hat. Und er hat Bruchstücke geborgen.

Grüber zeigt Schemen, Schatten, Finsternis. Hier kann er verblüffende Werktreue gegen die Störer ins Feld führen. 1790 veröffentlichte Goethe »Faust, ein Fragment«. Als er 1808

»Faust, der Tragödie erster Teil« in Druck gibt, stellte er ihm ein intimes Gedicht mit dem Titel »Zueignung« voran. Von »schwankenden Gestalten« ist die Rede, von »Nebel«, »Zauberhauch«, »Schatten«. Von einem »lispelnd Lied«. Und eine Ahnung: »Mein Lied ertönt der unbekannten Menge, ihr Beifall selbst macht meinem Herzen bang«. Kurt Hübner liest die »Zueignung« aus einem Reclamheft ab, untheatralisch, ohne Pose. Vor dem geschlossenen dunkelroten Vorhangsamt wirkt er wie der Direktor eines humanistischen Gymnasiums, der gleich die Abiturzeugnisse verteilt. Zuvor aber, ganz altmodisch, Einstimmung, Besinnung.

In diesem Traumspiel sind die übrigen Figuren durch die Augen Fausts wahrgenommen. Mephisto schießt in das Studierzimmer wie ein geprügelter Hund, der Schutz sucht. Schutz sucht man bei Stärkeren. Faust geleitet ihn zum Feuer, wo sie sich aufwärmen, zwei Silhouetten, schweigsam. Dieser Mephisto ist kein souveräner Schwätzer, sondern ein armer Teufel. So einer verhökert geklaute Armbanduhren am Bahnhof Zoo: breite Koteletten, schmieriger Blick, absolut ohne Format. Lichtscheues Gesindel. Peter Fitz gibt dem Mephisto die überzeugende Traurigkeit eines Menschen, der von vornherein weiß, daß er verloren hat. Er ist im Grunde genommen nicht Gottes, sondern Fausts Schachfigur. Umgekehrt ist Faust für ihn ein neuer Job, ein neuer Herr, der ihn tritt.

In diesem riskanten Unternehmen, diesem Vabanque-Spiel der Kunst, diesem ständig gefährdeten Abenteuer muß es Verlierer geben: Gretchen, blaß, verwischt, plötzlich eine auf großer Bühne allein gelassene Gymnasiastin, die das Lied vom König von Thule singt. Hier verlor Grüber. Fausts selbstversunkene, Visionen wie schwere Felsbrocken wälzende Monologe dulden nur handwerklich brillante stimmungssensible Reflektoren, die er in Peter Fitz und Gerd David (ein schattenhafter deutscher Michel als Wagner) hat. Unschuld läßt sich nicht einfach auf die Bühne transplantieren. Gretchen das Opfer wird an diesem Abend zum Opfer für ein verbrauchtes Publikum. Neben ihr wirkt plötzlich selbst Minetti phasenweise stumpf, da ist zuviel Tageslicht auf der Bühne.

Faust steigt über das Gretchen, ein zuckendes Opfer, hinweg. Selbst die Gewissensqualen sind schon zu schmerzender Routine geworden. Es ist nicht die Stimme von oben, sondern Faust selbst, der im Kerker resümiert: »Sie ist gerettet«. Das klingt wie: »Die hat's hinter sich!« Das letzte Wort aber gönnt Grüber dem Opfer. Gretchen sagt: »Heinrich, mir graut's vor dir.«

»Mit Ausnahme der Musik, die ... einen abendländischen Mythos nach der Entmythologisierung darstellt, sind die Künste wahrhaftige Seismographen des Bruches.« (Dietmar Kamper). Über dem Schlußbild, Gilles Aillauds zauberdichter, geheimnisvoller Bühnennacht, erklingt traumverloren die Klaviersonate op. 111 von Beethoven. Musik, eine Kunst, die mit sich selbst spielt, ein Reich, in dem es noch keinen Bruch zwischen Symbol und Wirklichkeit gibt. Diese Versöhnung mag Grüber angestrebt haben. Seine Inszenierung war auch der atemberaubende Versuch, die Entzauberung des Theaters aufzuhalten, seine frühe Magie wenigstens momentweise wiederherzustellen. Ein solches Theater darf nicht nur behauptet, es muß auch geschützt werden: Faust am Wanderstab schreitet, rastlos wie Ahasver, langsam in die Bühnentiefe hinein. Ihre Finsternis nimmt ihn auf. Hinter ihm schließt Mephisto den Vorhang, verschränkt dessen schwere Kordeln. Eine Inszenierung wird versiegelt. Wir leben in Zeiten, in denen Kunstwerke strahlensicher eingebunkert werden, um sie zu retten. Vor uns.

Reportagen

Photo: Lebeck

Kant im Sündenbabel
Missionare, Politiker und Leinwandgötter im südindischen Madras

»Kant, verstehen Sie«, sagt der Mann mit dem gepflegten Kinnbart, und die Augen hinter seiner Hornbrille fixieren einen Punkt jenseits des Rikscha-Fahrers, den er um Haaresbreite verfehlt. »Wenn Sie Kant lesen wollen, wo gehen Sie dann hin? Richtig, in eine Bibliothek«. Eine Kuh zwingt ihn zu einer Vollbremsung. »Und wenn Sie einen guten Film sehen wollen, den kein Kino bringt, weil Kinos auf Schwachsinn abonniert sind? Dann gehen Sie in eine Bibliothek für Filme.« Er lächelt befriedigt.

Charuhassan ist ein kultivierter Mann. Er fährt einen japanischen Wagen mit Klima-Anlage. Er besitzt ein drahtloses Telephon. Er liest Kant. Und er hat eine Vision. Er will den anspruchsvollen Film nach Madras bringen.

Wer will hier schon Kant lesen, überlege ich mir, während wir das Verkehrschaos der Hauptstraße durchpflügen. Wenn es einen Ort auf der Welt gibt, an dem die reine und jede andere Form der Vernunft abgemeldet ist, dann hier. Madras ist ein farbiges Delirium. Ein jugendfreier Irrsinn. Ein Babel aus Kühen, Dreck und Göttern. Madras ist das Hollywood Indiens – billiger, greller, verrückter als Hollywood je war. Ein Hollywood ohne Sunsetboulevard, ohne Mondrian-Hotel und offene Porsches. Statt dessen säumen gigantische Monsterrachen, Muskelmänner und Prinzessinnen mit kirschroten Mündern die schlammigen Straßen, in den Himmel gepinselte Pappkulissen-Träume, zu deren Füßen sich armseliges Menschengewimmel bricht: Bettler, Unberührbare, Tuchhändler, Obstverkäufer, Lepröse, Tagelöhner. Und da redet einer wie Charuhassan von Kant, dem Säulenheiligen abendländischer Vernunft.

Madras ist die Hauptstadt des südindischen Bundesstaates Tamil Nadu. Von seinen 42 Millionen Einwohnern, schätzt Charuhassan, gehen täglich rund 4 Millionen ins Kino. Zehn Prozent der Bevölkerung sitzen täglich vor der Leinwand und schauen auf zu Helden, die entehrte Schwestern rächen, die Golfanzüge tragen, Mütter beschützen und heimtückische Unternehmer aufs Kreuz legen.

Die südindische Boomtown hat der bisherigen Filmkapitale Bombay den Rang abgelaufen. Sie zieht die Zelluloid-Spekulanten aus den gleichen Gründen an, wie Hollywood die Geldleute aus dem Osten zu Beginn des Jahrhunderts: Das ewig gute Wetter und die enorm billigen Produktionsbedingungen. Von den rund 900 indischen Filmen, die jährlich produziert werden (Gesamtumsatz 1985: 5137 Millionen Rupies) wird rund die Hälfte in Madras heruntergekurbelt. Die zahlreichen Synchronstudios sind Tag und Nacht ausgebucht, um die Tamil-Filme in die sechzehn indischen Hauptsprachen und ins Englische zu übersetzen. Hauptexportgebiete sind die arabischen Länder und der ferne Osten.

Doch allein der inländische Markt ist überwältigend: Da von den 750 Millionen Indern zwei Drittel nicht lesen können und das Fernsehen ein Luxusartikel ist, ist der Film als Fluchtmittel in eine schönere Welt konkurrenzlos.

Und in Madras werden die meisten und schlechtesten Filme der Welt produziert. Hier werden kitschige Träume am Fließband produziert. Und wer die Träume beherrscht, hat Macht über die Menschen. Das sichtbare Zeichen dafür ist in Madras der Mann in Gelb, eine Riesenfigur, die am Ende der Hauptstraße alle anderen Fantasy-Attrappen turmhoch übertrumpft. Majästetisch ragt der Mann in Gelb in den azurblauen Himmel empor, von Dutzenden von Holzlatten an einem alten Wasserturm befestigt, gekettet wie Gulliver im Land der Winzlinge. Der Mann lächelt wie über ein Geheimnis, dessen Lösung nur er kennt. Er trägt eine dunkle Sonnenbrille. In seiner Linken hält er eine weitere dunkle Brille. Kein normaler Sterblicher aber trägt zwei Sonnenbrillen gleichzeitig mit sich herum. Der Mann in Gelb heißt MGR. Früher war er ein berühmter Filmstar. Ein Gott. Heute ist er Ministerpräsident von Tamil Nadu.

Mir gelingt es nicht, das Geheimnis der Sonnenbrillen zu lösen. Ein Wahlkampfversprechen? Jeder, der mich wählt, bekommt eine Sonnenbrille? Auch Charuhassan, der schließlich Kant gelesen hat, zuckt ratlos mit den Achseln. Doch eines ist klar: MGR herrscht nicht nur über das Straßengewimmel von Madras. Er beherrscht die Köpfe und die Träume seiner Wähler. Als Rächer der Enterbten, als tugendhafter Outlaw in einer korrupten Welt hat er schon den Eltern der Jugendlichen, die heute vor den Kinos Schlange stehen, die Tugend personifiziert und das Gute im Menschen.

Als er vor rund fünfzehn Jahren beschloß, in die Politik zu gehen, folgten ihm seine stramm geführten Fanclubs willig. Die rund 1,5 Millionen MGR-Getreuen bildeten den Kern seiner Partei AIADMK, die die übermächtige Kongreßpartei in die Knie zwang. Nun zieht MGR wieder in den Wahlkampf. Auch sein Herausforderer war früher Filmschauspieler. Doch Karunanidhi hat keine Chance. Nicht wegen der zahlreichen

Korruptionsprozesse, die ihm anhingen. Nein, ihm fehlt einfach das Charisma. Er spielte die falschen Rollen. Sein Billboard ist nur halb so hoch wie das von MGR. Und er hat keine einzige Sonnenbrille.

Am Vortag hatte MGR eine Wahlversammlung abgehalten. Tausende strömten herbei, um ihr Idol zu bewundern. Da der Ministerpräsident, geschwächt durch eine auszehrende Krankheit, nicht in der Lage war, sinnvolle Sätze zu bilden, wurde seine Rede später gedruckt an die Journalisten verteilt. Eine Botschaft jedoch kam an: MGR forderte seine Getreuen auf, sich mit Messern zu bewaffnen, um der Konkurrenzpartei bei Übergriffen »nicht hilflos ausgesetzt zu sein«. Ein Schrei aus mehreren tausend Kehlen nahm diese Aufforderung begeistert auf.

Über Politik, über die Verführbarkeit der Massen, über Filmstars als politische Gurus will Charuhassan nicht reden. Er verbarrikadiert sich in seiner Vision: den anspruchsvollen, sozial engagierten, intelligenten Film nach Madras zu bringen. Er klammert sich an die Vernunft. Vielleicht will er damit die Dämonen in Schach halten, die den Alltag in Madras verfratzen.

Einen Regisseur sowie Videokameras und »sechs hervorragende Drehbücher« hat er bereits eingekauft. Vertreiben will er seine Streifen über Videotheken. »Immerhin gibt es bei uns bereits 400000 Videorekorder. Das müßte doch laufen.« Offenbar gibt es größere Rätsel, als das der zwei Sonnenbrillen. Zum Beispiel, wie ein intelligenter Mensch wie Charuhassan dazu kommt, in diesem El Dorado des Ramsches mit anspruchsvoller Ware ein Geschäft zu wittern.

Charuhassan stammt aus einer einflußreichen Familie. Sein Vater war Gerichtspräsident. Er selber führte eine gutgehende Anwaltskanzlei in der Nachbarstadt, bis er der dortigen Mafia in die Quere kam: eines Tages wurde sein Anwaltsgehilfe auf offener Straße niedergestochen. Charuhassan verstand den Wink, packte seine Gesetzestexte und seine Kant-Ausgabe in den Koffer und zog nach Madras. Logisch, daß er schnell dort arbeitete, wo alle arbeiten, die in Madras Geld verdienen wollen: Im Film-Business. Keiner handelte derart gewiefte Verträge aus. Zwischendurch stand er selbst vor der Kamera, führte Regie und produzierte. Seine Tochter Suhashini, 19, ist bereits ein Star, mit einer Tagesgage von 10000 Rupies. Doch der Superstar der Familie ist Kamala Hassan, Charuhassans jüngerer Bruder.

Wir treffen Kamala Hassan auf dem Set in den AUM-Studios, das mit seinen blaßblauen Art-Déco-Fassaden tatsächlich einen Hauch Hollywood verströmte – wäre da nicht diese Kuh, die an einem der Filmplakate an der Außenmauer knabbert. Die Plakate werden mit Reisleim angeklebt, und den Kühen, wahre Demokraten, ist völlig egal, wessen Konterfei sie da in Stücke reißen. Wahrscheinlich sind sie die einzigen in Madras, denen es nur auf die Rückseite der Poster ankommt.

Auf seinen Werbeplakaten wirkt Kamala Hassan wie ein drei Meter großer Übermensch, ein Macho mit Manieren, die indische Antwort auf Sylvester Stallone: gutäugig-sanft, doch eine alles niederwalzende Ein-Mann-Armee, wenn man ihn reizt. Natürlich reizen ihn Ungerechtigkeit und Schändung schöner Mädchen am meisten.

Doch nun steht ein mittelgroßer, bescheidener Mann vor mir, der intelligent und witzig antwortet. Mit seinen 31 Jahren hat Kamala Hassan bereits 160 Filme gedreht. Er ist ein Name, den Produzenten unter Vertrag nehmen, bevor sie zu den Banken gehen, um Millionenkredite aufzunehmen. »Madras heute«, sagt er, »das ist wie Hollywood in den zwanziger Jahren. Eine Goldgräberstadt. Es gibt hier kometenhafte Karrieren und abgrundtiefe Stürze. Wer Geld machen will, und eine Spielernatur ist, investiert in Filme. Die Profite sind schwindelerregend.« Über das deutsche Kino weiß Kamala Hassan ausgesprochen gut Bescheid. »Schließlich haben die deutschen UFA-Regisseure in den zwanziger Jahren die Initialzündung für die indische Filmkunst gegeben.«

Mit der Kunst, sagt er, ist es heute nicht mehr weit her. Ein paar Regisseure in Kalkutta, wie Satyajit Ray und Mrinal Senh, haben internationalen Standard. Er nennt Reinhardt Hauff, den er persönlich kennt, Faßbinder und Werner Herzog. Er findet sie aufregend. Doch das ist eine andere Welt. »Hier bei uns geht es nur darum, das Publikum für ein paar Stunden zum Lachen oder zum Weinen zu bringen.« Seinem Bruder Charuhassan und seiner Video-Idee gibt er nicht die Hauch einer Chance.

Kamala Hassan verfügt über eine der größten Fan-Organisationen des Landes. Das Besondere an seinen Clubs: Sie sind politisch abstinent. Während andere Stars ihre Armadas für politische Karrieren mobilisieren, hat er seine Gefolgschaft auf rein soziale Aufgaben verpflichtet. Er hat eine Blutspende-Aktion ins Leben gerufen und ging selbst mit gutem Beispiel voran. Alle zwei Wochen erstatten ihm Deligierte seines Clubs Bericht über die eingegangenen Spenden. Doch Kamala Hassan, der Kino-Gott verlangt mehr, als das Blut seiner Fans. Er will ihr Augenlicht: Sie unterschreiben eine Erklärung, in der sie ihre Augen nach ihrem Tod einer Klinik zur Verfügung stellen, die diese im Kampf gegen die zahlreichen Augenkrankheiten dringend benötigt. Kann es einen größeren Loyalitätsbeweis für einen Kinostar geben, als die Augen seiner Fans?

Wie andere Superstars diente sich Kamala Hassan über Banditenrollen hoch zu publikumsattraktiven Heldencharakteren. Heute nachmittag mimt er einen jungen Strafentlassenen, der sich um Arbeit bewirbt. Natürlich wird er von dem Personalchef, einem fetten Widerling, abgelehnt. Eine Szene, die jeder der tausenden arbeitslosen Kinobesucher mitfühlen kann. Darüber hinaus will das Drehbuch, daß Kamala Hassan unschuldig ins Gefängnis geworfen wird, weil er die Ehre seiner Schwester gegen Banditen verteidigt hat. Natürlich waren die Banditen von dem fetten Personalchef gedungen worden. Und natürlich wird Kamala Hassan, ganz anders als im wirklichen Leben, die Schurken zur Strecke bringen. Es ist eine der üblichen Sozialschnulzen.

Da ist kaum einer auf dem Set, der nicht in wenigstens dreißig weiteren Filmen beschäftigt ist. Die Stars werden auf Tage-Basis gebucht. So dauern manche Filme Jahre, bis sie fertiggestellt sind, weil die Terminpläne der Stars immer wieder aufeinander abgestimmt werden müssen.

Kurz erklärt der Regisseur die folgende Szene. Kamala Hassan fährt sich mit einem silbernen Kamm durch die schwarzen Haare. Ein Probedurchlauf muß genügen, dann wird gedreht. Ein einziger Schuß, und schon ist die Sache erledigt. Dreißig Drehtage und ein Budget von 1,5 Millionen Rupies genügen in Madras für einen Kassenfüller.

Vor der Türe wartet die Nichte eines Stuntmans auf Kamala Hassan. In ihren zitternden Händen hält sie eine Autogrammpostkarte. Der Superstar gönnt ihr einen braunen Schmachtblick und sie bringt keinen Ton heraus. Sie schlägt die Augen nieder, und drückt die Karte des Idols an ihr Herz. Das Verhältnis zwischen Fan und Star in Indien ist keusch und inbrünstig. Amerikanische Fans wollen ihre Stars besitzen, sie belagern und benützen. Den indischen Fans genügt die Anbetung. Sie wollen dienen.

Als Amitabh Bachan, ein Filmidol aus Bombay, bei einem Stunt schwer stürzte, umlagerten tausende seiner Fans Tag und Nacht die Klinik und beteten um ihren Helden. Als Parlamentskandidat gewann Bachan kurz darauf für Ghandis Kongreßpartei einen wichtigen Distrikt mit einem Erdrutschsieg. Sein Kollege NTR gar, der Ministerpräsident von Uttar Pradesh, der in Filmen meistens den Gott Krishna verkörperte, wird mittlerweile selber verehrt wie ein Gott. Seine Fans errichteten ihm einen Tempel.

Indische Filmstars sind tugendhaft. Deshalb büßte Kamala Hassan auch an Popularität ein, als er seine erste Frau verließ und eine andere ehelichte. Der Grund ist jedem Inder verständlich: Die erste Frau gebar ihm keine Kinder. Dennoch hat Charuhassan seinem Bruder den Ehebruch bis heute nicht verziehen, denn die Sittengesetze sind streng in Tamil Nadu. Die eisernen Moralvorstellungen spiegeln sich in den Filmen wieder. Kußszenen etwa sind verpönt. So kommt es zu grotesken Liebesszenen wie jener, in der Kamala Hassan sich, ein Lied trällernd, mit dem Rücken an seine Angebetete lehnt – keuscher und raffinierter wurde selten auf der Leinwand geliebt.

Vor Jahren wurde tatsächlich einmal geküßt – man hatte dafür eigens eine Deutsche angeheuert, die gerade in Madras Urlaub machte. Unglücklicherweise wurde sie während der Dreharbeiten krank. Sie wurde durch eine Amerikanerin ersetzt – blonde Haare, weiße Haut, blaue Augen, der Unterschied fiel keinem auf. Doch die Kußszene löste eine Parlamentsdebatte aus – der Film wurde indiziert.

»Die Prüderie der Tamil-Filme«, erklärt mir Murti, der in einem benachbarten Studio agiert, »ist der Hauptgrund für die Überlänge der meisten Streifen. In Hollywood steigt ein Liebespaar einfach ins Bett. Bei uns mußt Du zeigen, wie der Held sein Mädchen in ein Restaurant einlädt, mit ihr am Strand spazieren geht, ihm mindestens drei Liedchen vorträllert, es seinen Eltern vorstellt. Der Höhepunkt ist vielleicht eine Einstellung, in der sich zwei Blumen gegeneinander neigen.«

Murti, ein bulliger Mittvierziger mit Oberlippenbärtchen und stark geschminkten Augen, arbeitete als Anwalt, bis er sein Film-Talent als Komiker entdeckte. Er schreibt sich seine Texte selbst und improvisiert viel. »Das ist einfacher, als Plädoyers zu halten, und viel lukrativer.« Er hat keine Ahnung, wie der Film heißt, in dem er gerade auftritt – er kennt den Namen des Produzenten, das genügt.

Der sitzt draußen vor der Halle, im Schatten, bequem an einen Kunsttiger gelehnt, trinkt eisgekühlte Limonade und unterhält sich amüsiert mit Charuhassan über dessen Videopläne. Natürlich hat sich die Idee längst herumgesprochen, sie ist zum running gag der Branche geworden. Eine Gleichung mit soviel Unbekannten, die läßt selbst eingefleischte Madras-Film-Hassardeure zurückzucken. Und überhaupt, wer ist eigentlich dieser Kant?

Der Produzent hält sich an überschaubare Rechnungen. Wie etwa der Dreh heute nachmittag: 10000 Rupies kostet ihn das Equipment, dazu noch einmal 2000 Rupies Studiomiete, eine Goldgrube für den, der die Baracke hier aufgestellt und eingerichtet hat: Eine Art Palastdekoration mit Fliesen, Pappmosaiken und Wandgemälden, auf denen pfirsichhäutige Mädchen atemberaubend künstliche Blumengebinde halten – nur Film-Maharadschas können sich in einem solchen Ambiente wohlfühlen. Fünf Drehtage kann sich der Produzent hier leisten.

Draußen herrschen vierzig Grad, in der Halle über 50. Immer wieder muß unterbrochen werden, weil die Schminke zerläuft. In der heutigen Szene beschwört Ambika durch Tanz und Gesang ihren grollenden Ehemann, der sich in seinem Schlafzimmer verbarrikadiert hat. Murti rollt mit den Augen, Ambika wiegt sich in den Hüften, drei Mädchen tänzeln im Hintergrund. Murti erklärt in einer Drehpause das Rezept: »Die Leute in Indien wollen gut angezogene Menschen sehen, die satt sind und in großen Häusern wohnen. Sie wollen lachen und Lieder hören. Das ist alles.« Charuhassan folgt dem Treiben angewidert. Er sieht aus, als denke er an Kant.

Schon die Mittagsvorstellung im Devikala, einem der größten Kinopaläste der Innenstadt mit rund 1000 Sitzplätzen ist restlos ausverkauft, die Preisränge von 6 und 4 Rupies sind vergeben. Dennoch harren in der brütenden Hitze vor einem kleinen Bretterhäuschen rund hundert Frauen geduldig aus. Sie tragen ärmliche, verblichene und zerrissene Saris. Viele von ihnen haben Säuglinge auf dem Arm. Sie hoffen auf einen der sichtbehinderten Plätze, die für ganze zwei Rupies kurz vor der Vorstellung ausgegeben werden. Nur fünf von ihnen ergattern sich schließlich eines der Tickets. Die übrigen stehen eine Weile unschlüssig und enttäuscht auf dem staubigen Platz herum und zerstreuen sich dann.

Im dunklen riesigen Foyer des Kinos herrscht eine Bazar-Stimmung aus Geschiebe und Geknuffe, Pfiffen und Schlagerfetzen. Nüsse werden verkauft, Bethelspucke trocknet an den Wänden, in Vitrinen werden die Saris ausgestellt, die die Filmgöttinnen erfolgreicher Filme tragen. In einer anderen Vitrine stauben Pokale vor sich hin, Phantasiegebilde aus vergoldetem Lorbeer und eingefaßten Nummern: Trophäen für Erfolgsfilme, die 25, 50, 150 Wochen lang liefen. Auf einer Gewichtswaage balancieren drei kichernde College-Mädchen. Für 25 Paisa spuckt der Apparat ein Horoskop aus, und die Prognose heißt Ruhm, Reichtum und Gesundheit. Nun albern sie darüber, welches Glücksversprechen auf wen zutreffen wird, denn alles zusammen, das gibt es nur im Kino.

Abseits steht ein schmächtiger Junge, scheinbar unbeweglich und starrt auf die Türen zum Kinosaal wie auf die Pforte zum Paradies. Sunar ist Teeküchengehilfe in einem billigen Hotel für Reisende und Vertreter. Er verdient 240 Rupies im Monat. Mit 17 Jahren ist er der älteste der sechs Geschwister – sein Vater ist tot, seine Mutter wäscht Saris. 150 Rupies liefert er zu Hause ab. Da er nicht raucht, und im Hotel umsonst verpflegt wird, kann er die übriggebliebenen Rupies in sein Laster investieren, und das ist das Kino. Mindestens alle drei

Tage sitzt er in einem der klimatisierten Paläste, spricht die Dialoge mit und singt die Hits der Leinwandhelden, denn seine Lieblingsfilme hat er im Durchschnitt zwanzig Mal gesehen. Und immer bleiben noch ein paar Paisa übrig, für Poster und Devotionalien wie Weihrauch, das er wie alle anderen entzündet, wenn Shivaji Ganesha oder einer der anderen Götter auf der Leinwand erscheint.

Madras-Filme, und der, auf den Sunar wartet, bildet da keine Ausnahme, sind Collagen. Es sind Mixturen aus neun festumrissenen »navras«, Standardelementen wie Kampf, Leidenschaft, Spannung, Tanz, Komik und Musik. Daß die Stories selbst kaum einen Sinn ergeben, stört offenbar niemanden. Der Weg ist das Ziel. Bedenkenlos werden die »navras« aneinandergeflickt, werden Zeitraffer, Blue-Box-Tricks, hektische Zooms aneinandergesetzt und die Kamera wird zum Spielzeug, das man ausprobiert wie bei uns in den seligen Beat-Club-Zeiten der sechziger Jahre. Sunar, und alle mit ihm, johlen, als der Held ein unschuldiges Mädchen vor der Schändung bewahrt, indem er im Zeitraffer fünfzehn Gangster verprügelt. Doch der Höhepunkt des Drei-Stunden-Streifens ist eine Traumszene, in der das Mädchen von ihrem Beschützer schwärmt. Einziges Luxus-Requisit ist ein Kühlschrank. Es ist totenstill im Kino: Wer kann sich schon einen Kühlschrank in Madras leisten! Das Mädchen zieht den Schnapper der Tür auf und seufzt, und alle im Kino seufzen mit. Musik erklingt. Sitarmusik. Dort im Gefrierfach steht winzig ihr Held in einem umwerfend türkisfarbenen Disco-Anzug. Er lehnt an einer Tomate, an einer wunderschönen, roten Tomate, und er gurrt und tanzt und in der nächsten Einstellung tänzelt auch das Mädchen dort an der Tomate. Da sie nun beide im Kühlschrank singen, kann sie einen kostbaren Pelz tragen. Die beiden steppen an einer Sellerie vorbei, und schauen sich, eine Etage tiefer, zwischen zwei Colaflaschen, an denen das Kondenswasser herabperlt, tief in die Augen. Neben der Joghurt-Schale ist es schließlich soweit: Sie schließen sich in die Arme. Und wie diese Sequenz beendet wird? Ganz einfach: Das Mädchen klappt die Kühlschranktür wieder zu. So herrlich, so komisch, so surreal kann Kino sein. In Madras. Und die Wirklichkeit?

Außerhalb der Stadt, südwärts, vorbei am Golden Beach Resort, dem goldgelben Sandstrand, der täglich von mehreren Filmteams bevölkert wird, wächst eine neue Ansiedlung. Elend hat diesen Ort aus dem Boden gestampft, eine Zeltstadt , die den stetigen Zustrom von tamilischen Flüchtlingen aus dem benachbarten Sri Lanka kaum verkraftet.

Doch auch im Norden wurde bereits eine Neusiedlung konzipiert. Und es ist die Antwort des südindischen Hollywood auf das Elend: Ein gigantischer Vergnügungspark entsteht hier, das größte, einzigartige »VGP Wonderland« – als ob die Madras-Chemie das neuentstandene Elend im Süden mit einer neuen Dosis Fantasy im Norden ausgleichen müsse.

Das VGP Wonderland ist als Halluzinationsfabrik geplant, die ihre Besucher überwältigen soll: Mit Regengöttern, die in täglichen Shows für kostbares Nass sorgen, mit fliegenden Menschen und Himmelskutschen und mit »Evas Welt«, in der die weiblichen Verführungskünste der Jahrtausende dargestellt werden. Es gibt hier Geister und Roboter und eine Allee aus Früchten, und den indischen Dörflern wird ein »typisches indisches Dorf« genauso präsentiert werden wie das Taj Mahal oder eine futuristische Computerstadt. Ein Special-Effects-Show verdeutlicht, welche Höllenqualen Sünder nach ihrem Ableben erdulden werden. Und schließlich verspricht VGP Wonderland nichts geringeres als den Himmel auf Erden: Eine Nachbildung des Paradieses, wie es in den alten Schriften geschildert wird.

Das Wonderland sieht schon jetzt aus wie ein todsicheres Geschäft. Ich habe mit Charunhassan nicht darüber gesprochen. Doch vermutlich hätte er Kant zitiert. Nämlich, daß dem Menschen »die Mühseligkeiten des Lebens öfter den Wunsch nach einem Paradiese ablocken, wo er in ruhiger Untätigkeit und beständigem Frieden sein Dasein verträumen oder vertändeln könne.« Er hätte maliziös gelächelt dabei und erneut von seinem Traum gesprochen, den anspruchsvollen Film nach Madras zu bringen.

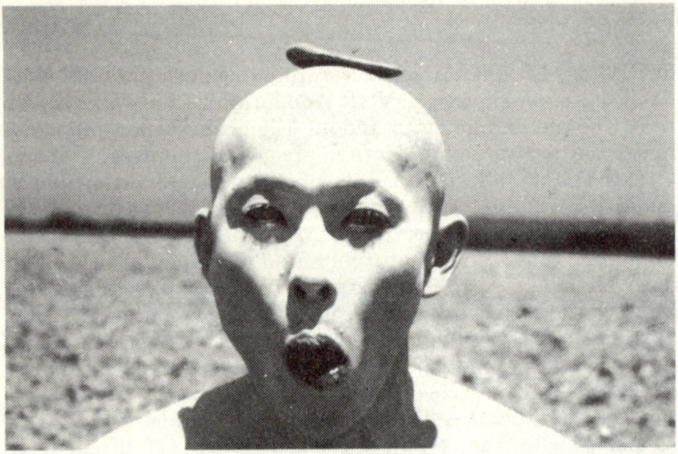

Photo: Tom Jacobi

Schrei aus Japan
Buto – ein Tanz gegen die Welt der Computer

Seit der Yakuza von nebenan sie mit seinem Holzschwert bedroht hat, verläßt die zierliche Kao das Quartier ihrer Gruppe nur noch in Begleitung. Es ist nicht die feinste Gegend Kyotos mit all den Imbißbuden, Massagesalons, Bäder, Spielhallen und kleinen Fabriken. Und jede Menge Yakuza, Gangster. Die gehören zum japanischen Alltag seit Jahrhunderten, seit Samurai-Banden in der Zeit der Shogune die Bevölkerung terrorisierten. Die Yakuza sind mindestens so stolz auf ihre »Familie« wie Toyota-Mitarbeiter auf die ihre. Und sie sind stolz auf ihre Tradition. Deshalb die Holzschwerter.

Natürlich wohnen hier, im schäbigen Ostteil der alten Kaiserstadt, keine großen Nummern. Nur Fußvolk, Schläger, allenfalls gefährlich, wenn sie betrunken sind. Kao hat eher Mitleid mit ihnen. »Die leben nicht wirklich. Irgendwann werden sie abgeknallt. Ohne je gelebt zu haben. Die wissen nichts.«

Kao weiß immerhin, wie sie wirkt, wenn sie ihren kindlichen Körper in schummrigen Bars und Discos aus Feder-Roben blättert. Wenn sie strippt vor Geschäftsleuten, die Abschlüsse feiern, vor Reisenden, die sich eine lausige Nacht betrinken, oder, wie heute abend, vor Partygästen der weltgrößten Werbefirma »Dentsu«. Die haben Kao geordert wie ein Menü. Sie hätten auch eine Sado-Maso-Nummer bestellen können oder ein Ikebana, ein Blumengesteck, aus Mädchenkörpern. Alles im Angebot der Gruppe, mit der Kao lebt. Pro Auftritt und Tänzer verlangt sie 30000 Yen, rund 370 Mark. Das Geld fließt in die Gemeinschaftskasse.

Kao behauptet, 25 Jahre alt zu sein. Sie sieht aus wie sechzehn. Sie hat einen Pferdeschwanz und unter den Ponyfransen funkeln schwarze Augen. Nach ihrem Auftritt schaufelt Kao mit ihren Stäbchen Reis und Curry aus der Gemeinschaftsküche in sich hinein. Es ist zwei Uhr morgens. Gleich muß sie hinunter ins Studio. Da wird sie der kleinen Yoshi vor einem großen Spiegel beibringen, wie man sich so lasziv wie möglich aus einem weißen Tüllkleid pellt. Vom Gruppentraining waren beide heute befreit. Sie haben Kostüme genäht.

Die beiden Mädchen gehören dem »Byakko Sha« an, dem »Weißen Tiger«, einer Avantgarde-Tanzgruppe. Von ihrer Kunst kann die Gruppe nicht leben. Staatliche Subventionen? Kao versteht nicht, was ich meine. Die weniger hübschen Mädchen der Gruppe machen Büroarbeit, verschicken Bettelbriefe an große Konzerne. Kao strippt. Kein Problem für sie. »Wir verleihen unsere Körper nur«, sagt Kao. »Wir haben sie ja selbst nur geliehen.« Mit 20 Frauen und Männern, alle jung, alle ernst und höflich, lebt sie in einem zweistöckigen Haus, das rund 2000 Mark Miete im Monat kostet. Aussteiger? Vielleicht. Aber besessen von einer Idee. Kein »Second-hand-Teenager«, von der die Popgruppe »Sakamoto« singt, sondern Mönche und Nonnen.

Hier, in ihrem Kyotoer Stammquartier, üben sie. Sie tanzen Buto, denn Buto ist mehr als Kunst. Buto ist ein Urschrei im modernen High-Tech-Japan, eine im Grunde religiöse Bewegung, die in den sechziger Jahren begann. Buto ist das Theater der Schmerzen. Die Suche nach animistischen Traditionen in der Welt der Companys. Buto – das ist die »dunkle Seele«. Buto ist die Wildnis. Und »Byakko Sha« der »Weiße Tiger«.

Improvisationen: Männer und Frauen haben sich ihre Körper und rasierten Schädel mit weißer Farbe beschmiert. Sie kauern auf allen Vieren. Sie fauchen und krallen. Sie schlagen sich um ein Stück blutiges Fleisch. Weiße Tiger. Dann proben sie für ein großes Tokioter Festival. Die Männer tragen Taucherbrillen mit Penis-Attrappen um ihre Lenden. Die Frauen lederne Keuschheitsgürtel. Mit ihrem Kopfputz aus Teesieben und Gasmasken sehen sie aus wie große Insekten. Hiruta, die Gruppenchefin, trägt einen Kimono: Gummihandschuhe sind in Lippenform auf den Rücken geklebt, wo sonst die traditionelle Schärpe, der »obi«, gerollt ist. Um ihren Hals baumelt eine Kette mit Schrumpfköpfen. Weitere Requisiten: Fahrradschläuche, Moskitonetze, balinesische Dämonen-Masken. Irgendwo hängt der Schweinskopf von Miss Piggy aus der »Muppet-Show«.

Zu Synthesizerklängen einer New-Wave-Gruppe bewegen sie sich, als musterten debile Wilde die Reste einer untergegangenen Kultur. Mit blödem Grinsen und gefletschten Zähnen, auf einwärts geknickten Füßen und hochgekrümmten Zehen tapern sie über die Bühne, die Augäpfel ins Weiße verdreht, die Zunge weit aus dem Mund nach unten gekrümmt. Tierisches Entsetzen in ihren Zügen, Dämonenfurcht oder auch primitive körperliche Befriedigung.

So stellen sie die Kreuzigung Christi nach, die Olympischen Spiele, die Freiheitsstatue oder Leonardos »Abendmahl«. Tabus werden attackiert, Urbilder der europäischen Kultur mit heidnischem Grauen versetzt.

Der Mensch und all seine großartige abendländische Philosophie? Für »Byakko Sha« nur ein nackter Affe, der, in einen

Klumpen Erde gekrallt, blind durchs Weltall rast.

Osuga, der Gruppenchef mit dem Hunnenschädel, nippt an der heißen Brühe, die uns ein Küchenmädchen unaufgefordert nachschenkt. Er gibt seine Kommandos leise. Man gehorcht ihm widerspruchslos. Einmal an diesem Nachmittag wird er laut. Da staucht er Hiruta, seine Lebensgefährtin, zusammen, mit Worten wie Peitschenhieben. Hiruta wird blaß. Und muckst nicht mehr. Osuga hat Guru-Qualitäten: Charme, eisernen Willen, Skrupellosigkeit.

Er kam in Hiroshima zur Welt, acht Monate nachdem der Atompilz Familienmitglieder und zigtausend andere »wie Photos in Straßen und Hauswände eingebrannt hatte«. Er volontierte in einer Computerfirma, als Japan die Anfänge seines Wirtschaftswunders erlebte. 1968 fuhr Osuga übers Wochenende nach Tokio. Er kam auf dem Bahnhof Shinjuku an und geriet in eine Straßenschlacht zwischen Studenten und Polizisten. Mehrere Tage hielten die Rebellen damals Gebäude besetzt, verteidigten sie gegen Tränengas. Wasserwerfer, ja sogar Hubschrauber. Anders als bei uns erkannte damals das japanische Establishement: Wer so was durchhält, hat Energie und Durchsetzungskraft. Die Rädelsführer wurden nicht inhaftiert, sondern integriert. Heute bekleiden sie Schlüsselpositionen in den Planungs- und Personaletagen der Wirtschaft.

Anders Osuga. Er kam mit Künstlern, mit Avantgardisten in Berührung. Seine Computerfirma sah ihn nie wieder. Die Kunst, für die sich die Tokioter Bohème interessierte, war westlich: Fellinis Filme, Bilder von Warhol, deutscher Expressionismus, Happenings. Doch dann erlebte Osuga eine Buto-Vorstellung. »Das war eine Antwort auf das Japan der Konzerne. Und vor allem: Es war eine japanische Antwort.« Seit dem 400 Jahre alten Kabuki die »erste rein japanische Theaterform«. Osuga gründete mit Freunden die Gruppe »Dai Rakuda-Kan«, das »Große Kamel-Schlachtschiff«. Das »Kamel« brach auf zu einer großen »Tanz-Karawane« nach Südostasien. »Eine Art Pilgerfahrt. Schließlich war die japanische Gesellschaft völlig Amerika-fixiert. Die eigene Geschichte war ausradiert worden, zuerst mit Bomben, dann mit Coca-Cola. Wir mußten nach unseren asiatischen Wurzeln suchen.«

Weitere Tourneen, ab 1980 mit »Byakko Sha«, folgten. Sie durchstreiften mit ihrem Mannschaftsbus Bali, die Philippinen, Korea, Indonesien. Sie spielten und tanzten in alten Tempeln und auf Dschungellichtungen, wurden in den Dörfern bestaunt und in den Kulturzentren großer Städte. Sie enterten verlassene amerikanische Militärbasen, Friedhöfe, sogar Zuchthäuser: Im philippinischen Staatsgefängnis mußten Wärter die Vorstellung abbrechen. Byakko Sha hatte die Häftlinge aufgeputscht – sie wurden gewalttätig.

In den Sommermonaten halten Osuga und seine Gefolgsleute öffentliche Exerzitien ab, in den Wäldern von Kumano, dem heiligen Bezirk, wo die Götter leben. In der Februar-Ausgabe des *Heibon Punch*, eines Szene-Porno-Magazins, erinnerte sich ein Novize, der an den Vorlesungen, Aufführungen, Meditationen eines dieser Sommercamps teilnahm: »Vor drei Jahren bekam ich eine seltsame Postkarte. Darauf waren: ein Mann mit großen Ohren, eine Frau mit großem Penis. Das Photo war auf einem Kriegsgräberfriedhof im philippinischen Montenrupa aufgenommen worden. Was ich sah, widersprach dem guten Geschmack. Ich dachte, das seien ins Leben zurückgerufene, staubgraue Geister. Keine normalen Menschen. Zwei Jahre später, vom Karma vorherbestimmt, lud mich ein Mann mit Mohikanerfrisur ins Land der Geister, ins Trainingslager nach Kumano ein.«

Ironisch und doch fasziniert vom Okkulten, im Stil des Beatnik-Poeten Kerouac, berichtet der Schreiber: »Das Frühstück bestand aus einer Salzpflaume. Wir Gäste hielten diese 'Umeboshi' nicht für ausreichend und versorgten uns aus einem Versteck mit Tofu (Sojabohnenquark) und getrockneten Algen. Neben dem Haupthaus gab es einen kleinen Schrein, der mich an den Inari-Schrein in Kyoto erinnerte, dessen Hauptgott der Fuchs ist. Ich fühlte mich als Gefangener der Gruppenmitglieder, die in Wirklichkeit Füchse waren. Es gibt viele japanische Erzählungen, die von der Verwandlungskunst der Füchse handeln. Ich wollte fliehen. Aber als ich aus dem Haus trat, sagte mir einer, im Gebiet von Kumano gäbe es viele giftige Schlangen. Vor allem die 'Mamashi' sei gefährlich. Einer der Tänzer erzählte mir, sein Vater sei von einer Mamashi getötet worden. Da kann man nichts machen, sagte ich mir, und verhielt mich ruhig.«

Der Shintoismus, die uralte japanische Dämonenreligion der acht Millionen Götter, überlebt in der Subkultur. Schamanismus und New Wave – für Kultgruppen wie Byakko Sha sind das keine Gegensätze. Der Novize schließt seinen Bericht mit der Hoffnung, daß der Tanz des »Weißen Tigers« Beginn einer »Rei Bunka«, einer neuen Geisterreligion, werden könnte.

Andere Buto-Gruppen haben mittlerweile in Amerika und Europa gastiert und sind dadurch professioneller, glatter und harmloser geworden. Nun ist auch Byakko Sha nach Europa eingeladen worden.

Das Berliner Horizonte-Festival bedeutet das erste Engagement außerhalb Asiens. Noch ist der Weiße Tiger, zweifellos die asiatischste aller Buto-Gruppen, ein Skandal. Wie lange noch? »Wir sind mittlerweile stabil genug für Europa«, sagt Osuga.

»Der Tiger wird seine Krallen behalten.« Er hat mich gebeten, ihm Photos von der Berliner Mauer zu schicken. Mit seinem Theater der Schmerzen will Byakko Sha nicht nur das etablierte Festivalpublikum erreichen, sondern auch die zerrissene Stadtlandschaft zur Kulisse machen.

Neben Osuga ist auch Kazuo Ohno nach Berlin geladen, der Gründervater der Buto-Bewegung. Ich fahre nach Yokohama, wo er lebt. Kaum einer beachtet die Hostessen, die im »Shinkansen«, dem schnellsten Zug Asiens, Icecream, Snacks und Kaffee anbieten. Dennoch verbeugen sie sich tief am Ende eines jeden Abteils und murmeln Dankesworte für die huldvolle Aufmerksamkeit, die ihnen nicht zuteil wurde.

Die japanische Höflichkeit ist nicht unterwürfig, sondern unerbittlich. Pure Graphik. Nicht das Gefühl ist vorgeschrieben, sondern der Winkel der Verbeugung. Architekturen, Schaufenster, Highways, Schrift – alles wird in Japan zum Superzeichen. Die Frage nach Inhalten ist auch für japanische Künstler zweitrangig. Es ist die Form, die zählt. Deshalb ist Japan nicht nur fremde Vergangenheit, sondern ganz aktuelles New Wave.

Die 550 Kilometer von Kyoto nach Yokohama legt der Shinkansen, diese langgezogene Gewehrpatrone, in knapp drei Stunden zurück. Kazuo Ohno erwartet mich, die Pudelmütze dicht an den Brillenrand gezogen. Der stämmige Hirtenhund an seiner Leine wirft den zierlichen Mann fast um. Kazuo Ohno ist der Vater des japanischen Buto. Doch er hat einen Traum, der ganz unjapanisch ist. Der Traum heißt »La Argentina«.

1929 sah er, vom dritten Balkon des Tokioter Imperial-Theaters, die spanische Flamencotänzerin Antonia Mercé. »Es war mehr als Tanz. Da war eine andere Kraft, die sie bewegte. Sie gab sie nur weiter.« Das Erlebnis prägte sich ein. Beschäftigte ihn ein Leben lang.

Damals, unter dem Eindruck La Argentinas, begann Kazuo Ohno, ein 23jähriger Athlet und Rekordschwimmer, selber zu tanzen. Er begeisterte sich für den »Neuen Deutschen Tanz«, die expressionistischen Choreographien Mary Wigmans und Rudolf Bodes, auf die sich heute noch Tänzerinnen wie Pina Bausch und Reinhild Hoffmann beziehen. Später gründete er selbst eine Tanzschule und entwickelte zusammen mit Tatsumi Hijikata den Buto.

1978, Kazuo Ohno hatte das Tanzen inzwischen aufgegeben, blieb er in einer Ausstellung vor einem Bild wie angewurzelt stehen. Da war sie. La Argentina. Der Maler hatte die Tänzerin nie gesehen. Er hatte nur ein Photo. Doch in dem Bild steckte die gleiche, geheimnisvolle Kraft. Kazuo Ohno beschloß sofort, auf die Bühne zurückzukehren. Mit einem Programm, das er »Bewunderung für La Argentina« nannte.

Vorletztes Jahr, als Kazuo Ohno mit »La Argentina« in Europa gastierte, sah er Pina Bausch. Wie er sie fand?

»Zu durchkalkuliert. Zu ernst. Zu intellektuell. Überhaupt nicht sexy. In Europa gibt es viel Angst. Angst vorm Krieg und solche Sachen.«

Ist denn Sex notwendig für den Tanz? Kazuo Ohno richtet sich kerzengerade auf: »Natürlich. Erotik führt zu den letzten Dingen, zu der Frage: Warum wir leben. In Japan wurde Erotik lange unterdrückt, soldatischen Tugenden geopfert. Heute durchdringt sie sämtliche Lebensbereiche.«

Mit den Ikonen und impressionistischen Drucken an der geblümten Tapete, den Lexika und Nippesfiguren in einem mächtigen Wandschrank, den Kunstledersesseln sieht Kazuo Ohnos Wohnung aus, als läge sie in Duisburg und nicht in Yokohama: überladen bequem. Hier lebt er mit seiner Frau, seinem Sohn und dessen Familie. Der Küchentisch mit dem Wachstuch biegt sich unter einem Festessen aus Fleisch, Soßen, Currys, Geflügel, getrocknetem Fisch, Sushi. Nachdem abgeräumt und der Tisch saubergewischt wurde, holt Kazuo Ohno drei Alben und blättert sie behutsam auf, als handle es sich um kostbare Reliquien. Und dann betrachten drei Generationen Ohno ehrfürchtig alte Programmhefte mit Jugendstilzeichnungen, vergilbte Photos, ausgeschnittene Zeitungsmeldungen, die alle derselben Schutzgöttin gelten: La Argentina.

Schließlich steht der Alte auf. »Vielleicht habe ich nur noch eine kurze Zeit«, sagt er. »Aber ich möchte mein Leben an die nächste Generation weitergeben. So wie es La Argentina getan hat.« Zusammen mit seinem Sohn, einem Tänzer, und zwei seiner Schüler gehen wir hinüber ins Studio. Kazuo Ohno will tanzen, und mit seinem Tanz zeigen, was er meint. Ausschnitte aus seinem neuen Programm, das er in Berlin bringen wird.

Es ist spät nachts. Die Turnhalle ist kalt. Der alte Mann zieht sich um, legt ein weißes Hemd an und einen schwarzen Anzug. Bis auf zwei kleine Scheinwerfer und einen Spiegel ist die Halle leer. In der Mitte des Raums steht ein kleiner, fast 80jähriger Buto-Tänzer. Gespannt, konzentriert, die Hände zu einer Blüte geöffnet. Dann setzt die Musik ein. Ein Walzer von Johann Strauß. Kazuo Ohno wiegt sich. Er beginnt zu trippeln, in immer weiteren Schleifen. Er spannt die Arme aus. Ein Wiener Walzer in Yokohama. Keine raschelnden Röcke, kein glänzendes Parkett, kein Kongreß, der da tanzt. Nur ein kleiner gelber Mann. Der fliegt.

Nicht nur die japanische Avantgarde kommt nach Berlin. Auch Staatstheater: Kabuki. Das 100-Mann-Ensemble von Ennosuke Ichikawa aus Osaka.

Vielleicht ist Osaka das japanische Düsseldorf. Oder das,

was Düsseldorf gern sein möchte. Futuristische Bankhochhäuser, Werbeagenturen, glänzende Fassaden, Highways, mondäne Bars und unterirdische Boutiquenstraßen, kilometerlang, mit Marmorböden und künstlichen Flüssen. In Osaka ist Geld, und in Osaka hat die »Yamaguchi Gumi«, die größte Gangsterorganisation des Landes, ihr Hauptquartier.

Schwarze Yamaguchi-Lastwagen rollen die Mido Suji, die Hauptgeschäftsstraße, entlang. Auf den Autodächern weht die japanische Kriegsflagge, eine Sonne mit blutroten Streifen. Lautsprecher bellen Hetzparolen gegen Kommunisten und schlaffe Pazifisten, die den Staat zersetzen und nichts unternehmen, um die chinesischen Inseln im Süden Japans »heim ins Reich« zu holen. Die Yamaguchis unterstützen die japanischen Faschisten. Kaum ein Passant dreht sich nach den Lautsprechern um. Man hat sich an sie gewöhnt.

Die blechernen Megaphonstimmen dringen nur schwach in das Minami Kabuki-Za, ein großes Gebäude mit gewellten Dächern, direkt an der Mido Suji. Hier drinnen ist die Zeit stehengeblieben. Hier sind mutige Schwertkämpfer, listige Kaufleute, entführte Frauen und Helden, die durch die Luft galoppieren. Ein Teehaus, blühende Kirschbäume, ein Gärtchen auf der Bühne. Da sitzen Frauen mit lackierten schwarzen Haartürmen, Porzellangesichtern und prunkvollen Kimonos.

Die Frauen sind Männer. Im größten Theater Osakas probt Ennosukes Kabuki-Ensemble ein Volksmärchen aus dem 18. Jahrhundert. Ennosuke Ichikawa III. stammt aus einer berühmten Kabuki-Familie. Masken- und Stimmtechnik, Gesang und das Spiel auf der Shamisen, der dreisaitigen Laute, werden von Generation zu Generation weitergegeben. Kabukispieler sind in Gilden organisiert. Seit der Shogun 1628 Frauen auf der Bühne verbot, ist Kabuki eine reine Männerangelegenheit. Eine stilisierte Kunst. Eine tote Kunst, wie viele Buto-Tänzer behaupten? »Tot ist Kabuki erst in dem Moment«, sagt Ennosuke mit feinem Lächeln, »wenn Frauen die Bühne betreten.«

Ennosuke ist die japanische Antwort auf Boy Gobert. Er ist eitel, weichgesichtig, sorgfältig manikürt, sehr medienwirksam und sehr, sehr professionell. Er ist Manager, Regisseur und Hauptdarsteller der Gruppe. An diesem Nachmittag ist er in drei verschiedenen Rollen zu sehen, darunter, natürlich, in einer Frauenrolle.

Die Zeit ist hier doch nicht stehengeblieben. Großes Aufgebot im Parkett: Eine Fernsehgesellschaft, die finanziell am Theater beteiligt ist, macht Aufnahmen. Kabuki ist teuer. Rund 100 Mark muß man für einen guten Sitzplatz ausgeben. Kabuki ist konservativ, märchenhaft, hemmungslos kitschig. Die treuesten Besucher sind ältere wohlhabende Frauen, die sich im Foyer in den Pausen Kekse mit den Konterfeis ihrer Lieblinge kaufen.

Er will mit der Zeit gehen, sagt Ennosuke. Er hat das strenge Kabuki mit Zirkuselementen versetzt. So sitzt er, am Ende eines Stückes, auf einem Holzpferd und läßt sich unter die Theaterdecke ziehen. In einem anderen Stück flappen mit quietschenden Radlagern große Adlerschwingen über die Bühne und entführen einen kleinen Jungen.

Die Fernsehleute sind hingerissen von diesen albernen Gags. Und sie sind noch hingerissener, als sie Ennosuke in seiner Garderobe interviewen dürfen. Dort thront er auf seinen Tatamis, den Reismatten, mit Kimono und Schminkmaske – kein Schauspieler, der Antworten gibt, sondern ein Shogun, der Audienz gewährt. Mit kriecherischen Verbeugungen nimmt der Fernsehreporter die Statements entgegen. Eine abgekartete Sache. Was gut ist für Ennosuke, ist gut für die Fernsehgesellschaft. Und umgekehrt.

Kabuki – ich sehe an diesem Tag zwei Vorstellungen von insgesamt zehnstündiger Länge – wirkt auf mich nach Byakko Sha und Kazuo Ohno wie eine geschminkte Leiche.

Die Bühnenprospekte sind gänsehauttreibend bunt, die Schauspieler nur stilvolle Arrangements – die Show gehört den Kostümbildnern und den Technikern im Schnürboden. Die alten Geschichten, die hier in der traditionellen Mischung aus Tanz, Pantomime und Oper erzählt werden, wirken in diesem Disney-Stil quallig und harmlos.

Vielleicht spürt Ennosuke das selber. Er sucht neue Anregungen. Im vorletzten Jahr organisierte er einen Workshop mit italienischen Schauspielern in Bologna. An der Pariser Oper hat er inszeniert. Ariane Mnouchkines spannende Shakespeare-Inszenierung, mit der sie »Richard II.« im Kabuki-Stil auf die Bühne gebracht hat, hat er nicht erlebt. Wie es war, fragt er gelangweilt. »Aufregender als alles, was ich an diesem Nachmittag hier gesehen habe«. Ich versuche, dabei zu lächeln.

Ennosuke lächelt zurück. »Kabuki ist eine rein japanische Angelegenheit. Manche Europäer können das gar nicht verstehen.« Er lächelt sehr liebenswürdig. Er hat darin Übung.

»Haben Sie eigentlich je eine Buto-Veranstaltung angeschaut?« frage ich. Ennosuke lächelt nicht mehr. Er runzelt die Stirn, als hätte ich eine schmutzige Bemerkung gemacht. »Buto? Was ist das?«

Sektkorken im Sekundentakt
Das 16. Internationale Filmfestival in Moskau

Nina Dejunowa, die Platzanweiserin, arbeitet mit einem wirkungsvollen Trick – sie wartet ab. Blind tapert ein Nachzügler durchs dunkle Festivalkino, schlägt sich die Schienbeine an Sesselkanten wund und läßt sich schließlich aufatmend auf einen leeren Platz sinken. Jetzt erst greift Nina ein. Sie blendet ihr Opfer mit einem harten Strahl aus der Taschenlampe, umklammert gleichzeitig sein Handgelenk und ruft ein russisches Kommando. Dann führt sie den Delinquenten ab, auf einen sichtbehinderten Platz in der letzten Reihe. Die Sessel vorne bleiben leer. Eine Anordnung von oben.

Die Rentnerin Nina, die Väterchen Stalin noch gut in Erinnerung hat, liebt die alte Ordnung, in der alle ihren Platz haben. Und einige Plätze immer frei bleiben für die Götter in Zivil oder Uniform, die sich, wie alle Götter, dadurch auszeichnen, daß sie abwesend sind. Nina mißtraut den neuen Zeiten. Die alte Ordnung hat dafür gesorgt, daß alle genug zu essen hatten. Und das muß die neue da draußen erst beweisen. Da draußen geht es, nach Meinung Ninas, drunter und drüber. Sie nennen es »Perestroika«.

70 Jahre nach Lenins Sownarkom-Dekret über den »kinematographischen Handel« erklären die 16. Moskauer Filmfestspiele den Kapitalismus für eröffnet. Ins Zentrum der Festspiele rückt der Film-Markt im Nobelhotel »Meschdunarodnaja«, das eine Uhr hat mit einem Hahn aus Gold, der jede volle Stunde kräht – der Sozialismus wird ein wenig scheppernd verraten. Ideologische Dissenzen sind verschwunden. Dafür stellt sich den westlichen Verleihern ein fast unlösbares Problem: Wie macht man aus Rubel Dollar? Denn daß Westware hier Geld einspielen würde, ist klar: Menschentrauben hängen vor den Verschlägen der amerikanischen Verleiher, die »Death Match« mit Chuck Norris im Gepäck haben und allerlei Horror-Ware. Die Deutschen versuchen mit Didi Hallervorden gegenzuhalten.

Hier, auf dem Markt mit den mondänen Valuta-Boutiquen, spricht man von einer Neuauflage der NEP-Phase der zwanziger Jahre, als nach dem Kriegskommunismus wieder marktwirtschaftliche Prinzipien eingeführt wurden. Sie sagen »Nepp«-Phase, und manche meinen es auch so. Für die Videos der russischen Gastgeber wirbt eine blonde Venus mit Schlafzimmerblick. Über ihrem drallen Silicon-Busen schlängelt sich der Schriftzug »Perestroika«.

Im neuen pompösen Kulturzentrum Prok werden Fußabdrücke von drittrangigen Nicht-Stars in Beton gegossen, schwingen Go-go-Girls ihre Beine, wird »Miss Prok« gewählt. Das alles eine Mischung aus Hammer und Sex und Sichel – Glamour auf Perestroika-Art, ein bißchen Hollywood und sehr viel Husumer Land-Disco.

Der Wettbewerb, der auf den Moskauer Perestroika-Festspielen die Nebensache ist, wurde ebenfalls reformiert. Statt, wie bisher, lauter »Bruderländer« einzuladen und für Linientreue mit Preisen zu überhäufen, wird nun »streng nach Qualität« ausgewählt. Aber wer interessiert sich schon ernstlich für Meditationsdramen aus Südkorea oder böse Schwiegermütter aus China, für obskure Voodoo-Balladen aus Argentinien oder dunkle ungarische Videoexperimente – die beiden aus Glamourgründen eingeladenen Hollywood-Filme liefen schon Monate zuvor in westlichen Kinos. Jury-Präsident Andrzej Wajda, der alle Filme anschauen muß, sieht von Tag zu Tag mehr wie ein bekümmerter Lateinlehrer aus – dieses Jahr lauter Sitzenbleiber. Filme, bei denen man die Sichtbehinderungen unter Ninas Regime gern in Kauf nimmt.

Für Boris, den Taxifahrer, sind die Filmtage in Moskau dagegen ein ungetrübtes Fest. Rund tausend Journalisten und Filmleute aus Ländern mit harter Währung sind im Hotel Rossija untergebracht. Auf Staatskosten. Tausend Touristen, die nicht wissen, wohin mit ihrem Geld. Tausend potentielle Fahrgäste. Boris schätzt den Jackpot vorsichtig auf rund eine Million Mark, »wenn jeder von denen nur tausend Mark an Reisespesen dabeihat.« Diesen Jackpot gilt es, in knapp zehn Tagen abzugreifen. Selbst wenn man die Schutzgelder für die Moskauer Transportmafia abzieht und die Schmiergelder für die Milizionäre, die den Zugang zum Hotel für normal sterbliche Moskowiter abriegeln, bleibt bei Boris genug hängen. Er wird sich endlich seinen Videorecorder kaufen können, »Rambo« ist sein Favorit.

Die Perestroika kommt in die Jahre. In Moskau geht es nicht mehr um unterdrückte Wahrheiten, sondern um den schnellen Schnitt. Und Perestroika heißt, wie jede Übergangszeit, Schieberei und Inflation. Rubel werden in der Hotel-Bar gleich bündelweise verschenkt – man hat einfach zuviel davon auf dem schwarzen Devisenmarkt bekommen. Es gibt noch Relikte aus Ninas »guter alter Zeit«. Etwa die Lautsprecherdurchsagen in den Fluren, jeden Abend pünktlich um acht, die dreisprachig darauf hinweisen, daß im Bett nicht geraucht werden soll. Man versteht sie schlecht – die Krimsektkorken knallen im

Sekundentakt. Über das Tanzparkett schieben rassige Beauties aus der Ukraine und Mafiosi aus Georgien, Rauschgiftdealer und Nutten schnüren durch die Gänge. Der Kongreß tanzt. Westliche Delegationen und Moskauer Demi-Monde verbrüdern sich. Die Tische biegen sich unter Lachs, Schinken, Kaviar. Und vor den Brotläden in der Stadt wachsen die Menschenschlangen. Da drinnen wird gefeiert. Und da draußen steigt die Angst vor dem Putsch.

Wie können Filme gegen diese Wirklichkeit bestehen? Auf den 16. Moskauer Filmfestspielen geht es, anders als in der Euphorie vor zwei Jahren, kaum noch um Visionen, sondern um Karrieren, Lobbies, volle Auftragsbücher. Kein Mensch interessiert sich für die Begrüßungsrede des Goskino-Vorsitzenden Kamschalow. Doch alle starren gebannt auf die Angst, die ihn stammeln läßt: Am Tage zuvor war in der »Konsomolskaja prawda« aufgedeckt worden, daß Kamschalow weite Teile seines Buches »Das Recht auf Suche« von Fremdartikeln abgeschrieben hat.

Kamschalow steht zur Wiederwahl an. Auf seinen Kopf werden Wetten abgeschlossen. Als er einige Tage später wider Erwarten im Amt bestätigt wird, schuldet der sowjetische Oscar-Preisträger Wladimir Menschow dem Regisseur Sergej Bondartschuk (»Krieg und Frieden«) eine Flasche Champagner. Die Situation des russischen Films im Jahre vier der Perestroika beschreibt Bondartschuk mit einem einzigen trockenen Wort: »Steppe.« Andrzej Wajda, der seit kurzem im polnischen Parlament sitzt, liefert eine Art Begründung: »Die Politik ist zur Zeit wichtiger als die Kunst.«

Die Wirklichkeit scheucht die Cineasten aus den Kinosälen. Etwa die Besucher der Retrospektive »Film im Zeitalter des Totalitarismus«, wo Nazistreifen und stalinistische Hymnen gezeigt werden. Denn plötzlich geht es zwei Stockwerke tiefer um Korrekturen eben der Propagandalügen, die oben, im kleinen Kino, über die Leinwand flackern. Rund tausend Menschen haben sich im Kongreßsaal versammelt.

In der Presse sind Geheimprotokolle des Hitler-Stalin-Pakts aufgetaucht. Dokumente, die, für die russische Öffentlichkeit zum erstenmal, belegen, wie die beiden Diktatoren Osteuropa und seine Völker untereinander aufteilten.

»Wir brauchen die Wahrheit«, ruft ein Deputierter aus Litauen, »auch wenn sie bitter ist.« Rufe aus dem Saal, die Autonomie für die Republiken fordern, eigene Gesetze, eigene Währungen. Der Volksdeputierte Telman Gdljan schaltet sich ein. Gdljan genießt Respekt. Bis vor kurzem leitete er die Untersuchungen gegen die Baumwoll-Mafia in Usbekistan – er wurde abgesetzt, als er entdeckte, daß die Spuren bis ins

Politbüro, bis zu Ligatschow führten.

Gdljan ruft in den Saal: »Wie würde es euch gefallen, wenn wir Russen aus der UdSSR austreten würden?« Schweigen. »Nur als Föderation, nur gemeinsam können wir international bestehen und unsere Probleme lösen.«

Plötzlich geht ein Raunen durch den Saal. Die Photographen kämpfen sich zum Eingang, wo sich ein kompakter, weißhaariger Mann mit Cäsaren-Profil den Weg durch die Menge bahnt.

Boris Jelzin ist eingetroffen, der Gegenspieler Gorbatschows, der Radikal-Reformer, dem die Perestroika viel zu langsam vorangeht. Boris Jelzin ist ein Star, neben dem jeder Kinoheld dieses Festivals verblaßt. Mädchen reichen ihm Blumensträusse aufs Podium.

Wie alle Demagogen spricht Jelzin die Sprache des Volkes, einfach und pointensicher. Er spricht von den vielen Datschas, die Gorbatschow sich in den letzten vier Jahren habe bauen lassen. Er selber, sagt er bescheiden, brauche kein Geld. »Aber wenn mir jeder meiner Wähler auch nur einen Rubel schenken würde, wäre ich Millionär. Mehrfacher Millionär.« Das Publikum klatscht. Dem offiziellen Dolmetscher für die westlichen Journalisten wird das Mikrophon abgedreht – die Moskauer wollen unter sich bleiben.

Jelzin antwortet auf Fragen, die ihm aus dem Publikum nach oben gereicht werden. »Einige haben mich nach meiner Telephonnummer gefragt. Hier ist sie: 2927273.« Gelächter, Beifall. Werden die Bauern Land bekommen? »Unsere Bauern haben zwar in den letzten 70 Jahren verlernt, auf dem Lande zu arbeiten, aber sie werden es wieder lernen. Ja, sie werden Land bekommen.« Ist die Entfernung Stalins von der Kreml-Mauer tatsächlich im Politbüro diskutiert worden? »Nicht ernsthaft genug.«

Wie steht er zu dem Verhalten der Volksdeputierten, die Sacharow als Lügner beschimpften und ihn niederbrüllten, als er von sowjetischen Kriegsverbrechen in Afghanistan sprach? »Ein Skandal – so geht man nicht mit einem Nobelpreisträger um.« Schließlich die Fragen der Fragen. Glaubt Jelzin, daß die Perestroika siegen wird? »Es gibt sehr viele hochrangige Parteikader, die in Machtmißbrauch und Korruption verstrickt waren und nun natürlich versuchen, die Perestroika zu behindern. Aber ich glaube fest daran, daß die Perestroika schließlich siegen wird.«

Zumindest in einem Punkt hat die Perestroika auf dem 16. Filmfest bereits gesiegt. Daß nun alles gesagt werden darf, läßt einen schonungslosen Blick auf die rein künstlerische Qualität der vorgeführten Filme zu. Sie müssen nicht länger als politische Geheimbotschaften entziffert werden, wie noch unter den

Bedingungen der Diktatur. Die Achse hat sich verschoben. Ein Film ist nicht mehr linientreu oder subversiv, sondern einfach nur gut oder schlecht.

Nur wenige sowjetische Filme bestehen den Test. Ausgesprochen peinlich aber, wenn sich eine westliche Produktion auf die Provokationskraft eines früheren Tabuthemas – das der Dissidenten – verläßt und in der filmischen Umsetzung an sulziger Dummheit kaum zu überbieten ist. »Follow me«, heißt das görenhafte Machwerk der jungen Maria Knilli, das als offizieller Beitrag der Bundesrepublik auf den Festspielen läuft und das dafür sorgt, daß deutsche Delegationsteilnehmer nicht wegen der schwülen Moskauer Julihitze, sondern vor Scham ins Schwitzen geraten.

Maria Knilli ist erst 30 Jahre alt, trägt Schwarz, ist ein Genie und gibt ihre Pressehefte unters Volk, als streue sie Perlen vor die Säue. In ihnen ist von »Rhetorik der Orte« die Rede, von der »Poetik der Personen«, von einem »poetischen Film«. Das heißt, sie liefert zu einem Kult-Film gleich auch die Kult-Kritik.

In Maria Knillis semiotischem Diavortrag geht es offenbar um einen Prager Philosophie-Professor, der denunziert wurde, als Totengräber arbeitet und schließlich emigriert. Die immerhin renommierten Schauspieler Pavel Landovsky und Marina Vlady müssen dröhnend leere Dummheiten über Elephanten und das Leben absondern. Als die kitschumflorte Kamera irgendwann auf einem düsteren jungen Mann mit Segelohren ruht und eine der Sprechpuppen ausruft: »Das ist ja Franz Kafka«, schließen sich auch hartgesottene Humoristen dem Exodus aus dem Kinosaal an.

Verschlimmert wird das Desaster durch Andrej Plachow, dem Vorsitzenden der Auswahlkommission. Warum er sich für diesen Film entschieden habe? »Wir haben uns 15 Produktionen aus der Bundesrepublik angeschaut – es gab keinen besseren.« Offenbar gilt Bondartschuks Wort von der »Steppe« nicht nur für den russischen Film.

Die Stimmung der deutschen Delegation hebt sich erst wieder, als ein schlaksiger jungenhafter Mann im Foyer des Rossija-Hotels auftaucht. Doch als ob Wim Wenders ahnte, welcher Irrsinn ihn im Hotel erwartet, entflieht er sofort wieder – in ein kleines Kino am anderen Ende der Stadt, wo ihm der russische Regisseur Konstantin Lopuschanski seinen neuen Film vorführen will.

Während die schwarze Wolga-Limousine über den Lenin-Prospekt rast, zieht Wenders eine Videokamera aus seiner Tasche, richtet das Objektiv auf die Steuerkonsole neben dem Fahrersitz und saugt sich, über den Sucher gekrümmt, an einem Photo fest, das dort angebracht ist. Es ist ein Bild aus der guten alten Zeit. Es zeigt das ZK-Gebäude der KPdSU. Wenders taucht ab, verbunkert sich gegen die zerfallende Ordnung, die an den Fenstern vorbeifliegt, und wartet darauf, wieder auftauchen zu können, in einem dunklen Raum, in dem ihn nichts erwartet als ein Projektor, eine Leinwand – und möglicherweise ein Wunder.

Wenders sieht auf dem Festival nur diesen einen Film. Und er hat, wie in Trance, den einzigen *Film* herausgegriffen, der den Besuch des Festivals lohnt. Für zwei Stunden galoppiert die Wirklichkeit dem Kino nicht mehr davon. Zwei Stunden lang weiß man, daß Filme mehr sein können als eine Ware, nämlich eine Kunst, so wichtig wie Brot.

Lopuschanskis »Museumsbesucher« ist das Kino der Zukunft, das Kino der Apokalypse. Es läßt den Perestroika-Realismus, die Kritik am real existierenden Sozialismus ebensoweit hinter sich zurück wie das dumm-spekulative Hollywoodkino. Lopuschanski erzählt vom Ende der Zivilisation in Ost *und* West.

Ein junger Mann reist an die Küste, zu den Territorien, wo gigantische Müllhalden in den Himmel wachsen, besiedelt von Ausgesperrten, von Menschenmüll, von Kranken, Krüppeln, mutierten Freaks. Er sucht ein »Museum«, das vor langer Zeit hier überschwemmt wurde, alte Gebetsstätten, von denen nur die Verrückten noch wissen. Er sucht Gott.

Quartier findet er in einem Haus am Meer, bei einem Ehepaar, das nachts vor den Fenstern Feuer brennen läßt, um sich vor den Wahnsinnigen des Territoriums zu schützen.

Lopuschanskis Bilder tauchen braunstichig und schwefelgelb, wie mit verätztem Blick, in die Randgebiete jenseits der technologischen Vernunft, die längst in den globalen Irrsinn übergeschnappt ist. Doch noch funktionieren die Lügen: Im Salon des Ehepaares läuft pausenlos der Fernsehapparat, der Videoclips, letzte Morsezeichen der schönen bunten Leiche »Fortschritt«, flimmern läßt.

Der Herr des Hauses versucht einen Schwachsinnigen, einen Hellsichtigen, den er als Diener angestellt hat, zu erziehen. »Die stolzeste Errungenschaft der Menschheit ist die Anhäufung der materiellen Güter«, paukt er ihm ein. Das steht im Gebetbuch sowohl des Sozialismus als auch des Kapitalismus. »Gott ist eine Verirrung. Gott ist Geisteskrankheit. Wir müssen den Gott in uns bekämpfen.«

Je länger der Museumsbesucher hier am Ende der Welt, am Ende der Vernunft verweilt, desto weniger funktionieren seine Verdrängungen. Er wird von einem dunklen Strudel ergriffen, von unendlichem Mitleid mit den wimmernden Kreaturen im

Territorium, von einer Verzweiflung, die ihn in den verhangenen Himmel brüllen läßt: »Wer von den Lebenden hat das Glück, dich zu verstehen ... Gott, o Gott, ich bin es, ein Mensch, laß die Gequälten frei.«

Lopuschanskis Film ist ein Erlösungsdrama ohne Erlösung. Der Besucher findet schließlich zum verschollenen Museum, zu den Kirchen auf den Hügeln. Umsonst – die schweren Pforten sind verschlossen.

Der Mann, der diesem Alptraum in Szene gesetzt hat, ist schmal, klein, bärtig, von durchaus menschenfreundlichem Wesen. Auf einem der unzähligen Cocktailempfänge betrachtet er das Partyvolk aus stillem Winkel wie ein interessierter Forscher. »Ein Ball wird gefeiert, während die Pest wütet.« Er erzählt von den Dreharbeiten: Die bizarre Kulisse hat er nicht erfinden müssen – die Müllhalden und Verbrennungsöfen liegen in der Nähe von Leningrad, seiner Heimatstadt. »Es gibt sie bereits, die Apokalypse.« Die Geisteskranken und Krüppel stammen aus einer Anstalt. In der gibt es viele Patienten, die an Umweltschäden wie Radioaktivität oder Wasserverseuchung leiden und genetische Veränderungen aufweisen. »Ein Arzt erzählte mir, daß bereits heute zehn Prozent aller Neugeborenen Erbschäden haben.«

Doch Lopuschanski wollte keinen Ökologie-Thriller drehen. Es ging ihm um eine ganz andere Katastrophe: um die seelische, in Ost und West. »Die Menschheitsidee von Fortschritt und die religiöse der Erlösung passen nicht zusammen.« Der Besucher, der von seinem untergründigen Leid ergriffen werde, sei ein Wanderer zwischen den Welten. »Kein Wahnsinniger ... wir Russen haben ein Wort für Wahnsinn, das auch 'unangepaßt' bedeutet.« Und »unangepaßte« Menschen haben, nicht erst seit Dostojewskis »Idiot«, eine große Tradition in der russischen Literatur.

Doch unangepaßte Leidende gibt es in Ost und West. »Beide Seiten haben ihren Satan. Wir hatten die Diktatur eines Blutsäufers. Und ihr habt die Diktatur des hemmungslosen Konsums. Viele bei uns verstehen Perestroika leider so, daß sie einen Satan gegen den anderen vertauschen sollen.«

Nach seinem nuklearen Apokalypse-Drama »Briefe eines Toten« ist dies der zweite Film des 42jährigen Regisseurs. »Wenn ich in der Stagnationsphase nicht mehrere Jahre lang Arbeitsverbot gehabt hätte, wäre es wohl mein fünfter Film.«

Damals setzte sich Andrej Tarkowski vergebens für ihn ein, der andere große Visionär des russischen Kinos, sein Vorbild und Lehrer. Lopuschanski assistierte ihm bei den Dreharbeiten zu »Stalker«. »Doch erst später wurden unsere Beziehungen freundschaftlich – so gut eben, wie es zwischen Meister und

Schüler möglich ist.«

Unter dem Druck der dumpfen Breschnew-Ära wich Tarkowski, der Film-Künstler, in den Westen aus. Und drehte schließlich mit »Nostalghia« einen der schönsten, den tiefsten aller Emigranten-Filme – über die Sehnsucht nach Rußland, das die Heimat und ein heiliges Land ist. Lopuschanski blieb.

Wie sieht er die Situation der Filmer unter den Bedingungen der Perestroika? »Natürlich ist es ein Riesenfortschritt, ohne Zensur arbeiten zu dürfen. Aber zur Zeit werden entsetzlich viele schlechte Filme gedreht, und alle haben diese Perestroika-Klischees: In allen Filmen tauchen plötzlich Huren auf oder Drogensüchtige oder Punks oder die stalinistische Repression. Die bisherigen Tabuthemen eben. Aber heute müßte es um neue Entwürfe gehen, um neue Visionen vom Leben. Und das kann das Kino.«

Einige Tage später gehen die 16. Filmfestspiele, die Perestroika-Festspiele, die Glamour-Festspiele, die Spekulanten-Festspiele in Moskau mit der Vergabe der Preise feierlich zu Ende. Lopuschanskis Film erhält den Spezialpreis der Jury. Boris steht zufrieden an seinem Taxi – der Jackpot im Rossija ist nahezu abgeräumt. Die georgischen Devisenhändler haben ihre Adidas-Taschen gepackt. Die Delegationen haben sich in den Smoking geworfen und defilieren in den Festival-Saal.

An ihrer Türe auf der linken Seite steht Nina in Festuniform und lächelt stolz. Weit draußen im Lande, an der georgischen Grenze, wurde der Notstand ausgerufen. In sibirischen und ukrainischen Kohlerevieren streiken Hunderttausende von Bergleuten. Die Mafia hortet Waren, und Gorbatschows Tage, behaupten einige, sind gezählt.

Doch hier drinnen, im Festival-Saal, stimmt die Ordnung. Nina sieht zufrieden aus. Alle Plätze sind diesmal besetzt. Von den richtigen Leuten, eben denen, die ein Anrecht darauf haben.

Die Nacht der Oscars
Hollywoods wichtigste Nacht

»Und der Gewinner ist...« Tusch. Hinten knallt eine Tür. Der Rundfunkreporter, der auf seinem Ecksitz fest eingenickt war, schreckt auf. Ein violetter Spot nagelt Pult und Sternenbanner auf einen roten Vorhang. Ein Junge mit Ohrring juchzt: »Mein Gott, ist das schlecht.« Im Mikro raschelt das Papier des versiegelten Umschlags wie eine Gewehrsalve. »Gewinner ist ... Sylvester Stallone.«

Der »Rocky«-Darsteller erscheint nicht. Und das mit gutem Grund. Er ist soeben zum schlechtesten Schauspieler des Jahres gewählt worden.

Vierundzwanzig Stunden vor der Oscar-Zeremonie wird, in einer Grundschule im Chicano-Viertel von Hollywood, die »Goldene Himbeere« vergeben. Abräumer des Abends ist »Ekstase«, eine Produktion des Ehepaars Derek. »John Derek konnte leider nicht kommen«, sagt der Cinéast am Pult. »Ich möchte mich stellvertretend bedanken. Bei seinen Eltern. Ich möchte mich dafür bedanken, daß sie nur ein Kind zur Welt gebracht haben.«

Eine Himbeere für die schlechteste Show des Jahres wird nicht vergeben. Diese hier hätte es sicher verdient, mit all den klemmenden Dias, falschen Musikeinsätzen, unfehlbar geschmacklosen Moderationen. Dennoch werden die Ergebnisse genüßlich über die Rundfunkstationen gegeben. Die Show beweist: Selbst Zyniker sind dem Oscar-Fieber erlegen. Schließlich ist auch die Parodie eine Art Liebeserklärung. Hollywood liebt seine Stars. Und haßt sie. Beides abgöttisch.

Gegen elf Uhr nachts, einige Kilometer südlich, in downtown Los Angeles. Im »Dorothy Chandler Pavillon«, einer Dollarkathedrale, die aussieht wie ein Riesensafe aus Marmor und Panzerglas, paukt Jack Lemmon mit Stars wie dem Komiker Steve Martin und »Magnum« Tom Selleck die Präsentation. Von der Straße zum Eingang führt ein roter Läufer in einem großen Winkel, vorbei an einer hohen Tribüne. Hier hocken rund sechzig dick eingepackte Gestalten. Die Straßenbeleuchtung wirft gelbes, leberkrankes Licht auf ihre müden Gesichter. Einer von ihnen ist Joe Marquez. Er ist Packer. Für den Oscar hat er freigenommen. Joe campiert seit Samstag hier. Sein Favorit ist Frederic March. »Aber der ist doch schon seit zehn Jahren tot.« – »Aber er war gut.« Seit Jahren kommt Joe hierher. »Wegen des Glamour. Und hier treffe ich Freunde.«

Star auf der Tribüne in dieser Nacht ist William Prendiz. In seiner Plastiktüte hat er eine Oscar-Statue aus Plastik. »Prendiz ist verrückt«, behaupten die anderen, doch in ihren Stimmen liegt Neid. Prendiz hält den kleinen goldenen Mann fest umklammert wie einen archaischen Fetisch. Eigentlich, sagt er, kann er Schauspieler nicht leiden. »Die koksen alle – die sind unmoralisch und krank.« Warum er dann hierher kommt, um die Stars beim Einmarsch zu erleben? Prendiz starrt in den Rücken einer hohen Oscar-Statue, die auf einem Podium vor der Tribüne aufgebaut ist. Er sieht aus, als wolle er sich an etwas Wichtiges erinnern. »Ich weiß es nicht«, sagt er schließlich.

Der Oscar-Tag ist gerade angebrochen. Vor dem In-Treff »Spago« am Sunset Strip steigt Sally Field in ihren blauen Mercedes. Bei den Journalisten ist sie Favoritin für den Oscar der besten weiblichen Hauptrolle.

Die Photographen sind sauer auf sie und brüllen ihr nach: »Hoffentlich verlierst du, Sally, du Hexe.« Ihr Fehler: Sie hat nicht posiert. Sie hat die Photographen, die hier mit müden Schultern und schweren Taschen seit Stunden stehen, um ihr Brot gebracht.

»Der Oscar«, sagt einer, »das ist wie der Tanz ums Goldene Kalb. Keiner weiß genau, warum – aber alle tanzen mit.«

Es wird ein grauer Oscar-Nachmittag. Es sieht nach Regen aus. Im Zentimeter-Tempo schieben sich silberne Limousinen, dreispurig, an das Ende des roten Läufers vor dem »Dorothy Chandler Pavillon«. Zeit genug für die Stars hinter den getönten Limousinen-Fenstern, die Transparente am Straßenrand zu lesen. »Fahrt zur Hölle«, steht da. »Lest die Bibel und folgt ihren Worten.« Ein Mexikaner-Junge im Vorschulalter hält eine Tafel, die so groß ist wie er selbst: »Pornographische Filme sind Beihilfe zu Kindesmißbrauch.«

Da der Streik der Filmautoren beendet ist, beherrschen die christlichen Sekten das Protestfeld für sich.

Der Teufel läßt nicht auf sich warten. Er fährt vor im violetten Cadillac: Prince – ein Retortenwesen aus Leder und Seide, die schärfste Dosis Dekadenz, die Hollywood im Jahr der netten Farmer-Filme zu bieten hat. Selbst Softporno-Star Edy Williams fällt dagegen ab. In guten Oscar-Jahren stolzierte sie bis zu achtmal über den roten Läufer und ließ ihre Brüste aus dem Dekolleté rutschen. Dieses Jahr läßt sie es mit vier Gängen bewenden. Ein Rundfunkreporter wertet das als schlimmes Zeichen. Die Mikrophone hat er dabei allerdings abgestellt.

Die Tribüne dosiert den Popularitätswert der Stars hart und ungerecht. Hysterische Schreie bei Prince, dem einzigen Star im Diven-Format. Die wunderbare Judy Davis schleicht in ihrem blaßgrünen Wollkleid unbemerkt über den Laufsteg. Wahrscheinlich hält man sie für eine tüchtige Studiosekretärin, die das begehrte Oscar-Ticket von ihrem Chef bekommen hat. Der kambodschanische Oscar-Anwärter Dr. Haing S. Ngor wird von den Kommentatoren der großen Fernsehanstalten vorbeigewinkt wie ein Kabelträger, der sich verirrt hat. Die Fernsehleute wissen, wer ankommt. Tom Selleck, zum Beispiel. Gerade aus Hawaii. »Wie geht's, Tom?« – »Großartig. Es ist phantastisch hier.« So geht das zwei Stunden mit jedem. Da sind die Megastars: Jimmy Stewart, Cary Grant, Shirley MacLaine. »Wunderbar, hier zu sein«, sagt Shirley, »um mal richtig auszuspannen.« Megastars sind solche, die im Umgang mit Fans keine Fehler mehr machen.

Aber wer zum Teufel ist dieser freundliche graubärtige Herr? Auch drei Stunden später ist er für die Tribüne nur ein freundlicher, graubärtiger Herr. Mit einem goldenen Briefbeschwerer in der Hand: Ein Oscar macht aus dem Drehbuchautor Robert Benton noch längst keinen Star.

Das Defilee erinnert an einen Abschlußball der High School in den fünfziger Jahren. Die Damen schulterfrei in Tüll, die Herren im Smoking. Nur auf Prince ist Verlaß. Er trägt ein violettes Cape. Seine beiden Freundinnen überragen ihn um Haupteslänge. Apollonia trägt Perlen am Nabel. Prince wirft einen schmachtenden Blick in die Kameras und redet kein Wort. Das hat Stil. Trotzdem sieht er immer noch ein bißchen aus wie der schwierige Junge aus der achten Klasse, der den Dämon spielt – den die Lehrer aber, irgendwie, mögen.

In kleinen Gruppen müssen sich Hunderte von Presseleuten vor einem altersschwachen Fahrstuhl anstellen. Sicherheitsbeamte röntgen jeden einzelnen mit Blicken. Sie sehen traurig aus. Heute Abend ist wohl keiner unerlaubt hier, den man deshalb ganz altmodisch zusammenschlagen müßte. Die Wächter mit ihren Knüppeln und Möbelpackerfiguren – rund tausend sind es im ganzen Areal – bewachen weniger als nichts. Vier kleine Räume mit Monitoren und Schreibmaschinen auf kleinen Tribünen. Noch vibrieren die Reporter, die Photographen, die Fernsehleute vor Nervosität. Bis zur Fanfare – bis Jack Lemmon die Bühne betreten hat.

Dann passiert etwas Merkwürdiges. Eine Art lautloser Implosion. Die wochenlange Vorarbeit kippt ab in ein schwarzes Loch. Ein Trance-Zustand überfällt die Presseleute. Seite an Seite haben sie Hollywood und den Rest Amerikas in Atem gehalten, mit Fernsehshows, Kommentaren, Analysen, Klatsch. Haben an dieser triumphalen Sinnlosigkeit, diesem aufgeblasenen Nichts von Oscar-Zeremonie gebastelt. Und nun geht es, ganz artig, um Preise. Die Stars sind nicht mehr nur dazu da, Stars zu sein. Sie müssen dürftige Moderationen herunterklappern. Die Zeremonie ist plötzlich keine mehr. Jede Abiturfeier in der Kleinstadt-Aula ist spannender als dieses brave Auf und Ab von Größen, die Preisträger ankündigen, von denen kaum je einer gehört hat. Die Feier ist plötzlich wie ein blinder Fleck, der sich einstellt, wenn man zu lange in die Sonne starrt.

Dieser blinde Fleck wird an schätzungsweise eine Milliarde Empfänger in der Welt gesendet. Und in den folgenden drei Stunden wird selbst ansatzweise Bedeutungsvolles – wie die Ansprache des kambodschanischen Oscar-Preisträgers – von diesem blinden Fleck geschluckt. Auf eine nette Artigkeit reduziert.

Man ahnte so etwas. Macher und Journalisten diskutieren hauptsächlich, wie sich das Programm straffen ließe. Die Dankesreden sollten gekürzt werden. Aber wie? Man zog den Einsatz von Falltüren und Chloroform in Erwägung und einigte sich schließlich, unter der Ägide Gregory Pecks, auf ein rotes Lämpchen, das nach 30 Sekunden anfangen würde zu blinken.

Jack Lemmon führt durch die Show. Lemmon ist altes, sauberes Hollywood-Establishement. Er erinnert daran, daß die Akademie einst gegründet wurde, um eine zwielichtige Branche auch für die Frauenverbände reputierlich zu machen. Zu viel Sex, zu viel Kokain-Tote in Tinseltown – zu viel Gangstergeld in der Produktion der Filme. »Es muß was passieren. Laßt uns eine Arkadie aufmachen.« – »Das heißt Akademie, Boss.« – »Genau. So'n Ding muß her. Kauf dir die Leute zusammen, Joe.«

Doch die Akademie, mittlerweile 4000 Mitglieder stark und 57 Jahre alt, läßt sich nicht mehr gängeln. Ihr Emblem, der Oscar, sieht aus wie ein Sittenwächter. Nackt, aber aus Gold. Die Akademie ist etwa so schwer zu beeindrucken wie eine leicht verrückte störrische Erbtante. Wenn die Oscars tatsächlich, wie Hollywoodautor Raymond Chandler meinte, »das rasende Verlangen der Filmindustrie ausdrücken, sich selber in den Nacken zu küssen«, dann hat es nie prüdere Küsse gegeben als in diesem Jahr.

Die Akademie liebt die einfachen Tugenden. Filme, die aus Kinobesuchern bessere Menschen machen. Das war so bei »Ghandi«, der acht Oscars bekam. Das ist so in diesem Jahr. Acht Oscars für einen Film, der die Botschaft hat: Sei lieb zu dir selbst und zu deiner Mittelmäßigkeit. Acht Oscars für »Amadeus«.

Auch bei der Wahl der besten Hauptdarstellerin konnte nichts schiefgehen: Saubere Bauernfilme aus dem Mittelwesten mit blonden Frauen in karierten Schürzen und Sally Field als Pionierfrau 1985. Das Kambodschana-Drama »Killing Fields«, ein Dokument über die skrupellose Außenpolitik der USA in den siebziger Jahren, wurde dagegen mit drei Neben-Oscars an der kurzen Leine gehalten.

Am kommerziellen Erfolg von Prince' »Purple Rain« kam die Akademie jedoch nicht vorbei. »Prince« nahm seinen Preis für die beste Originalmusik mit einem denkwürdigen Auftritt entgegen. Er stellte den Papis im Parkett seine beiden Lederfreundinnen vor und bedankte sich, mit entzückendem Augenaufschlag, beim lieben Gott für den Oscar.

Im Presseraum erscheint er nicht. Götter sprechen nicht mit Menschen. Dafür sprach aber Sally Field. Und zwar mit einer Überdosis an Menschlichkeit. Sie hatte bei der diesjährigen Zeremonie den Tränenpart übernommen. Es brach aus ihr heraus. »Jetzt weiß ich, daß ihr mich liebt«, kreischte sie ins Mikrophon, als sie die Trophäe entgegennahm, »ich spüre es.« Die Photographen quittierten den Auftritt mit höhnischem Gelächter und Buhs. Die Schreiber sind freundlicher. Allerdings kann sich später kaum einer erinnern, was die Ungeliebte im Presseraum erzählt hat.

Auf einer roten Linie werden die Stars an den Räumen mit den Journalisten vorbeigeleitet – wie kostbare, exotische Tiere von Käfig zu Käfig geführt. Da stehen sie zuerst der Tagespresse zur Verfügung, Journalisten mit Redaktionsschluß um Mitternacht. Dann kommen die Photographen. Gefolgt von Magazinschreibern und Fernsehteams. In früheren, goldenen Tagen klebte ein Schild an der Wand über der Linie: »Nur für Oscar-Gewinner.« In diesem Jahr, wo die Präsentatoren prominenter sind als die Preisträger, hat man das Schild entfernt. Allmählich lockert sich die Lähmung, die die Presseleute befallen hat. Das eigentliche Ereignis wird jetzt produziert. Die Statements, die lachenden Gesichter, die bleichen Gesichter, das Adrenalin kehrt zurück – Gift und Galle. F. Murray Abraham, mit dem Oscar des besten männlichen Hauptdarstellers ausgezeichnet, knipst sein Intriganten-Lächeln an. Man kennt ihn hier gut – aus Fernsehshows, kleinen Nebenrollen, Commercials. Altgedienter Hollywoodianer. »Murray, was sagt deine Frau zu der ganzen Sache?« Abraham lächelt heimtückisch. »Sie hat noch nie mit einem Oscar-Gewinner geschlafen«, sagt der Salieri-Darsteller. »Auf jeden Fall weiß ich nichts davon. Na ja, ich denke, ich werde ihr so schnell wie möglich die Chance dazu geben.« Die Presse liebt F. Murray Abraham.

Die Limousinen vor dem Pavillon setzen sich wieder in Bewegung. Rund sechshundert sind es. Ein großer Teil nimmt Kurs auf das Beverly Hilton am Wilshire Boulevard. Dort findet die offizielle Oscar-Party, der »Governors Ball«, statt. In der

Lobby treffe ich auf Dr. Haing S. Ngor. Auf dem Weg zum Waschraum hat er sich verlaufen. Nun liegt er im Würgegriff eines rotgesichtigen Mannes mit Bierbauch, der Philadelphia für das Größte hält. Zumindest steht das auf seinem T-Shirt.

Philadelphia ist schon in dem Stadium, in dem der Suff in Rührseligkeit umschlägt. »Was haben wir euch Kambodschanern angetan«, sagt er, »niemand hat den Oscar so sehr verdient wie Sie.« In den Augen von Philadelphia steht Wasser. Er küßt den Kambodschaner. Philadelphias nicht minder rotgesichtige Ehefrau verewigt die Szene auf einer Agfa-Instamatic, fürs Familienalbum. Dr. Ngor zieht an seinem Oscar. Philadelphia gibt ihn frei. Ngor hat den Terror der Amerikaner und den Terror der Roten Khmer überlebt. In einer Hollywood-Produktion hat er nun seine eigene Geschichte noch einmal gespielt. Ich bezweifle, ob ihm je so eine obszöne Szene widerfahren ist wie diese. Ich frage ihn, ob er nicht langsam die Wut kriege. »Heute ist ein sehr glücklicher Tag für mich«, sagt Ngor und lächelt gehetzt.

Ein paar Meter weiter gibt Sissy Spacek, die Verliererin des Abends, ein Interview. »Ich wußte, daß Sally gewinnt«, sagt sie. »Sie ist eine wundervolle Schauspielerin.« Ihre Lippen sind schmal. »Ich freue mich für sie. Ihre Rede war ja wirklich eindrucksvoll.«

Kurz darauf verläßt sie das Hilton, um ins »Spago« hinüberzuwechseln. Hier läßt Agent Swifty Lazar die heißeste Fete der Nacht feiern. Ryan O'Neal, Farrah Fawcett, Raquel Welch und Andy Warhol haben die Zeremonie hier am Fernseher verfolgt. Nun stoßen Jack Lemmon und Cary Grant dazu. George Segal, Angie Dickinson, Jacqueline Bisset. Von durchtrainiertem Bodenpersonal wird ihnen der Weg zum Restaurant freigekämpft. Zwei Rundfunkanstalten und rund hundert Photographen belagern sie. Der Champagner drinnen ist umsonst. Die Firma verspricht sich davon Werbung. Am systematischsten testet Shirley MacLaine die Marke. Aber sie hält sich eisern, weil es tatsächlich zwei Photographen gelungen ist, ins Allerheiligste vorzudringen. Sally Fields Sohn versucht, die Ballons von der Decke zu angeln. Sissy Spacek soll mit Sally Field zusammen posieren. »Okay. Aber nur, wenn Sally an meinen Tisch kommt. Ich bleibe hier.« Das Photo wird tatsächlich geschossen. Jimmy Stewart nickt vor seinem Glas ein. Der blinde Stevie Wonder versichert Jennifer Beals, daß er nie eine Fernsehsendung mit ihr versäume. Michael Caine versucht ein letztes Mal, dem Photographen das Blitzlicht zu entwinden. Schließlich gibt er auf und verläßt die Party durch den Hinterausgang.

Stars unter sich, auf halboffiziellen Partys, nehmen sich die

Wirkung, sie verlieren wie Inflationsgeld an Wert. Es sind die Fans draußen, die sie zum Leuchten bringen. Diana Ross, der Darling schon bei der Preisverleihung, wird draußen kreischend in Empfang genommen. Sie genießt das Bad in der Menge. Der blonde Muskelmann neben ihr haut ihr nicht etwa den Weg frei – er prüft die Temperatur. Arme strecken sich, Hände greifen nach ihr – gierige, zärtliche, flüchtige Berührungen mit ihrem Ellbogen, ihren Hüften, ihrem schwarzen Glitterkleid – Kontakte mit einer Göttin, die kultische Kraft versprechen. Ein kleines Mädchen fällt ihrer Freundin verzückt um den Hals. »Ich habe sie angefaßt.« Sie streckt den rechten Arm hoch in die Luft. Die Hand wird sie sich tagelang nicht waschen.

Die Verwertung und Nachbereitung rotiert wieder. Drei Feierstunden lang hat die Maschine einen merkwürdigen, unerklärlichen Defekt gehabt. Nun läuft sie wieder. Die Tageszeitungen machen auf mit dem Oscar. Seitenlang werden Statements gedruckt. Plötzlich haben auch Sally Fields Antworten Gewicht. Da stehen sie, schwarz auf weiß.

Joe Marquez wird für eine halbe Stunde mit dem Packen und Verladen aufhören, und sie nachlesen. Und William Prendiz wird über die Stars schimpfen. Beide haben das Geheimnis der Oscars begriffen. Ein faszinierendes Vorher. Ein glänzendes Hinterher. Und die Zeremonie selber – ein Nichts.

Photo: E. Gebhardt

Hollywood-Ruinen
Die Archäologie einer Traumstadt

Ihr Alter verrät Mrs. Pade nicht. Sie hat schlohweiße Haare und Rouge auf den Pausbacken. Sie ist dick und lächelt milde. Sie sieht so harmlos aus wie die Tante aus dem Gruselfilm, die vormittags dem Pfarrer hilft und nachts kleine Kinder brät. »Er wird wiederkommen«, sagt sie, »Harry Houdini wird wiederkommen.« Sie muß es wissen. Sie wohnt in der Dachkammer seines Dienerhauses hinter dem Wohnpalast des Zauberers, der längst abgebrannt ist. Mrs. Pade wohnt zwischen Wäschebergen, vergilbenden Zeitungsausschnitten und dunklen Kladden, in die sie ihre Romane über das alte Hollywood schreibt. Sie hat gute Kontakte zum Jenseits. Geister, sagt sie, kommen in der Dämmerstunde. Wenn der üppige Bougainvillea hier oben im Laurel Canyon sein Feuer verliert. Dann schweben sie über dem Swimmingpool, den Houdini, damals ein Clou, in seinem Salon einbauen ließ. Geister suchen das Wasser. Einige von ihnen erkennt sie wieder von früher, als sie Lehrerin war und die Kinder der Stars bei MGM unterrichtete. Wunderbare Menschen waren das. »Hollywoodmenschen sind tüchtig, haben ein Ziel und sind moralisch.« So hält Mrs. Pade ihre Séancen ab, mit Houdini und Selznik, mit Chaplin und Sennett, und träumt von der guten alten Zeit, die natürlich nie gut war, aber immerhin eine der großen amerikanischen Erfolgsstories.

Heute erinnert Hollywood an eine Party, die längst vorbei ist. Der »Walk of Fame« mit den Sternen der Stars – ein Trampelpfad für Touristen. Souvenirshops, Junkfood und Dreck. Wie eine rostige Fixernadel bohrt sich die Western-Avenue in den einstigen Glamourboulevard und pumpt die Armut und die Hoffnungslosigkeit der Megastadt Los Angeles in die Film-Fata-Morgana. Die Mehrheit der 150000 Einwohner stellen arme Einwanderer. Armenier, Mexikaner, Russen, Koreaner. Auf 10000 Einwohner kommen 1500 Verbrechen. Vor einigen Jahren mußte die Polizei nahezu komplett ausgewechselt werden. Sie hatte mit einem Verbrecherring zusammengearbeitet. Rund fünftausend Jugendliche, die von zu Hause durchgebrannt sind, leben als »Kinder der Nacht« in den Straßen und Parks und verfallenden Prachtbauten der Stummfilm-Ära. Ruinen aus einer Zeit, als Hollywood zur Boomtown wurde.

Als Männer aus dem Osten mit Kameras aus dem Zug

stiegen und das Methodistennest mit Alkoholverbot, von Horace Wilcox vor hundert Jahren gegründet, über Nacht in ein Filmsetting verwandelten. Als Griffith seine Kulissen für »Babylon« erstehen ließ, Fairbanks und Pickford auf »Pickfair« residierten und Mark Sennett das »größte Monument der Welt« plante. »Was Ähnliches wie der New Yorker Bahnhof«. Damals entstanden sie, die spanischen Hazienden, Tudorvillen, normannischen Schlösser und Renaissance-Paläste. Sie nannten sich »Trocadero«, »Café Montmartre«, »Garden of Allah« und »Montecito« und sahen auch so aus.

Dort lebten und liebten und koksten und starben sie, die Götter des Films. Als Hollywood, die Fata Morgana in der Wüste, noch Hollywood war und nicht einfach die »Industrie«.

Oberhalb der Franklin Avenue, im Norden Hollywoods, steht ein altes Tor. In der verwitterten Mauer läßt sich die Inschrift »The Pines« entziffern. Der wilde Garten dahinter ist 600000 Quadratmeter groß. Morgens kommen die Koyoten von den Hügeln, um zwischen Wacholder und Nachtjasmin, Eukalyptus und Kiefern nach Abfall zu suchen. Ein Fundament, ein Kamin, ein Swimmingpool auf halber Höhe, in dem Kakteen wachsen – mehr erinnert nicht an die Villa im Kolonialstil, die sich der irische Tenor McCormack 1921 hier errichten ließ. Auf einem Treppenstumpf steht das Graffiti »Die for peace?« Jim hat das hierher gesprüht.

Jim ist zwanzig. Seine Geschichte klingt wie ein Protestsong aus den sechziger Jahren. Er wuchs in der Villa seiner Eltern in Washington auf wie in einem goldenen Käfig. Mit siebzehn hinterließ er einen Brief und brannte durch. Seit einem Jahr lebt er hier. Er raucht Marihuana und ist »gegen den Krieg«: ein Aussteiger? Nicht ganz. Er ist ein verhinderter Einsteiger – er kam nach Hollywood, um Schauspieler zu werden. Er hat ein persönliches Verhältnis zu Errol Flynn. Er zeigt uns in der Wildnis Reste einer Mauer, die Stelle, an der Errol Flynn während der vierziger Jahre Grillparties feierte.

Jims Freunde, Gene und Roger, sind doppelt so alt wie er. Auch sie warten auf ihre große Chance. Sie wissen, daß sie es nicht schaffen.

Über ihre Karrierepläne reden Gene und Roger nur dann, wenn Sie betrunken oder bekifft sind. Sie reden oft darüber. »Morgen bewerbe ich mich bei Paramount«, sagt Gene. Er kennt sich aus. Er hat da schon mal die Fußböden geschrubbt.

Um Halbwüchsige wie Jimmy abzuschrecken, ließ die »Hollywood Chamber of Commerce« bereits 1921 Flugblätter verteilen: »Versuche erst gar nicht zum Film zu kommen.« Eine ohnmächtige Aktion. Zu Tausenden drängelten sie sich vor den Besetzungsbüros der großen Studios. Sie campierten im Freien. Sie nahmen jeden Job an.

Gutaussehende Mädchen donnerten sich für Besuche bei »Musso & Frank« auf oder kratzten ihre letzten Cents zusammen für einen Drink an der Bar des »Trocadero«, wo Tom Mix und Mack Sennett und Charlie Chaplin verkehrten. Um Wenigstens ein paar dieser Seelen zu retten, die sich auf der Stelle, ohne alle Hemmungen, für die kleinste Rolle verkauft hätten, gründete der »Christliche Verein Junger Mädchen« den »Studio Club«. Das Clubhaus 1926: eine freundliche mediterrane Villa mit Säulengängen und einem hellen Innenhof, in dem sich eine Gruppe von Mädchen in züchtigen weißen Blusen dem Photographen stellte. Im Laufe der Jahre beherbergte der Studio-Club Rita Moreno, Kim Noak, Barbara Eden und Marilyn Monroe.

Auf dem eisernen Doppelbett in Zimmer 34 sitzt Wang, ein schmächtiger siebzehnjähriger Chinesenjunge. Er trägt ein schwarzes Totenkopf-T-Shirt mit der Aufschrift »Wer mich anmacht, wird es bereuen«. Seinen Vater kennt er nicht. Seine Mutter lebt mit den drei Geschwistern von der Sozialhilfe. Sein Traum vom Glück? Also, darüber hat er sich noch nicht den Kopf zerbrochen. Ein Job als Mechaniker wäre nicht schlecht, wenn er hier fertig ist. Seit 1977 hat das »Job Corps« den »Studio Club« übernommen. Heim für Jungen und Mädchen aus »zerrütteten« Verhältnissen. Das »Job Corps« bietet Ausbildungsgänge an. Abends um acht ist Zapfenstreich. Jedes Stockwerk wählt regelmäßig den »Star des Monats«: Das ist kein Kinoheld, kein Rockstar, sondern derjenige, der die Schule regelmäßig besucht, keine Strafpunkte erhält, nie zu spät kommt und mindestens 15 Stunden »Freiwilligendienst« vorweisen kann. Star des Monats war Wang noch nicht. Er ist erst seit kurzem hier. Aber er boxt sich durch. »Wer hat in diesem Zimmer gelebt? Marilyn Monroe? Hat sie's geschafft?«

Der »Studio Club« am Lodi Place war gerade zwei Jahre alt, als in der Franklin Avenue ein Mammut aus Sandstein und grauem Granit hochgezogen wurde, mit mächtigen Portalen und Bogenfenstern, mit Erkern und Türmen und Zinnen und noch mehr Türmen, das »Chateau Elysee«. Ein normannisches Kastell, seine Superversion, made in Hollywood. Im Grunde fehlte dem Hotel nur die Zugbrücke, und Richard Löwenherz hätte zur Einweihung 1929 einreiten können. Zeitungszar Hearst hatte es finanziert. Und es der Witwe des Produzenten Thomas Ince übergeben. Bis heute halten sich die Gerüchte, daß Hearst den Produzenten aus Eifersucht erschossen hatte. Das »Chateau« – ein Monument der Schuld?

Heute wirkt es wie ein finsteres Bollwerk gegen die Elendsquartiere, die verfallenen spanischen Villen und billigen Kneipen, die sich die Franklin Avenue entlangfressen. Im Wappen am Hauptportal steht mit blitzenden Goldlettern: »Celebrity Center of the Scientology Church«. Erster Eindruck: eine Besatzungsmacht. Grelle Paperbacks und Magazine stapeln sich auf krummbeinigen Rokoko-Tischchen. Auf dem blaßgrünen Teppich steht ein Pappschild: »Wie kommt man zum Film? Vortrag: 15 Uhr«.

Zweiter Eindruck? Eine mißtrauische Besatzungsmacht. Ein schnauzbärtiger Uniformierter meldet uns an. Er läßt uns beim Telephonieren nicht aus den Augen. In einem ausliegenden Traktat lese ich: »Zwinge dich zu lächeln, und du hörst auf, die Stirne zu runzeln.« Eine Hollywood-Maxime. Der »Direktor für spezielle Angelegenheiten« trägt einen engen Rock, hat braune Locken, und lächelt. Rhea führt uns in die karge Suite, die Edgar Rice Burroughs, der Autor des »Tarzan« in den 30er Jahren bewohnt hat. Hier werden heute Antragsformulare ausgefüllt, Verkaufsgespräche geführt.

»Was Scientology ist? Ganz einfach. Schließen Sie die Augen.« Ich schließe die Augen. »Stellen Sie sich eine Katze vor.« Ich stelle mir Burroughs am Schreibtisch vor und wie man draußen, in der Hotelhalle darüber tuschelt, ob es Clara Bow wirklich mit einem ganzen Footballteam getrieben hat. »Jetzt öffnen Sie die Augen«, sagt Rhea. »Wie sieht Ihre Katze aus?« »Ähhh...?« »Sehen Sie, die Idee ist das Wichtigste. Die Katze existiert nicht. Und doch gibt es sie. In ihrem Kopf. Sie können sie sogar beschreiben.« Scientology ist Hollywood – ein Hokuspokus, an den man glauben muß, um auf seine Kosten zu kommen.

Das »Chateau Elysee« war der letzte, barocke Prachtbau der Stummfilm-Ära. Kurz darauf krachte nicht nur in der Wallstreet die Börse, mit dem Tonfilm stürzten auch die Kurse der stummen Idole ins Bodenlose. Romantische Helden wie John Gilbert, stellte das Publikum mit Entsetzen fest, hatten eine Fistelstimme, und manche unnahbare Göttin sprach ganz eindeutig mit dem Akzent der Gegend, in der sie aufgewachsen war: der Bronx.

Ein neues Göttergeschlecht hielt Einzug: Urban, aufgeklärt, witzig, rüde. Valentino war vergessen. James Cagney änderte die Leinwandetikette für alle Zeiten, als er Mae Clark, in dem Film »Public Enemy« eine Grapefruit ins Gesicht stieß. Die neue Ära erhielt ein architektonisches Emblem: den Sunset-Tower, ein Art-Déco-Apartmenthaus, eine schlanke, mondäne und äußerst luxuriöse Silhouette direkt am Sunset-Boulevard. Er wurde 1931 eröffnet.

Hinter den vornehmen Fassaden des Sunset-Tower leisteten Starlets, die noch Hoffnung hatten, Studiobossen Gesellschaft und Gangstern, die das Ende der Prohibition gut überstanden hatten. Raymond Chandler beschrieb den Tower in seinem Kriminalroman »Der tiefe Schlaf« als ein Monument aus Luxus und Sünde, mit mißtrauischen Portiers, und jeder Menge Dreck unter den dicken Teppichen. Lange Jahre sah der Tower aus, als stünde er in West-Beirut. Eine Spekulationsruine. Rechtzeitig zum 100. Geburtstag Hollywoods wurde er renoviert. Von einem Konsortium, in das sich James Wohl eingekauft hatte.

Wohl würde unter den Betreuern in einer Boxring-Ecke kaum auffallen. Ein braungebrannter Mittvierziger in Khakihose und Hawaii-Hemd. Sportlich und ein bißchen schwammig. Wohl ist Rechtsprofessor. Schreibt Krimis, die in New York spielen. Sein Geld verdient er in der lukrativsten Branche Hollywoods außerhalb des Showgeschäfts: Er handelt mit Immobilien.

»Hier hat John Wayne seine Kuh gehalten«, sagt Wohl und deutet auf ein kleines Becken. Aha. Wir befinden uns im Dachappartment, im vierzehnten Stock. Die Kuh hat den schönsten Panoramablick gehabt, über das endlose Los Angeles, das am Horizont mit dem Pazifik verschmilzt, und über die Hügel von Hollywood.

Wayne, erzählt Wohl, gab eine Party. Irgendwann wollten die Gäste für Ihren Kaffee frische Milch. Morgens um drei brachte Wayne die Kuh hoch und sagte: »Bedient Euch an der Quelle.« Wie alle Fabeln aus dem Volk läßt auch diese unendliche Variationsmöglichkeiten zu. Wohl spekuliert darüber, was Wayne sonst noch mit der Kuh angestellt haben könnte. »Hollywood hat zwar kaum Geschichte«, schließt er seine Betrachtungen ab, »aber eine ganze Menge brauchbarer Geschichten.«

Im Gegensatz zum Sunset-Tower haben die kleinen Holzhäuser in der Barton Street kaum Chancen, das Interesse von Spekulanten auf sich zu ziehen. Sie sind in einer Zeit gebaut worden, als die Blumenparade noch Hollywoods Saison-Höhepunkt bildete. Mitgenommene Rasenflecken vor den Veranden, alte Fords und Dodges an der Bürgersteigkante, Mexikaner-Kinder, die Fußball spielen. Und ein schwarzes, zweistöckiges Haus mit der Nummer 6026. »Ich würde da nicht hineingehen«, warnt uns ein kleiner Junge, als wir auf das Gartentor mit den schwarzen Löwenköpfen zusteuern. »Warum nicht?« »Weil der Alte da drin ‘ne Knarre hat.« Auf ein Klopfen erscheint »der Alte« im Türrahmen. Die kurzen weißen Haare sind nach Cäsarenart nach vorne gekämmt. Ein weicher, schmaler Mund. Blaue, kalte Augen, die nicht aussehen, als nähmen sie kleine Mexikanerjungen zur Kenntnis.

Seine Berühmtheit verdankt Samson de Brier der Tatsache, daß er Samson de Brier ist. Und nie etwas anderes sein wollte.

Samsons Salon war Treffpunkt der Hollywood-Intelligenz. Tennessee Williams und Lotte Lenya, Kurt Weill und Igor Strawinsky schlüpften nach Einbruch der Dunkelheit in das schwarze Holzhaus in der Barton Street. Der noch unbekannte James Dean saß in der Ecke, und versuchte Marlon Brando zu imitieren. Richard Burton hinterließ einen schlechten Eindruck. »Er trank Bier und schwitzte die Sessel voll.« Die Gäste hatten sich ihre Getränke selbst mitzubringen. Gespräche über Geld und Beruf waren verpönt. Drogen waren verboten. »Nicht aus moralischen Gründen, sondern aus intellektuellen – Drogen machen albern und dumm.«

Samson war der ideale Gastgeber. Er war kultiviert. Und überhaupt nicht ehrgeizig. »Ich beobachte lieber, statt teilzunehmen.« Ein Ästhet. Stand das »Chateau Elysee« für Hollywoods Stummfilm-Barock, und der rasante »Sunset Tower« für die Gangster-Filme und eine gehörige Portion Zynismus, dann entsprach Samsons unscheinbares Haus völlig dem Klima der fünfziger Jahre: Introvertiert-problematisch, politisch.

Samson de Brier wurde in China geboren. Er kam über Hollywood nach Paris, wo sich Gide in ihn verliebte. Kehrte in den 40er Jahren nach Hollywood zurück, erbte sein Haus, vermietete die vordere Hälfte und beschloß, nie wieder zu arbeiten. »Ich verstehe nicht, wie man überhaupt etwas zustande bringen kann, wenn man arbeitet. Es ist Zeitverschwendung und verdirbt den Geschmack.« Sein Salon ist eine Mischung aus Antiquariat und Orient.

Ein farbiges Kirchenfenster wirft bunte Sprenkel über marokkanische Tischchen, chinesische Vasen, Gläser, Perlendosen, durchgewetzte Teppiche. Ein Tigerkopf faucht eine hölzerne Puppe mit Goldrobe an, und überall, zwischen Lampen, Kommoden und der Couch, auf der er schon als Kind schlief, stapeln sich Bücher, ledergebundene und neue, kunterbunt, Erstausgaben darunter wie James Joyce's »Porträt eines Künstlers als junger Mann«, mit Widmung.

Samson kannte ihn gut. »Joyce war ein außerordentlicher Typ. Obwohl er noch nicht einmal ein vernünftiges Eßzimmer hatte.« Seinen Salon löste er 1967 auf. »Die Anregungen blieben aus. Schauspieler sind ja wunderbare Menschen. Aber eben nicht sehr produktiv.« Obwohl es intellektuell verflacht sei und äußerlich heruntergekommen, sei Hollywood ein phantastischer Ort. Nur die Filme werden immer schwachsinniger. Welcher Film ihn am meisten beeindruckt hat? »'Greed' von Erich von Stroheim«. Ein Stummfilm, der ein halbes Jahrhundert früher gedreht wurde.

Mit Marlon Brando und James Dean, Samsons Gästen, bereitete sich ein neues Weltgefühl vor, das in den sechziger Jahren zur Wachablösung im Olymp führte. Ironischerweise kamen die neuen Götter aus der Konkurrenzbranche: die Rockstars.

Bill Gazzaris Rockclub am Sunset-Boulevard liegt einen Steinwurf vom Sunset-Tower entfernt. Der Türsteher, ein bulliger Heavy-Metal-Typ, sieht aus, als sei er traurig darüber, daß er nur Karten abreißen darf. Und nicht Arme auskugeln. »Ja, der Boß ist drin.«

Der Boß trägt Gangster-Outfit: weiß-schwarz. Weißer Borsalino, weiße Nadelstreifen, weiße Krawatte, weiße Gamaschen. Sogar das Gebiß ist weiß. Der Rest ist schwarz: Schuhspitzen und Brusttuch. Bill Gazzari nennt sich »Godfather of Rock'n'Roll. Das steht schon auf der blauen Außenwand, riesengroß – neben dem noch größeren Konterfei des Disco-Besitzers: Gazzari mit Gangster-Nelke.

Ein Etikettenschwindel made in Hollywood? Keine Spur. Die alte Etikette wurde nur liebevoll ausgepinselt: Vorher nämlich hieß der Laden »Sherrys Restaurant«. Da hatte der Gangster Mick Cohn sein illegales Wettbüro und seine Telephonzentrale. Er wurde auf den Stufen des Restaurants von Killern eines Konkurrenz-Syndikats angeschossen. »Er war ein Trottel«, sagt Gazzari. »Er ist auch prompt eingebuchtet worden. Als er wieder rauskam, war nichts mehr mit ihm los. Fertig.«

Bill Gazzari diente während des Zweiten Weltkriegs im Pazifik. Danach in Korea. Er trieb sich in New York herum und kam Ende der fünfziger Jahre nach Hollywood. 1962 eröffnete er seinen Club. »Hollywood war tote Hose. Aber dann gab es den 'Whiskey-a-Go-Go-Club', das 'Roxy' und mich.« Und dann kam Leben auf den Sunset-Boulevard. »Kinder aus ganz Kalifornien. Alle wollten Hollywood sehen. Und alle pennten auf den Straßen.« Gazzari schüttelt sich bei der Vorstellung. Bei ihm ging es zivilisiert zu. Als 1965 ein ungewaschener Junge mit braunen Locken bei ihm auftauchte, und vorspielen wollte, sagte er ihm »Zieh dir erst mal Schuhe an.« Ein paar Wochen später stand er bei Gazzari auf der Bühne. Und sang »Light my Fire« – Jim Morrison.

Gazzari hat die Moden kommen und gehen sehen, die Hippies, die Rocker, die Punks. Und er wird den Laden noch einige Jahre länger schmeißen. Manche Moden hat er regelrecht abgesessen. Und auf Bewährung gesetzt. »Dieser psychedelische Quatsch hat mich an den Rand des Bankrotts getrieben. Alle saßen nur rum, hörten zu, kifften und tranken nichts.«

Der Punk war das andere Extrem – das war schon musikalische Körperverletzung. Jetzt ist eine gute Zeit für Discotheken. Die Musik ist moderat und Tanzen ist Mode. Kino? Nein, dazu kommt er nicht. Hat ihn auch nie interessiert. »Hatte nie irgendwelche Idole. Ist doch Kinderkram, oder?«

Der Reklame-Cowboy auf dem Sunset-Boulevard, das »Chateau Mormont« und der »Sunset-Tower« haben Gesellschaft bekommen: pinkfarbene schillernde Lippen, blasses Gesicht, toupierte Platin-Haare, Hohlkreuz. Alles übrige kann man nur mit einer lächerlichen Untertreibung als Busen bezeichnen. Hingeräkelt auf einen pinkfarbenen Corvette: »Angelyne! Das silicongespritzte pinkfarbene Stromlinienbaby.« Oder, wie es ein Fan-Magazin ausdrückte: »Die Jayne Mansfield des Neuen Zeitalters. Die Posterkönigin Hollywoods.«

Nicht nur Hollywoods – Angelyne überzieht ganz Los Angeles. »Angelyne rocks« steht auf den fünfzehn Meter hohen Billboards. Darunter die Nummer ihres Managers. Der hat eine halbe Million in »Angelyne« investiert. Kein Mensch weiß, was Angelyne macht. Angelyne ist Angelyne. Colgate ohne Zahnpasta.

Doch es gibt sie: Angelyne. Sie sieht genauso aus wie auf den Billboards. Womit die Probleme erneut anfangen: Vielleicht ist Angelyne nur ein Abdruck auf der Retina, ein durch Dauerreizung entstandenes Phantombild? Offensichtlich nicht. Denn selbst die diskreten Portiers des Beverly Hills Hotels, die gerade zuvor sechzehnjährigen Milliardärsgockeln die Limousinenverschläge aufgerissen haben, drängeln sich an dem pinkfarbenen Corvette herum, der da vorgerollt ist. Wieviel Portiers braucht man, um eine Wagentür aufzuhalten – sechs?

Ich klemme mich in den Schalensitz und Angelyne haut ihren rechten hochhackigen Schuh aufs Gaspedal. Es gibt sie. Sie hat sogar eine Biographie. Ihr Manager hat an alles gedacht. Also: Sie ist in Hollywood geboren worden. Unter einem Namen, auf den sie garantiert ein Copyright angemeldet hat: Angelyne L'ynn. Mit 15 verließ sie das zerrüttete Heim. Statisterie beim Film. Fand Trost beim Rock'n'Roll. Angelyne hat zwei Singles und eine Langspielplatte besungen. Sie lacht mit leichten Kieksern. Sie hat Nietzsche gelesen. Kurz: Sie ist ein Star.

Der Gegenverkehr auf dem Hollywoodboulevard weigert sich, zu fließen: Ein Schulbus hält. Alle Kinder unter fünfzehn rufen fidel: »Hey Angelyne, wie geht's?« Alle, die älter sind als fünfzehn, starren, grinsen, knuffen den Nebenmann und spukken sich halblaute Bemerkungen in die Handflächen. »Ist es nicht schön, geliebt zu werden von Menschen, die man gar nicht kennt«, lacht Angelyne. In dem Moment ist sie wirklich erst 25, wie sie behauptet.

Ihr Manager heißt Hugo Maisnick. Ihm hat sie ihre Lebensgeschichte verkauft. Dafür stellt er die Billboards auf. Ihre Lebensgeschichte? Will er einen Film daraus machen? »Vielleicht. Bald. Aber erst muß ich noch berühmter werden.« Billboards in Rußland waren nicht schlecht.

Angelyne steuert ihren Corvette in eine Parklücke. Wir wollen Photos machen, auf dem »Walk of Fame«, am Stern von Marilyn Monroe. Mit den Schuhspitzen kratzen wir den Dreck von der Messingplatte. Dann kniet sich Angelyne drauf und sagt: »Ich bringe die verlorene Magie nach Hollywood zurück.«

Und aus ihren Augenfalten rieselt eine Menge Puder.

Photo: Michael Montfort

Wow, was für ein Trip
Das Erdbeben in der New-Age-Stadt Santa Cruz

»Und zu derselben Stunde ward ein großes Erdbeben, und der zehnte Teil der Stadt fiel...«
Johannes, Offenbarung

Alle kennen den Film, weil sie ihn alle mehr oder weniger leben, dieses Gespinst aus Halbheiten und Lebenslügen, diesen Alltag aus Psychotherapie und Seitensprüngen in dem Streifen »Sex, Lies and Videotape«. Im »Nickelodeon«-Kino in Santa Cruz ist die Welt in Ordnung und die Menschen sind so, wie sie schon immer waren: Nicht besonders willensstark, nicht besonders intelligent, nicht besonders lernfähig.

Plötzlich ist da ein Geräusch, das nicht aus den Lautsprechern kommt. Ein dunkles Rollen wie von schweren Bowlingkugeln, das schnell anschwillt. Die Stühle beginnen zu zittern, der Boden schwankt. Hände krallen sich in Armlehnen, die Nackenhaare sträuben sich, einer schreit: »Nicht schon wieder.«

Einige schauen nach oben, dahin, wo das Deckengebälk ächzt. Und zehn lange Sekunden rast das Herz wie verrückt, ist nackte Angst im Kino. Zehn Sekunden lang ist die Welt gar nicht in Ordnung. Fühlt sich jeder hilflos, ohnmächtig, fassungslos. Dann ist, ebenso plötzlich, das Zittern vorbei. Es war nur ein Nachbeben. Eine Erinnerung an den Nachmittag ein paar Tage zuvor, als das friedliche kleine Küstenstädtchen Santa Cruz aus dem ganz normalen Alltag an den Rand der Apokalypse gekippt wurde.

Als das Epizentrum eines Bebens der Stärke 6,9 einen Keil aus kalter Todesangst in fünfzigtausend Herzen trieb. Als sich auf der Koppel von Professor Page Smith die Pferde bäumten, und das Haus von Bharitas Das, einem schweigenden Yogi, in zwei Teile zerriß. Als Virginia Cahill, die Lokalreporterin der alternativen *Good Times* in der Mall wimmernd den Kopf unter den Armen vergrub, um sich vor dem Geschoßhagel aus splitterndem Glas und Fassadenbrocken zu schützen, und der pensionierte Vietnam-Colonel Douglas unter dem Eßtisch Schutz suchte und sich hilfloser vorkam als im Dschungeleinsatz.

Für Robin Ortiz und Shawn McCormick war es der Untergang der Welt. Sie starben unter den herabstürzenden Gewölbebrocken des Coffeeshops, in dem sie arbeiteten. An einem Tag wie jedem anderen, der sonnig war und schön, riß die Erde und fügte den gerade noch Davongekommenen eine untilgbare Kränkung zu: Sie beraubte sie der Souveränität, durchkreuzte ihre Lebenspläne.

*

»Für unzählige gibt es nur ein
Heilmittel – die Katastrophe.«
Christian Morgenstern

In der Nacht des 17. Oktober feierte das Städtchen Santa Cruz das düsterste Fest seiner Geschichte. Die Stromversorgung war zusammengebrochen. Vor dem einzigen Schnapsladen mit Notstromaggregat bildete sich eine zwei Kilometer lange Schlange. In die Sirenen der Ambulanzen mischte sich der Glücksjubel der Davongekommenen, und während die Feuerwehr anrückte, um brennende viktorianische Holzhäuser zu löschen, flakkerten an allen Enden der Stadt Flammen in Barbecue-Grills. Die hundert verschiedenen Stämme von Santa Cruz, die Kirchengänger und die Obdachlosen, die New-Age-Gläubigen und die Reagan-Yuppies, die Computerfreaks aus Silicon-Valley und die Hausfrauen feierten: daß sie lebten.

Die alte Ordnung war zerbrochen. Ein neues Netzwerk legte sich über die Stadt: Die der gegenseitigen Hilfe. Verletzte wurden geborgen, Trinkwasser und Lebensmittel und Decken verteilt. Da die Fernsehgeräte ausfielen, wurde die örtliche Radiostation das große Verbindungsglied. Keine gelackten Tele-Visagen, keine berufsbesorgten Föhnfrisuren – nur Transistorgeräte und Stimmen in der Nacht, die jedem die eigene Phantasie ließen und die Bilder, die er selber sah. In dieser Nacht in Santa Cruz gab es kein Gestern und kein Morgen. Es gab nur den Riß in der Erde und den Riß durch die Zeit. Die Turmuhr war stehengeblieben. Alles war möglich. In der Bühnensprache heißt Katastrophe: die Wendung.

*

Die ganze Nation saß vor dem Bildschirm und wollte sehen, wie die Giants mit den Raiders fertigwurden, als das Erdbeben die Live-Übertragung von den »World Series« im Baseball unterbrach. In den kommenden Tagen sitzt die Nation vor den Fernsehgeräten und schaut zu, wie Santa Cruz mit dem Erdbeben fertig wird. Santa Cruz gewinnt, mit Abstand. Es ist »tapfer«, wie die Commercials der »Lucky«-Supermärkte dröhnen, es zeigt »moralische Kraft«, wie der Präsident auf einer Stippvisite sagt. Die Erde hatte zugeschlagen. Nun schlägt Santa Cruz zurück, stellvertretend für die Nation, mit jener Tugend, die diese Nation groß gemacht hat: Optimismus.

Für einen kurzen Moment hatte die Katastrophe ein irritierendes Loch in den kalifornischen Fortschritts-Traum geschlagen. Und durch dieses Loch einen Blick ins Absurde gestattet, ins Nichts, ins Nirwana. Was ist verrückter, als auf einem Geäder seismischer Falten Schulen zu bauen und Krankenhäuser, Kernkraftwerke und Staudämme? Was ist paradoxer, als auf dem schwankenden Boden zwischen zwei Erdkrusten seine Existenz zu gründen und die der Familie?

Die kalifornische, die alte und offensichtlich einzig mögliche Antwort darauf heißt: Trotzdem, und jetzt erst recht. Präsident Bush macht Milliarden-Beträge für Sofortmaßnahmen locker, und die Psychodelic Rockband »Greatful Dead« sorgt für die Hymne der Tage »danach«: »California earthquake, you never make us run«, du wirst uns nicht in die Flucht schlagen, wir bauen uns eine neue Stadt, die du ruhig wieder niederreißen kannst. Der erste Akt des Vergessens beginnt bereits am Morgen danach.

Zunächst muß man das Unfaßbare, diesen Riß durch alle Logik, beziffern und bemessen, um es bewältigen zu können. Ein Witz macht die Runde. »Das Beben wurde mit 7,0 auf der Richter-Skala bemessen. Doch die DDR-Kampfrichter haben wieder nur eine 6,2 gegeben.« Die Katastrophe in Zahlen: 5 Tote und 1200 Verletzte, 40 Häuser wurden zerstört. Der Schaden wird auf insgesamt 7 Milliarden Mark berechnet.

Hunderte von Desaster-Spezialisten rücken an. Versicherungsgesellschaften haben ihre Armeen losgeschickt. Es melden sich mehr freiwillige Helfer, als gebraucht werden. Selbst aus Japan fliegen 33 Studenten ein. Angeführt werden sie von dem alten Ingenieur Isao Suzuki, der im 2. Weltkrieg Kampfbomber baute. Er kam, sagt er, um eine alte Gewissensschuld zu tilgen. Kriegerisch reißen die Japaner nach der Landung die Arme in die Höhe und brüllen »Gambarimasho« – »Packen wir's an.«

Alle packen mit an. Die einen, um die Katastrophe so schnell wie möglich zu vergessen und zum kalifornischen Traum zurückzukehren. Die anderen, weil sie nicht an den Traum glauben, aber die Paradoxie, die Vergeblichkeit des Wiederaufbaus genießen. Und weil sie Recht behalten hatten: Mutter Erde, hatten sie prophezeit, würde sich rächen, für Atombombenversuche, ökologische Verbrechen, kalifornische Hybris. Hätte es das Beben nicht gegeben – man hätte es erfinden müssen: Für alle, die das Ende der Welt bangend herbeigesehnt haben, schlägt die große Stunde.

Karen Aiken, eine ätherische Priesterin des New Age, des neuen Zeitalters, das hier in Santa Cruz längst begonnen hat, verdient sich ihren Lebensunterhalt normalerweise mit »Spiritueller Heilung« und »Channelling«. Jetzt sitzt sie im konservativen Elks Club zwischen Kleiderbergen, und organisiert Obdachlosenhilfe. Freiwillig und unentgeltlich. Wie sie ihre Miete bezahlen soll weiß sie noch nicht. Doch sie ist glücklich. Sie hat die Rolle ihres Lebens gefunden. Sie ist blond und blauäugig und eine Heilige – einem Erdbebenopfer, behauptet sie, konnte sie durch Handauflegen den gebrochenen Fuß richten.

Sie hilft und strahlt dabei milde in der Gewißheit, alles vorausgesehen zu haben. Ist sie Seismologin? »Nein«, lächelt sie und schüttelt nachsichtig den Kopf, »aber es ist doch klar, daß die Erde irgendwann auf die Kluft zwischen den Menschen reagieren wird.« Nun hat sich die Kluft geschlossen, und auch die Erde kann sich wieder schließen.

Damit die Erde gut verheilt, und vor allem die Seelen der Bewohner von Santa Cruz, hält die Hindu-Kommune von Baba Haridas in den Bergen eine Feuerzeremonie ab. Während die schmale Rauchsäule zwischen den Redwoodbäumen in den blaßblauen Himmel steigt, singen weißgewandete Männer und Frauen für die Menschen unten im Tal. Sie singen »Om Shante Prashante«, und das hundertachtmal – Frieden, ewiger Frieden, möge aller Zorn und alle Gewalt vernichtet sein. In der anschließenden Audienz kratzt der schweigende indische Guru auf seine Schiefertafel: »Das Beben hat uns wieder einmal vorgeführt, daß wir nur *glauben*, wir seien die Handelnden.« Baba Haridas überzeugt – er hat den 17. Oktober auf seiner Seite.

Shanti nickt wissend. Sie mochte das Erdbeben. Sie spürte »die Macht, die größer ist als der Mensch«. Sie hatte sich auf den Rücken geworfen und ausgerufen: »Wow, was für ein Trip!« Für sie war es keine Katastrophe, auch wenn ihr Haus in Brüche ging. Eine Katastrophe war ihr früheres Leben, als sie noch Lucy hieß und bei Boeing in Scattle arbeitete. Das Leben ist ein Traum, sagt sie, und die Wirklichkeit nur ein Konzept. Es ist unwichtig, was wir sind und was wir tun. Die Erde bebt. Die Erde bebt nicht. Das ist alles. Für die Wirklichkeit der Katastrophenopfer in Santa Cruz hat sie mit ihren Freunden 25000 Dollar gesammelt.

Jeder versucht, den Schock über die eigene Ohnmacht auf seine Weise abzufedern. Psychiatrische Hilfsdienste arbeiten rund um die Uhr. Masseure, Hypnotiseure und Reinkarnations-Spezialisten bieten kostenlosen Service für Erdbebengeschädigte an. Das therapeutisch-spirituelle Netzwerk vibriert.

Seit den frühen sechziger Jahren, als der Drogenpoet Ken Kesey mit seiner Hippie-Gefolgschaft in das Rentnerstädtchen eingefallen war, hatte es diese Erweckungsstimmung, diese elektrisierende Wachheit nicht mehr gegeben. In Santa Cruz lebt man nicht, um Geld zu verdienen, sondern man verdient Geld, um hier leben zu können. Und so intensiv hat man lange nicht mehr gelebt in diesem Surferparadies unter dem ewig blauen Himmel, wo der Jahrmarkt am Strand durchgehend geöffnet ist und Halloween, das Fest der Verkleidungen, der heiligste Tag des Jahres ist.

Unter den Kulten, die am Ende des 2. Jahrtausends aus Santa Cruz das machen, was Korinth im ersten Jahrhundert nach Christus war – einen Bazar von Offenbarungen und Heilslehren, ein Stimmgewirr von Schamanen, Wunderheilern und Priestern, die den »neuen« Menschen predigen – ist der »Tech« der jüngste. Tech-Gläubige sind die Kinder der LSD-Generation. Allerdings erweitern sie ihr Bewußtsein nicht mit Drogen, sondern mit Software. Auf der Suche nach dem »neuen Menschen« fühlen sie sich als Pioniere. Das 20. Jahrhundert ist für sie immer noch »Steinzeit«.

Gregory MacNicol trägt einen wilden Krauskopf und ein sorgfältig gebügeltes Button-Down-Hemd. Er hat die hilflose Höflichkeit eines Genies. Er bietet Trinkwasser in Sektkelchen an und ist so ernst und konzentriert wie einer, der weiß, daß es für jedes menschliche Problem eine logische Antwort gibt. Die Tatsache allerdings, daß einige dieser Antworten frühestens im 23. Jahrhundert möglich sind, deprimiert ihn. Dennoch: Angst hält er für einen biologischen Programmfehler, deshalb hat er auch keine Angst gehabt, als die Erde bebte. Im Gegenteil. Er sieht die Katastrophe als Chance.

»Wir Steinzeitmenschen lernen primitiv, immer nur durch Katastrophen.« Und nach einer nachdenklichen Pause: »Oder gar nicht.« Oft träumt er nachts davon, mit einem sensorgesteuerten Raumgleiter durch Zeitschleifen zu fliegen – und ist immer wieder enttäuscht, im 20. Jahrhundert aufzuwachen.

Gregory MacNicol ist Spezialist für computergesteuerte Videosimulationen, für synthetische Realitäten. Am 17. Oktober saß er in seinem Studio – einer umgebauten Garage, die von einem Riesenpappfrosch bewacht wird – und arbeitete für einen Auftraggeber aus der Werbung. Das heißt, er befand sich wie jeder Computerfreak in einem Dämmerzustand, einer High-Tech-Trance, in der Gehirn und Maschine zu einem geschlossenen System aus Kommandos und Antworten verschmelzen.

Auf dem Bildschirm raste eine braune Erdkugel durchs All, und auf dieser Kugel schossen Pilze und bizarre Traumpaläste in die Höhe. Ein visualisierter LSD-Rausch – Phantastereien, die ein Teil seines Kopfes erträumte und ein anderer errechnete. Als um 17.04 an diesem Nachmittag die Erde bebte, folgte MacNicol nur einem Impuls: Er warf sich schützend über seine Computer, sein Ersatzgehirn. Er hatte Angst um seinen Verstand. Ob er glaubt, daß das Beben die Steinzeitmenschen von Santa Cruz und ihre Stadt verändert hat? »Möglich«, sagt er, »daß jetzt die Business-Leute die Macht völlig übernehmen. Jetzt werden die Weichen neu gestellt.«

Bereits zwei Wochen nach dem Knall beginnt der Vereinigungsnebel sich aufzulösen. Vorsichtig streben die Fraktionen und Stämme, die neuen und die alten Menschen von Santa Cruz in ihre Clans zurück. Sichern Geschäftspositionen, machen Politik. Nun sind es die guten alten Schleimer der Werbung, die die Erschütterungsrhetorik übernehmen. Mit dröhnender Betroffenheitslyrik kleistern sie den sprachlosen Riß zu, diesen Moment von Andacht, den das Beben in jedem hinterlassen hat. Sie verhökern Autos, Möbel und Buletten mit »earthquake-Special«-Preisen. »Manchmal muß man einfach die Regeln brechen«, sagt eine sonore Stimme im »Burger King«-Commercial. Für jede verkaufte Bulette sollen 25 Cents an die Erdbebenopfer gehen.

Aus dem Erdbeben wird eine Kitschmaschine, die für alle möglichen Zwecke liefert. Eine Baptistenzeitung berichtet auf der Titelseite von den »kleinen Wundern« im Inferno, etwa wie ein Felsbrocken auf eine Stelle gestürzt ist, auf der kurz zuvor zwei kleine Kinder spielten. Im Heftinneren wird von weiteren, weit größeren Wundern berichtet. Etwa von der »Genesung eines Pornographieopfers« und von der »Umkehr eines Homosexuellen.«

Die politischen Fraktionen des Städtchens dagegen kämpfen wieder, besonders um die »Pacific Garden Mall«, das Herz der Stadt. Die Mall war nicht irgendein Shopping-Center. Sie war ein Markt aus Boutiquen, Teestuben und Bücherläden, aus Gartenrestaurants und Hotels. Nun ist sie ein weiträumig abgesperrter Totenbezirk. Wegen der Einsturzgefahr dürfen nur Ladeninhaber mit Sondererlaubnissen hinein, um Geschäftsbücher und einen Bruchteil der Lagerbestände zu sichern.

Lorenz Rothbucher, ein sportlicher sympathischer Selfmademan, der definitiv zu den »alten« Menschen gehört, ist an diesem Nachmittag, zwanzig Tage nach dem Beben, phantastisch gelaunt. Lässig schlendert er durch die Mall, grüßt Konkurrenten und Geschäftsfreunde. Er hat Glück gehabt. Seiner Ladenkette ist nichts passiert. Alle wollen ihm die Hand schütteln, alle wollen das Glück berühren.

Bis auf die wenigen Geschäftsleute ist die Mall so unwirklich leer wie eine Puppenstadt, die von einer Riesenhand zerknautscht und liegengelassen worden ist. Ein architektonisches Delirium mit unsinnig spitzen Winkeln in den Fensterrahmen und Wellenlinien in den Fassaden. Eine Schaufensterpuppe ist durchs Glas gestürzt und starrt aus toten Augen auf die leere Promenade. Und die ist peinlich sauber gefegt, so sauber, als sei die Mall ein Museum der Zerstörung, das den Moment, in dem die Stadt aus den Fugen geriet, verewigen will.

Vor einer Boutique steht, wie ein Menetekel, eine kleine Säule aus Brettern mit zerfetzten bunten Zetteln. Veranstaltungshinweise des anderen Teils von Santa Cruz: »Entdecke Ayurveda« oder »Kostenloser Vortrag: Spirituelle Astrologie« oder »Meditation für Frieden und dynamisches Leben«. Rothbucher sagt: »Da wird sich jetzt einiges ändern, hoffentlich.« Die Gammler, sagt er, werden aus der Mall verschwinden. Die hingen immer hier herum. Teilweise haben sie sogar auf die Straße uriniert.«

Die Politik der Stadt paßt ihm überhaupt nicht. »Der eine Bürgermeister war homosexuell, und der andere hat an der Uni Marxismus gelehrt. In den letzten zehn Jahren haben sie die Sozialabgaben von 80000 auf eine Million erhöht.«

Jetzt uriniert keiner mehr in die Mall. Jetzt ist sie sauber und menschenleer. Doch im Kampf um die Mall hat auch die andere Seite mobil gemacht. Unter dem Glockenturm mit der zersprungenen Uhr steht Mardi Wormhoudt, die Bürgermeisterin, und spricht in die Kameras. Sie sieht aus wie Miss Ellie, die gerade einen Naturkostladen aufgemacht hat: Handtasche, Blümchenrock, lila Pullover, Stricksocken. Sie ist erbarmungslos herzlich, mütterlich, sentimental. »Dort drüben, in der Mall, wird gerade Neils Buchladen abgerissen«, sagt sie, »aber unsere Moral können sie nicht zerstören. Laßt uns zusammenstehen.«

An ihrer Seite Graham Nash, eine Woodstock-Legende mit grauen Haaren und gebügelten Jeans. Am Abend wird er, zusammen mit David Crosby und Stephen Stills, ein Benefit-Concert geben. Motto: »Keep the spirit alive.« Mardi schwärmt, daß sie ihn schon vor 25 Jahren mit den »Buffalo Springfield« gehört habe. Nash nickt irritiert. Er hat nie in der Band gespielt. Das war Stephen Stills.

Das Beben hat 15 Sekunden gedauert. Die Karten zu dem Konzert sind in 17 Sekunden vergriffen. Mardi spricht von ihrer Vision, einer neuen Mall mit provisorischen Pavillons unter dem Projektnamen »Phoenix«, und Crosby, Stills and Nash spielen ihre Woodstock-Klassiker. Den Song »Our House« widmen sie dem zerstörten Cooper-Haus, und alle singen mit, und am nächsten Tag kündigt Mardi Wormhoudt ihre Kandidatur für eine weitere Amtsperiode an.

*

»Daß es 'so weiter' geht, ist die Katastrophe. Sie ist nicht das jeweils Bevorstehende, sondern das jeweils Gegebene.«
Walter Benjamin

»Jetzt«, hatte die Bürgermeisterin im Interview gesagt, »haben wir unser eigenes Nicaragua, direkt vor der Haustür.« Doch Nicaragua liegt ein paar Kilometer weiter südlich und heißt Watsonville. Weit über die Hälfte der Einwohner Watsonvilles sind Latinos, arme Saisonarbeiter, die meist illegal über die Grenze gekommen sind und keine Vertretung im Stadtparlament haben. Die Latinos bewohnten die ältesten, baufälligsten Häuser der Stadt – und die hat das Beben abgeräumt wie Kartenhäuser. Nicht wenige jedoch waren auch vorher schon obdachlos. Hier hat die Katastrophe nur den Vorhang beiseite gezogen vor einer anderen, die schon vor dem 17. Oktober ein Dauerzustand war.

Die Latinos haben sich mit ihren Habseligkeiten auf eine Grünfläche mitten in der Stadt geflüchtet und hier ihre Zelte aufgeschlagen. Nun sind sie erst recht ein Problem. Das Rote Kreuz weigert sich, Duschen und Toiletten anzuschließen, weil die Zeltstadt kein »offizielles Notlager« ist. Mittlerweile grassieren Durchfall und andere Viruserkrankungen. Vor dem Vorratszelt, in dem sich Hilfsgüter stapeln – Paul Newman hat ein paar tausend Liter Spaghetti-Sauce geschickt – steht Senator Mello im Trainingsanzug und Turnschuhen. Von seiner Schulter hängt ein tragbares Telephon. Senator Mello, ein bulliger Haudegentyp wird über Nacht hier schlafen. Er ist gekommen, um sich die Sorgen der Latinos anzuhören.

Doch die Show gehört nicht ihm allein. Denn da ist Tom, der Gewerkschafter, unrasiert, schon leicht angetrunken und pathetisch. Tom zerrt eine Mexikanerin in den Kreis, der sich um die beiden gebildet hat. »Senator, Sie haben die Macht, dieser Frau zu helfen«, sagt er und erzählt ihre Leidensgeschichte, und vergißt nicht hinzuzufügen, daß sich nur die Gewerkschaft um die Entrechteten kümmert, und im Moment ist er, Tom, die Gewerkschaft. Und da der Traum so schön ist, hier im Kampf mit der Macht, Mann gegen Mann, den Lauf der Geschichte zu ändern, fast wie ein Film aus Zeiten des New Deals, in dem er die Hauptrolle spielt, genießt er seinen Auftritt und wiederholt noch einmal Lupe Murillos Geschichte, und das ist sein Fehler.

»Ihre Platte hat einen Sprung, Mann«, sagt der Senator und die Latinos wenden sich wieder gelangweilt ihrem tragbaren Fernsehgerät zu, in dem gerade »Wheel of Fortune« läuft, eine Quizsendung mit Riesengewinnen. Auf dem Rasen zwischen zwei Zelten spielen kleine Kinder Monopoly. Einer hat gerade den Park Place gekauft.

Der Senator verspricht jedem, der sein Haus verloren hat, daß er ein neues, schöneres bekommt. »Allerdings muß er nachweisen, daß er auch vor dem 17. Oktober schon eines gehabt hat.« Und das ist der Haken.

Vier Wochen nach dem verheerenden Schlag, der das Leben in der Bay Area stillstehen ließ, ist der 17. Oktober zu einer fernen Legende verblaßt. Die Nachbeben haben aufgehört. Der Boardwalk am Strand mit seinen Karussells und Wahrsagerbuden ist längst wiedereröffnet, die Geschäftsleute bereiten sich in den »Phoenix«-Pavillons auf das Weihnachtsgeschäft vor und selbst die Werbegeier haben sich neue Kampagnen einfallen lassen.

Im Naturkunde-Museum findet eine »Survivor-Party« statt, ein »Fest der Überlebenden«. Ein Treffen von Erdbebenopfern? Warme Mahlzeiten für Bedürftige? Weit gefehlt! Im Museum sitzen zwanzig ältere Ehepaare und schauen auf eine Leinwand. Ron und Donna zeigen Urlaubsphotos. Gerade schiebt Don das Schlußphoto in den Projektor. Es zeigt Donna vor der Kühlerhaube eines Camping-Busses. »Die Strände waren eine Katastrophe«, sagt Ron, »aber dank seiner Hilfe haben wir auch diesen Urlaub auf den Antillen *überlebt*.«

Publikationsnachweise:

Die Literatur des Verrats,
Spiegel 39/1988
Ein Guerillero wird zum Klassiker,
Spiegel 28/1988
Der Held als Amokläufer,
Spiegel 24/1989
Das Genie in Manhattan,
Spiegel 4/1989
Literatur auf der Klippe,
Spiegel 29/1988
Der Autor als Revolverheld,
Stern 16/1988
Ein Verlierer gewinnt,
Stern 26/1985
Abschied von Hollywood,
Spiegel 47/1988
Der Mann im Müll,
Stern 18/1985
Theater als Attentat,
Spiegel 15/1988
Der Rebell als Poseur,
Stern 31/1985
Der alte Aufklärer,
Stern 34/1985
Der Schauspieler als Büßer,
Spiegel 51/1989
Schwarze Magie und Randale,
TIP 8/1982
Schrei aus Japan,
Stern 23/1985
Kant im Sündenbabel,
unveröffentlicht
Sektkorken im Sekundentakt,
Spiegel 30/1989
Die Nacht der Oscars,
Stern 15/1985
Hollywood-Ruinen,
unveröffentlicht
»Wow, was für ein Trip«,
unveröffentlicht

Aus der Reihe
CRITICA DIABOLIS

1. Koordination autonomer Gruppen Spaniens
   Aufrufe aus dem Gefängnis von Segovia, 10.-DM
2. Annie LeBrun, *Lâchez tout – Laßt alles fahren*, 22.-DM
3. Giorgio Cesarano, *Der erotische Aufstand*, 14.-DM
4. Wolfgang Pohrt, *Kreisverkehr, Wendepunkt*, 14.-DM
5. Wolfgang Pohrt, *Der Geheimagent der Unzufriedenheit, Balzac*, Verbesserte und erweiterte Neuauflage, 18.-DM
6. Eike Geisel, *Lastenausgleich, Umschuldung*, 15.-DM
7. Russische Gewerkschaftsopposition SMOT
   Das unterirdische Feuer, 18.-DM
8. Wolfgang Pohrt, *Stammesbewußtsein, Kulturnation*, 15.-DM
9. Guy Debord, *In girum imus nocte et consumimur igni*, 20.-DM
10. Louis Aragon, *Abhandlung über den Stil*, 29.80DM
11. Wolfgang Pohrt, *Zeitgeist, Geisterzeit*, 24.-DM
12. Kollektiv RAF, W. Pohrt, G. Goettle, K.H. Roth u.a.
    Die alte Straßenverkehrsordnung, 24.80DM
13. Günther Anders, *Interviews & Erklärungen*, 28.-DM
14. Christian Schultz-Gerstein, *Rasende Mitläufer*, vergriffen
15. Curzio Malaparte, *Technik des Staatsstreichs*, 26.-DM
16. Harry Mulisch, *Strafsache 40/61*, 28.-DM
17. H.M. Enzensberger, Eike Geisel, H. Broder, H. Arendt u.a.
    Eingriffe, Jahrbuch für gesellschaftskritische Umtriebe, 26.-
18. Klaus Bittermann, *Das Sterben der Phantome*, 26.-DM
19. Lothar Baier, *Zeichen & Wunder – Essays*, 26.-DM
20. Wolfgang Pohrt, *Ein Hauch von Nerz*, 26.-DM
21. Hannah Arendt, *Nach Auschwitz*, 26.-DM
22. Marcel Mariën, *Weltrevolution in 365 Tagen*, 29.80DM
23. Hannah Arendt, *Die Krise des Zionismus*, 28.-DM
24. Alain Finkielkraut, *Die vergebliche Erinnerung*, 19.80DM
25. André Breton, *Die verlorenen Schritte*, 29.80DM
26. Matthias Matussek, *Palais Abgrund*, 28.-DM

Edition TIAMAT, Grimmstr. 26 1000 Berlin 61
Zu beziehen über:
Rotation-Vertrieb, Mehringdamm 51, 1000 Berlin 61